***ACCESO GRATIS** a la Lectura en la Nube*

Para visualizar el libro electrónico en la nube de lectura envíe junto a su nombre y apellidos una fotografía del código de barras situado en la contraportada del libro y otra del ticket de compra a la dirección:

ebooktirant@tirant.com

En un máximo de 72 horas laborales le enviaremos el código de acceso con sus instrucciones.

LAS RESERVAS A LOS TRATADOS UNIVERSALES DE DERECHOS HUMANOS

LAS RESERVAS A LOS TRATADOS UNIVERSALES DE DERECHOS HUMANOS

Nuria Pastor Palomar

tirant lo blanch
Valencia, 2024

En caso de erratas y actualizaciones, la Editorial Tirant lo Blanch publicará la pertinente corrección en la página web www.tirant.com.

EDITA: TIRANT LO BLANCH
C/ Artes Gráficas, 14 - 46010 - Valencia
TELFS.: 96/361 00 48 - 50
FAX: 96/369 41 51
Email: tlb@tirant.com
www.tirant.com
Librería virtual: www.tirant.es
DEPÓSITO LEGAL: V-1441-2024
ISBN: 978-84-1056-472-5
MAQUETA: Dissset Ediciones

Si tiene alguna queja o sugerencia, envíenos un mail a: *atencioncliente@tirant.com*. En caso de no ser atendida su sugerencia, por favor, lea en *www.tirant.net/index.php/empresa/politicas-de-empresa* nuestro procedimiento de quejas.

Responsabilidad Social Corporativa: http://www.tirant.net/Docs/RSCTirant.pdf

A mi hijo Pablo.
A mis padres.

ÍNDICE

PRÓLOGO

La Convención de Viena sobre el Derecho de los Tratados de 1969 ha sido percibida tradicionalmente como uno de los mejores ejemplos del proceso de codificación que caracteriza al Derecho Internacional contemporáneo. Con su adopción se pusieron negro sobre blanco un número no desdeñable de normas consuetudinarias cuyo contenido no era controvertido y, en una medida no menor, se definieron y consolidaron nuevos instrumentos sobre los que se ha construido el moderno Derecho de los tratados.

Entre estos nuevos instrumentos, ocupa un lugar destacado la institución de las reservas, estrechamente vinculada a la figura de los tratados multilaterales, en particular los de vocación universal, que han transformado el Derecho internacional contemporáneo en un sistema jurídico con una fuerte presencia de normas escritas. Al incorporar la cuestión de las reservas en los artículos 19 a 23, la Convención de Viena da respuesta a cuestiones nucleares vinculadas con el nuevo modelo de derecho de los tratados nacido de la codificación. En especial la necesidad de definir un equilibrio entre la necesidad de preservar el consentimiento como eje del proceso de producción normativa, por un lado, y la necesidad -no menos importante- de impulsar la codificación multilateral y facilitar la participación del mayor número posible de Estados en una nueva categoría de tratados, que -como regla- pretenden ofrecer una regulación tendencialmente universal y homogénea en relación con las principales materias de interés internacional. En buena medida, la Convención alcanzó este objetivo, pero no logró definir de manera suficientemente clara cuestiones tan importantes como la validez y efectos de las reservas, o la determinación de los órganos y procedimientos aplicables en el proceso de determinación de su validez.

Como es lógico, dicho régimen obedece a la vocación de generalidad de la Convención, por lo que no contiene reglas especiales aplicables a aquellas reservas formuladas respecto de categorías específicas de tratados que operan como referentes del orden internacional, entre los que ocupan un lugar especial los tratados de derechos humanos. Silencio que se ha mantenido incluso tras los esfuerzos de la Comisión de Derecho Internacional por clarificar el régimen de las reservas a través de la Guía de la Práctica aprobada en 2011. Ello no ha impedido, sin embargo, que la especial problemática de estas reservas se haya visto reflejada en una interesante y heterogénea práctica que ha puesto de manifiesto la necesidad de reflexionar sobre su especificidad.

Al análisis de estos temas se dedica la monografía que tengo el honor de prologar, que es el resultado de la tesis doctoral de Nuria Pastor Palomar, que defendió ante un tribunal integrado por las profesoras Ana Salinas de Frías, Rosario Ojinaga Ruiz y Carmen Quesada Alcalá, obteniendo la calificación de sobresaliente *cum laude*.

En este trabajo, Nuria Pastor aborda de forma sistemática los distintos elementos que definen el régimen de las reservas a los tratados de derechos humanos: su definición y distinción con otras categorías afines; el papel reconocido a la voluntad del Estado y su relación con la integridad del tratado; el complejo y no siempre claro concepto de objeto y fin del tratado; la validez de las reservas; sus efectos y límites; y, finalmente, la problemática especial del papel que corresponde a los Estados y órganos internacionales en el proceso de evaluación y aplicación de las reservas. Todas estas cuestiones son analizadas de forma precisa y minuciosa por la autora, que diseccionada y examina de forma sistemática y rigurosa los distintos problemas en presencia, apoyándose para ello en un examen amplio, detallado y bien estructurado de la práctica internacional, que no se limita a la práctica estatal, sino que se extiende a la actividad de los órganos internacionales encargados de la supervisión de los distintos tratados de derechos humanos. Lo que constituye, sin duda, una característica de la monografía que merece ser destacada.

La conclusión a que llega Nuria Pastor es realista y prudente y se articula en torno a tres pilares. En primer lugar, la afirmación de que las reservas a los tratados de derechos humanos precisan de un tratamiento especial que, respetando el régimen general aplicable a las reservas, introduzca algunos elementos diferenciadores anclados en la naturaleza y función que estos tratados cumplen en la sociedad internacional contemporánea, estrechamente vinculados con la protección de los valores de esta sociedad, y dirigidos más a la protección del individuo que al establecimiento de una relación sinalagmática entre los Estados partes en dichos tratados, tal como apuntó la Corte Internacional de Justicia en su opinión consultiva de 1951 sobre las reservas a la Convención para la represión y sanción del genocidio. En segundo lugar, la constatación de que dichas especificidades no han sido reconocidas formalmente ni en la Convención de Viena ni tampoco en los propios tratados de derechos humanos, ni siquiera en los adoptados en fecha más reciente, que -como regla- no han incorporado disposiciones específicas relativas a las reservas. Y, en tercer lugar, la identificación de las distintas fórmulas que han sido articuladas hasta la fecha para, a pesar de lo antes dicho, incorporar elementos específicos en el tratamiento de las reservas a los tratados de derechos humanos, poniendo de manifiesto la gran importancia del papel desempeñado en esta tarea por los órganos internacionales de supervisión de los tratados que refleja el gran valor del proceso de institucionalización que caracteriza a este sector central del Derecho Internacional.

Todos estos elementos me permiten concluir que la monografía que tienen en sus manos constituye una extraordinaria aportación a un tema de gran dificultad e interés, que está llamada a convertirse en una obra de referencia para comprender y evaluar correctamente la forma en que la institución de las reservas opera en relación con los tratados de derechos humanos. Por todo ello, quiero terminar este prólogo expresando mi felicitación más sincera a Nuria Pastor por haber llevado a buen puerto un trabajo de años, que refleja su madurez intelectual y permite augurar que la autora tiene por delante un prometedor futuro en el ámbito del Derecho Internacional.

Madrid, 22 de marzo de 2024

CONCEPCIÓN ESCOBAR HERNÁNDEZ
Catedrática de Derecho Internacional Público, UNED
Directora del Centro de Estudios de Derecho Internacional Humanitario de la Cruz Roja Española
Antigua Miembro y Relatora Especial de la Comisión de Derecho Internacional de las Naciones Unidas

I.

INTRODUCCIÓN

En el Derecho internacional contemporáneo, el respeto a la dignidad humana ha llegado a formar parte del interés general de la comunidad internacional. La incorporación de los derechos y libertades fundamentales al ordenamiento internacional ha supuesto la aparición de un nuevo sector, a saber, el Derecho internacional de los derechos humanos. Su evolución ha dado lugar a un amplio cuerpo normativo en el que proliferan los tratados cuyo objeto es la protección de los derechos del ser humano.

La institución jurídica de la reserva no se muestra adecuada para estos tratados protectores de los derechos humanos puesto que, con su formulación, se busca excluir o modificar los efectos jurídicos de las disposiciones del tratado. Pero como observara el que fuera juez de la Corte Internacional de Justicia, ROBERTO AGO, esta institución moduladora de la participación de los Estados en el tratado constituye un "mal necesario"[1]. La reserva permite solventar las dificultades de orden interno que pueden tener los Estados al contraer obligaciones convencionales, lo que favorece una participación más universal en los tratados, aun con menoscabo de los derechos protegidos.

Los Estados hacen uso habitual de la reserva y algunas de ellas sugieren una dudosa, si no manifiesta, incompatibilidad con el objeto y fin del tratado, con su razón de ser, comprometiendo

---

1 En su intervención en la 797ª sesión de la Comisión, celebrada el 8 de junio de 1965, ROBERTO AGO señalaría respecto a la reserva: "Es un mal necesario, pero no deja de ser un mal; en efecto, lo que un instrumento gana en amplitud por el número de Estados que lo firman lo pierde en profundidad ya que, como consecuencia de las reservas, enuncia un menor número de normas". *Vid., Anuario de la Comisión de Derecho Internacional, 1965*, vol. I, p. 174, par. 38, https://legal.un.org/ilc/publications/yearbooks/spanish/ilc_1965_v1.pdf

su integridad esencial. Las reacciones de los demás Estados a las reservas formuladas se caracterizan por la pasividad y divergencia[2]. Pero entre estas respuestas han surgido nuevas tendencias más convincentes para la causa de los derechos humanos y en la misma dirección que las mantenidas por los órganos de tratados. Sin embargo, son enfoques no previstos en la Convención de Viena sobre el Derecho de los Tratados de 1969, régimen sobre las reservas que no concilia bien con la singularidad de estos instrumentos, y que podrían cuestionar el principio del consentimiento estatal. Señalaría la Corte Internacional de Justicia en su opinión consultiva emitida el 28 de mayo de 1951 sobre *las reservas a la Convención sobre el genocidio* que: "un Estado no puede quedar vinculado en sus relaciones convencionales sin su consentimiento"[3]. Y los tratados cuyos beneficiarios últimos son los seres humanos, aun cuando presentan notas diferenciales, no escapan a este principio esencial del Derecho de los tratados, imponiéndoles a los Estados una regulación contra su voluntad.

Estas consideraciones hicieron despertar mi interés por el estudio de la práctica, estatal e institucional, de las reservas a los tratados de derechos humanos. Y este interés se vio acrecentado con los trabajos más recientes de la Comisión de Derecho internacional sobre las reservas. Y es que, tratando de clarificar un régimen incompleto y a veces oscuro enunciado en la Convención de Viena, esta práctica ha recibido una atención especial. Pero la

---

2 El texto de las reservas y otras declaraciones a los tratados auspiciados por la Organización de las Naciones Unidas, así como de las reacciones a ellas, puede consultarse en la versión electrónica de Multilateral Treaties Deposited with the Secretary-General (http://untreatry.un.org). La última consulta a la página web citada se ha realizado el 25 de octubre de 2023.

3 *Vid.*, Corte Internacional de Justicia, opinión consultiva de 28 de mayo de 1951, *Réserves à la Convention sur la prévention et la répression du crime de génocide (Reservas a la Convención para la prevención y la sanción del delito de genocidio), Recueil*, 1951, p. 21.

versión definitiva de la Guía de la práctica, aprobada en 2011[4], insiste en la unidad de régimen jurídico, pese a la especificidad de estos tratados, de una práctica fluctuante e incierta y una obra doctrinal dividida, por lo que la cuestión acerca del régimen jurídico de las reservas y, en particular, de las formuladas a los tratados de derechos humanos, no está cerrado. Una fase decisiva de mi investigación constituyó la defensa de la tesis doctoral titulada "Las reservas a los tratados de derechos humanos: un estudio de la práctica".

Como desarrollo de lo anterior, en la presente publicación el objeto de mi investigación se ha circunscrito a los tratados principales y más emblemáticos de derechos humanos en el ámbito universal, lo que ha requerido una revisión amplia y profunda en estructura y contenidos, además de su actualización. La razón de enfocar el trabajo en estos instrumentos se debe a que, precisamente, es en ellos donde se manifiestan particularmente los problemas de realización de las nuevas propuestas relativas al régimen jurídico sobre reservas. Ciertamente, se trata de tratados con una amplia participación de los Estados y con menor afinidad entre ellos. Sus disposiciones han recibido numerosas reservas supeditando la aplicación del tratado al Derecho interno o las tradiciones o culturas generales, redactadas frecuentemente de forma general al conjunto del tratado, o a disposiciones esenciales del mismo y en algunos casos dirigidas a normas sobre derechos inderogables, expresivas del Derecho internacional general e incluso

---

4 La Comisión de Derecho Internacional, en sus sesiones 3118ª y 3120ª a 3125ª celebradas del 5 al 11 de agosto de 2011, aprobó las directrices y comentarios que componen la Guía de la práctica sobre las Reservas a los Tratados, incluidos una introducción a la Guía de la práctica y un anexo en el que se enuncian las conclusiones y una recomendación de la Comisión acerca del diálogo sobre las reservas. Todo ello figura en Informe de la Comisión de Derecho Internacional, 63º periodo de sesiones, *Documentos Oficiales de la Asamblea General, sexagésimo sexto periodo de sesiones, Suplemento Nº 10* (A/66/10), pp. 20-52, y en la adición a este informe (A/66/10/Add.1).

de *ius cogens*. También, a mecanismos de supervisión obligatorios, como el de los informes estatales. Y es en este ámbito universal donde las reacciones de los Estados presentan mayor diversidad y sus observaciones a los trabajos de la Comisión, división. A su vez, estos tratados universales cuentan con órganos de tratados, los Comités, carentes de poder de decisión obligatorio, de manera que sus pronunciamientos sobre las reservas no son jurídicamente vinculantes, ni para el autor de la reserva ni para los demás Estados. Y aunque las decisiones de los tribunales de derechos humanos únicamente obligan a las partes en el litigio y en el caso decidido, los Estados saben bien a qué atenerse. Me refiero en particular al Tribunal Europeo de Derechos Humanos, que aplica de forma rutinaria el "enfoque de Estrasburgo" de la reserva inválida, esto es, su separabilidad del instrumento de manifestación del consentimiento quedando su autor vinculado por el tratado si el beneficio de la reserva. Este enfoque ha sido adoptado también por los Comités.

La reserva y su modulación de la participación en el tratado, la preservación de la integridad esencial de estos instrumentos, las evaluaciones de los demás Estados a la reserva formulada, y las realizadas por los órganos de tratados, con nuevas propuestas en el régimen jurídico sobre las reservas, son las cuestiones a tratar, lo que lleva a reflexionar sobre el compromiso real de los Estados con las obligaciones derivadas de los tratados universales de derechos humanos.

II.

LA RESERVA Y SU MODULACIÓN DE LA PARTICIPACIÓN EN EL TRATADO

Los Estados acompañan en ocasiones sus manifestaciones de consentimiento en obligarse por los tratados de declaraciones unilaterales que modulan su participación en el mismo. La institución jurídica de la reserva constituye una de las técnicas convencionales más relevantes puesto que permite excluir o modificar los efectos jurídicos de las disposiciones del tratado. Los Estados formulan también declaraciones para interpretar el tratado en su conjunto o algunas de sus disposiciones. Además, son frecuentes otras declaraciones moduladoras de las obligaciones derivadas del tratado, pero que no son propiamente ni reservas ni declaraciones interpretativas.

El régimen jurídico de estas figuras es distinto, más riguroso en el caso de las reservas, por lo que resulta necesario diferenciar unas de otras, siendo el efecto jurídico buscado por el autor de la declaración el criterio principal de diferenciación. Sin embargo, determinar la naturaleza jurídica de la declaración puede no resultar sencillo por la ambigüedad de los objetivos perseguidos y la confusión terminológica existente. En la práctica de los tratados encontramos supuestos de recalificación de la declaración presentada.

2.1. LA RESERVA Y OTRAS FIGURAS AFINES. LA EXCLUSIÓN O MODIFICACIÓN RESTRICTIVA DE LA APLICACIÓN DEL TRATADO COMO ELEMENTO DIFERENCIADOR

El artículo 2.1.*d),* de la Convención de Viena sobre el Derecho de los Tratados de 1969 define la reserva como “una declaración unilateral, cualquiera que sea su enunciado o denominación, hecha por un Estado al firmar, ratificar, aceptar o aprobar un tratado o adherirse a él con objeto de excluir o modificar los efectos jurídicos de ciertas disposiciones del tratado en su aplicación a ese Estado". Esta definición es recogida por la Convención de 1986 relativa al Derecho de los tratados entre Estados y organizaciones internacionales o entre organizaciones internacionales y la Convención de 1978 sobre la sucesión de Estados en materia de tratados.

Los elementos que integran la definición de la reserva son, por tanto, formales y de procedimiento, así como de carácter material. Los primeros se refieren a su naturaleza unilateral[5], su forma escrita[6] y al momento temporal para su formulación referido a la firma[7] o manifestación del consentimiento en obligarse por

5 Esto es, actos formales, distintos del tratado mismo y carentes de carácter convencional. Por su parte, la formulación de reservas en nombre de varios Estados en un único instrumento no afectaría al carácter unilateral de la declaración (sobre las reservas formuladas conjuntamente, *vid.*, la directriz 1.1.5 de la Guía de la práctica en Informe de la Comisión de Derecho Internacional, 63º periodo de sesiones, *Documentos Oficiales de la Asamblea General, sexagésimo sexto periodo de sesiones, Suplemento Nº 10* (A/66/10/Add.1), pp. 52-54). En los tratados de derechos humanos no hay este tipo de formulación, lo que es diferente a la práctica existente de formular reservas por varios Estados con un texto muy similar e incluso idéntico (es el caso de las reservas de Dinamarca, Finlandia, Islandia y Suecia al artículo 10 del Pacto internacional de derechos civiles y políticos sobre la obligación de separar a los menores de los adultos en las prisiones, http://untreaty.un.org, Parte I, Cap. IV, tratado 4).

6 El art. 23.1 de la Convención de Viena establece que: "La reserva, la aceptación expresa de una reserva y la objeción a una reserva habrán de formularse por escrito y comunicarse a los Estados contratantes y a los demás Estados facultados para llegar a ser partes en el tratado".

7 El art. 23.2 precisa que: "La reserva que se formule en el momento de la firma de un tratado que haya de ser objeto de ratificación, aceptación o aprobación, habrá de ser confirmada formalmente por el Estado autor de la reserva al manifestar su consentimiento en obligarse por el

el tratado[8]. El elemento material es el objeto de la reserva, esto es, la exclusión o modificación (en sentido limitativo)[9] de ciertas disposiciones del tratado o, como se recoge de la práctica[10] "del tratado en su conjunto con respecto a ciertos aspectos específicos en su aplicación al Estado o a la organización internacional que formula la reserva"[11].

---

tratado. En tal caso, se considerará que la reserva ha sido hecha en la fecha de su confirmación".

8 La Convención de 1978 sobre la sucesión de Estados en materia de tratados añade, respecto a lo señalado por la Convención de 1969, la notificación de sucesión en un tratado y la Convención de 1986, relativa al Derecho de los tratados entre Estados y organizaciones internacionales o entre organizaciones internacionales, la confirmación formal en referencia a las organizaciones internacionales.

9 En este sentido, la Guía de la práctica precisa que la modificación ha de referirse a "las reservas que limitan o restringen los efectos jurídicos de las disposiciones del tratado y, por lo mismo, a las obligaciones del Estado autor de una reserva en virtud de un tratado" (directriz 1.1.1 sobre "Declaraciones que tienen objeto limitar las obligaciones de su autor". *Vid.*, la directriz y su comentario en Doc. A/66/10/Add.1, pp. 44-47. Quedarían así excluidas las declaraciones unilaterales que extienden las obligaciones del Estado autor o las que tienen por objeto agregar nuevos elementos al tratado (directriz 1.5, "Declaraciones unilaterales distintas de las reservas y las declaraciones interpretativas", *ibid..*, párrs. 9-11).

10 Así, por ejemplo, la formulada por España a la Convención sobre para la eliminación de todas las formas de discriminación contra la mujer cuando señala que "la ratificación por España de la Convención no afectará a las disposiciones constitucionales en materia de sucesión a la Corona". *Vid.*, en http://untreatry.un.org, capítulo IV, tratado nº 8.

11 Así lo expresa la Guía de la práctica en la directriz 1.1 "Definición de las reservas". Su texto es el siguiente: 1. Se entiende por "reserva" una declaración unilateral, cualquiera que sea su enunciado o denominación, hecha por un Estado o por una organización internacional al firmar, ratificar, confirmar formalmente, aceptar o aprobar un tratado o al adherirse a él, o cuando un Estado hace una notificación de sucesión en un tratado, con objeto de excluir o modificar los efectos jurídicos de ciertas disposiciones del tratado en su aplicación a ese Estado o a esa organización. 2. El párrafo 1 deberá interpretarse en el sentido de que

Así, la reserva puede tener un efecto excluyente o modificador en sentido restrictivo, o ambos a la vez[12]. Y este efecto buscado por el autor es el elemento característico de la reserva, permitiendo su diferenciación con figuras afines que suelen compartir la forma escrita o el momento temporal en su formulación[13]. Nos referimos fundamentalmente a la declaración interpretativa, cuya asimilación a la reserva fue habitual en el pasado[14], pero también a otras declaraciones unilaterales como las relativas a la aplicación territorial de un tratado o las de ampliación territorial, las declaraciones de no reconocimiento, las de política general, las relativas a la aplicación del tratado en el ámbito interno, y las hechas en virtud de una cláusula de opción incluyendo a las declaraciones facultativas o de *opting in*. La Guía de la práctica las recoge en la

---

incluye las reservas que tienen por objeto excluir o modificar los efectos jurídicos de ciertas disposiciones de un tratado, o del tratado en su conjunto con respecto a ciertos aspectos específicos, en su aplicación al Estado o a la organización internacional que formula la reserva. *Vid.*, la directriz y su comentario en Doc. A/66/10/Add.1, pp. 36-44.

12 Sobre estos efectos, *vid.*, HORN, F.: *Reservations and Interpretative Declarations to Multilateral Treaties*, Amsterdam, North-Holland, 1988, pp. 80- 87.

13 Este criterio es el que ha primado en la Guía de la práctica en la labor de identificación y catalogación de las declaraciones unilaterales formuladas en relación a un tratado. Sobre los elementos esenciales de la reserva, vid., RIQUELME CORTADO, R.: "La definición de reserva a examen. ¿Confirmación o desdibujamiento de sus elementos esenciales?" en *El derecho internacional: normas, hechos y valores. Liber amicorum José Antonio Pastor Ridruejo*, Madrid, Universidad Complutense, 2005, pp. 621-658.

14 Con anterioridad a la Convención de Viena era frecuente que los autores asimilasen las reservas y las declaraciones interpretativas. *Vid.*, por ejemplo, DÍEZ DE VELASCO, M: "El sexto dictamen del T.I.J.: Las reservas a la Convención de Genocidio", *Revista Española de Derecho Internacional*, vol. IV, 1951, nº 1, pp. 1029-1089. Hoy la no asimilación entre ambas figuras y la diferenciación del régimen aplicable es apoyada por la mayoría de la doctrina.

directriz 1.5 como "Declaraciones unilaterales distintas de las reservas y las declaraciones interpretativas"[15].

Las declaraciones relativas a la aplicación territorial de un tratado pretenden o bien excluir de la aplicación del tratado a un territorio cuya representación internacional ostenta el autor de la declaración, o ampliar la aplicación del tratado a territorios a los que antes no era aplicable. Cuando se formulan las primeras, lo que se está determinando es el ámbito de aplicación *rationi loci* del tratado, conforme al artículo 29 de la Convención de Viena[16], esto es, las declaraciones constituirían la expresión de una "intención diferente" a la aplicación del tratado a la totalidad del territorio del Estado y no reservas en el sentido de la Convención de Viena. Por su parte, las declaraciones de ampliación territorial tampoco entrarían en la noción de reserva ya que su objeto es ampliar, y no limitar, la aplicación del tratado a un territorio al que el tratado no era aplicable con anterioridad. Por ello y a juicio de la Comisión de Derecho Internacional, una notificación de ampliación territorial es "como el consentimiento en obligarse por el tratado respecto de un territorio determinado"[17].

---

15 En esta directriz, llamada "cláusula de exclusión", la Guía se limita a dar una definición sin entrar en el régimen jurídico que les es aplicable. *Vid.*, la directriz y su correspondiente comentario en Doc. A/66/10/Add.1, pp. 92-98.

16 Según el artículo 29 de la Convención: "Un tratado entre uno o varios Estados y una o varias organizaciones internacionales será obligatorio para cada uno de los Estados Partes por lo que respecta a la totalidad de su territorio, salvo que una intención diferente se desprenda de él o conste de otro modo".

17 *Vid.*, la directriz 1.5 sobre "Declaraciones unilaterales distintas de las reservas y las declaraciones interpretativas" y su correspondiente comentario en Doc. A/66/10/Add.1, pp. 95-96. A título de ejemplo, el artículo XII de la Convención sobre la prevención y castigo del delito de genocidio de 1948 establece que: "Toda Parte contratante podrá en todo momento, por notificación dirigida al Secretario General de las Naciones Unidas, extender la aplicación de la presente Convención a todos los territorios o a uno cualquiera de los territorios de cuyas relaciones exteriores sea responsable".

Diferente a la exclusión de la aplicación del tratado en su conjunto a un territorio determinado es que los Estados en el momento de la firma o manifestación del consentimiento formulen declaraciones unilaterales cuyo objeto sea excluir o modificar la aplicación de ciertas disposiciones del tratado –o del tratado en su conjunto con respecto a ciertos aspectos específicos-, en un territorio determinado y que sin dicha declaración serían aplicables. Las declaraciones así formuladas constituirían verdaderas reservas *rationi loci*, a las que la Comisión dedica la directriz 1.1.3[18]. Sería el caso, por ejemplo, de la reserva formulada por el Reino Unido en relación con el artículo 8 del Pacto internacional de derechos económicos, sociales y culturales respecto a Hong Kong[19]. Asimismo, las notificaciones de ampliación territorial pueden ir acompañadas de restricciones o limitaciones, las cuales constituirían también verdaderas reservas y, sometidas por tanto a su régimen jurídico. A ellas está dedicada la directriz 1.1.4 de la Guía de la práctica[20].

Reservas de exclusión *ratione personae* podrían considerarse a las declaraciones de no reconocimiento, esto es, las dirigidas expresamente a excluir la aplicación del tratado entre el Estado

---

18 La directriz y su respectivo comentario en *ibid.*, pp. 48-51. Sobre el debate entre los miembros de la Comisión de Derecho Internacional en cuanto a la calificación o no como reservas de las declaraciones que pretenden excluir la aplicación del tratado en su integridad, *vid.*, Informe de la Comisión de Derecho Internacional, *50º periodo de sesiones, Documentos Oficiales de la Asamblea General, quincuagésimo tercer periodo de sesiones, Suplemento Nº 10* (A/53/10), pp. 218-220.

19 El texto de la reserva es el siguiente: "el Gobierno del Reino Unido declara que, en relación con el artículo 8 del Pacto, se reserva el derecho a no aplicar el inciso b) del párrafo1 en Hong Kong, en la medida en que implique el derecho de los sindicatos que no pertenecen a la misma profesión o industria a establecer federaciones o confederaciones". *Vid.*,en http://untreatry.un.org, capítulo IV, tratado nº 3.

20 *Vid.*, la directriz 1.1.4 y su correspondiente comentario en Doc. A/66/10/Add.1, pp. 51-52.

declarante y la entidad no reconocida[21]. Sin embargo, en el debate que tuvo lugar en la Comisión de Derecho Internacional[22], se consideró que tales declaraciones no constituían verdaderas reservas[23] puesto que "no conciernen a los efectos jurídicos del tratado o de sus disposiciones, sino a la capacidad de la entidad no reconocida de obligarse por el tratado"[24], por lo que "el problema central es aquí el del no reconocimiento, que es secundario con respeto al derecho de las reservas"[25]. Un ejemplo de declaración de exclusión sería la realizada por Iraq en relación a Israel al firmar y ratificar los Pactos de Nueva York. Su texto es el siguiente: "El hecho de que la República del Iraq pase a ser Parte en el Pacto Internacional de Derechos Económicos, Sociales y Culturales y en el Pacto Internacional de Derechos Civiles y Políticos no significa

---

21 Y así lo consideró inicialmente el Relator (*vid.,* Tercer Informe sobre "Las reservas a los tratados", presentado por el Relator especial Alain Pellet a la Comisión de Derecho Internacional en su 50° periodo de sesiones, 1998 (A/CN.4/491/Add.3, pp. 168-181).

22 *Vid.,* Cuarto Informe sobre "Las reservas a los tratados", presentado por el Relator especial Alain Pellet a la Comisión de Derecho Internacional en su 51° periodo de sesiones, 1999 (A/CN.4/499, pp. 47-52).

23 La directriz 1.5.1 sobre "Declaraciones de no reconocimiento" establece que: "Una declaración unilateral por la que un Estado indica que su participación en un tratado no entraña el reconocimiento de una entidad a la que no reconoce queda fuera del ámbito de aplicación de la presente Guía de la práctica, aun cuando tenga por objeto excluir la aplicación del tratado entre el Estado declarante y la entidad no reconocida". *Vid.,* la directriz y su respectivo comentario en Doc. A/66/10/Add.1, pp. 98-101.

24 *Ibíd.,* párr. 9.

25 *Ibíd.,* párr. 13. A este argumento, se añaden razones prácticas para no calificar las de reservas como la no previsibilidad de las objeciones a estas declaraciones que, en todo caso, no serían susceptibles de producir efecto alguno, así como que las declaraciones de este tipo no deberían considerarse prohibidas en virtud del artículo 19, a y b, de la Convención de Viena, si el tratado prohíbe las reservas o sólo permite algunas (*Ibíd.,* párr. 8); razones éstas, sin embargo, no tenidas en cuenta respeto a otras declaraciones como son las formuladas en virtud de cláusulas de exclusión o de *opting out.*

en modo alguno que reconozca a Israel ni que contraiga obligaciones con respecto a Israel en virtud de dichos Pactos"[26].

Quedarían sin duda fuera de la noción de reserva las declaraciones meramente precautorias en las que su autor sólo recuerda que su participación en el tratado, en el que también es parte una entidad a la cual no reconoce la condición de Estado, no equivale a su reconocimiento. En efecto, además de que "no añaden nada al derecho existente, ya que se admite generalmente que la participación en un mismo tratado multilateral no implica el reconocimiento mutuo, ni siquiera implícito", estas declaraciones "no pretenden surtir efectos sobre el tratado o sobre sus disposiciones"[27].

---

26 También la declaración de la República Árabe Siria y de Libia. En la nota 22 del Pacto internacional de derechos económicos, sociales y culturales figura lo siguiente: "En dos comunicaciones recibidas por el Secretario General el 10 de julio de 1969 y el 23 de marzo de 1971 respectivamente, el Gobierno de Israel declaró que "ha tomado nota del carácter político de la declaración hecha por el Gobierno del Iraq en el momento de la firma y la ratificación de los antes mencionados Pactos. A juicio del Gobierno de Israel, estos dos Pactos no son el lugar indicado para hacer esas declaraciones políticas. En cuanto se refiere a la cuestión de fondo, el Gobierno de Israel adoptará con respecto al Gobierno del Iraq una actitud de completa reciprocidad". El Secretario General recibió del Gobierno de Israel idénticas comunicaciones, *mutatis mutandis*, el 9 de julio de 1969 con respecto a la declaración hecha en el momento de la adhesión por el Gobierno de la República Árabe Siria y el 29 de julio de 1970 con respecto a la declaración hecha en el momento de la adhesión por el Gobierno de Libia. En la segunda comunicación, el Gobierno de Israel afirmaba además que la declaración de que se trataba "no puede en modo alguno afectar las obligaciones que ya incumben a la República Árabe Libia en virtud del Derecho internacional general". *Vid.*, en http://unteatry.un.org, Parte I, Cap. IV, tratados 3 y 4. Declaraciones similares se encuentran también, por ejemplo, en la Convención sobre la eliminación de todas las formas de discriminación contra la mujer (Iraq o la República Árabe Siria) o en la Convención sobre los derechos de las personas con discapacidad (República Árabe Siria). *Ibid.*, tratados 8 y 15, respectivamente.

27 *Vid.*, la directriz 1.5.1 en Doc. A/66/10/Add.1, párr. 4.

En la firma o manifestación del consentimiento en obligarse por un tratado los Estados formulan en ocasiones declaraciones de política general con las que realizan valoraciones sobre el tratado, proponen mejoras, sugieren ser parte en el mismo, instan a su cumplimiento efectivo, o son ocasión para recordar aspectos de la política del Estado autor sobre el tema del tratado. Las declaraciones de la Santa Sede al adherirse a algunos de estos tratados constituyen un ejemplo de ello. Así, cuando señala respecto a la Convención de los derechos del niño: "La Santa Sede considera la presente Convención un instrumento digno y laudable, encaminado a proteger los derechos e intereses de los niños..."[28], o en su declaración a la Convención contra la tortura: La Santa Sede considera que la Convención contra la Tortura y Otros Tratos o Penas Crueles, Inhumanos o Degradantes es un instrumento válido y adecuado para luchar contra los actos que constituyen un

---

[28] El texto completo de la declaración es el siguiente: "La Santa Sede considera la presente Convención un instrumento digno y laudable, encaminado a proteger los derechos e intereses de los niños, que son "ese precioso tesoro confiado a cada generación como reto a su inteligencia y humanidad" (Papa Juan Pablo II, 26 de abril de 1984). La Santa Sede reconoce que la Convención representa una promulgación de principios anteriormente adoptados por las Naciones Unidas y, una vez que tenga efectividad como instrumento ratificado, salvaguardará los derechos del niño tanto antes como después del nacimiento, como se afirmó expresamente en la Declaración de los Derechos del Niño [resolución 1386 (XIV) de la Asamblea General, de 20 de noviembre de 1959] y se reafirmó en el párrafo noveno del preámbulo de la Convención. La Santa Sede confía en que el párrafo noveno del preámbulo ofrecerá la perspectiva desde la que se interpretará el resto de la Convención, de conformidad con el artículo 31 de la Convención de Viena sobre el Derecho de los Tratados de 23 de mayo de 1969. Adhiriéndose a la Convención sobre los derechos del niño, la Santa Sede se propone dar renovada expresión de su constante preocupación por el bienestar de los niños y las familias. A la luz de su naturaleza y posición singulares, la Santa Sede, al adherirse a esta Convención, no se propone prescindir en modo alguno de su misión específica que es de carácter moral y religioso". *Vid.*, en http://untreatry.un.org, capítulo IV, tratado nº 11.

delito grave contra la dignidad de la persona humana…"[29]. Son declaraciones, por tanto, que no tienen efecto alguno sobre la aplicación del tratado, quedando fuera de la noción de reserva[30].

---

[29] Dice la declaración de la Santa Sede en relación a la Convención contra la tortura: "La Santa Sede considera que la Convención contra la Tortura y Otros Tratos o Penas Crueles, Inhumanos o Degradantes es un instrumento válido y adecuado para luchar contra los actos que constituyen un delito grave contra la dignidad de la persona humana. En los últimos tiempos, la Iglesia católica se ha pronunciado constantemente a favor del respeto incondicional por la vida misma y condena inequívocamente "todo lo que viola la integridad de la persona humana, como la mutilación, los tormentos infligidos en el cuerpo o la mente, intenta forzar la voluntad misma" (Concilio Vaticano II, Constitución pastoral *Gaudium et spes*, 7 de diciembre de 1965). La ley de la Iglesia (Código de Derecho Canónico, 1981) y su catecismo (Catecismo de la Iglesia Católica, 1987) enumeran e identifican claramente las formas de comportamiento que pueden dañar la integridad física o mental del individuo, condenar a sus perpetradores y pedir La abolición de tales actos. El 14 de enero de 1978, el Papa Pablo VI, en su último discurso ante el cuerpo diplomático, después de referirse a la tortura y el maltrato practicado en varios países contra individuos, concluyó lo siguiente: "¿Cómo podría la Iglesia no tomar una posición severa? ¿Con respecto a la tortura y actos similares de violencia infligidos a la persona humana? El Papa Juan Pablo II, por su parte, no ha dejado de afirmar que "la tortura debe ser llamada por su nombre propio" (mensaje para la celebración del Día Mundial de la Paz, 1 de enero de 1980). Ha expresado su profunda compasión por las víctimas de la tortura (Congreso Mundial sobre Ministerio Pastoral de los Derechos Humanos, Roma, 4 de julio de 1998), y en particular por las mujeres torturadas (mensaje al Secretario General de las Naciones Unidas, 1 de marzo de 1993). En este espíritu, la Santa Sede desea prestar su apoyo moral y colaboración a la comunidad internacional, para contribuir a la eliminación del recurso a la tortura, que es inadmisible e inhumano. La Santa Sede, al convertirse en parte de la Convención en nombre del Estado de la Ciudad del Vaticano, se compromete a aplicarla en la medida en que sea compatible, en la práctica, con la naturaleza peculiar de ese Estado". *Vid.*, en http://untreatry.un.org, capítulo IV, tratado nº 9.

[30] *Vid.*, la directriz 1.5 sobre "Declaraciones unilaterales distintas de las reservas y las declaraciones interpretativas" y su correspondiente comentario en Doc. A/66/10/Add.1, pp. 96-98.

Asimismo, si un Estado formula una declaración refiriéndose a la manera en cómo aplicará el tratado en el ámbito interno, pero sin afectar a los derechos y obligaciones del declarante respecto a los demás Estados contratantes, tal declaración quedaría fuera de la noción de reserva[31]. Con carácter meramente informativo, los Estados se limitan a indicar las autoridades internas a las que compete su aplicación, o la forma en que cumplirá sus obligaciones o ejercerá sus derechos. A título de ejemplo, la Comunidad Europea, hoy Unión Europea, acompañó el instrumento de confirmación formal de la Convención sobre los derechos de las personas con discapacidad con una declaración de competencias en las cuestiones regidas por la Convención[32].

En los tratados de derechos humanos encontramos declaraciones unilaterales hechas en virtud de cláusulas facultativas y cláusulas de exclusión, relacionadas principalmente con los procedimientos de control de los órganos de tratados[33]. Las facultativas, también llamadas de *opting in*, posibilitan a los Estados, mediante aceptación expresa, asumir obligaciones derivadas del tratado por lo que siendo su objeto la ampliación y no la limitación de las obligaciones, tales declaraciones no serían propiamente reservas. Tampoco constituirían reservas las limitaciones o restricciones a ellas incorporadas puesto que, aun teniendo un efecto limitativo, no son formuladas sobre la base de un instrumento multilateral, sino de una declaración unilateral y, por ello, no "puede separarse de la declaración (de aceptación) y no constituye en sí misma una

---

31 *Vid.*, la directriz 1.5.2 y su correspondiente comentario en *ibid.*, pp. 101-105.

32 El 23 de diciembre de 2010 tuvo lugar la confirmación formal de la Convención sobre los derechos de las personas con discapacidad por la hoy Unión Europea, en su calidad de organización regional de integración, tal como se define en el artículo 44 de la Convención. Acompañó el instrumento de manifestación del consentimiento en obligarse con una declaración de competencias y una reserva. *Vid.*, en http://untreaty.un.org, Parte I, Cap. IV, tratado 15.

33 *Vid.*, *infra* capítulo IV.

declaración unilateral"[34]. Así, lo ha considerado la Comisión de Derecho Internacional, a las que le dedica la directriz 1.5.3 de la Guía de la práctica sobre cláusulas de opción[35]. Entre estas cláusulas expresas en el tratado que dejan cierto margen de elección a los Estados, la directriz se refiere también a aquellas declaraciones que obliga a los Estados contratantes a elegir entre dos o varias disposiciones del tratado, ya se trate de artículos o párrafos, o también capítulos, secciones o partes de un tratado o incluso los anexos que forman parte de éste. Más en concreto, se trata de optar entre disposiciones del tratado de forma cumulativa –que puede llegar a cubrir todas las disposiciones del tratado-, o de optar en-

---

[34] El segundo párrafo de la directriz 1.5.3 señala que: "Una restricción o condición incluida en una declaración por la que un Estado o una organización internacional acepta, en virtud de una cláusula del tratado, una obligación no impuesta por otras disposiciones del tratado no constituye una reserva". *Vid.*, la directriz y su comentario en Doc. A/66/10/Add.1, pp. 105-112, párr. 11. La naturaleza jurídica de estas restricciones ha sido discutida doctrinalmente. Al respecto, *vid.*, ROSENNE S., autor citado por la Comisión de Derecho Internacional en apoyo de su posición sobre las "condiciones y reservas a la declaración de aceptación de la jurisdicción de la Corte Internacional de Justicia (ROSENNE, S.: *The Law and Practice of the International Court, 1920-2005*, vol. II, *Jurisdiction*, 2006, pp. 737 y ss). Para una posición crítica con la postura de la Comisión, *vid.*, RIQUELME CORTADO, R.: *Las Reservas a los Tratados: Lagunas y ambigüedades del Régimen de Viena*, Universidad de Murcia, 2004, pp. 58-61. Asimismo, las precisiones sobre esta cuestión realizadas por SALADO OSUNA en SALADO OSUNA, A.: *Las reservas a los tratados de derechos humanos*, Ediciones Laborum, Murcia, 2003, pp. 84-88.

[35] El primer párrafo de la directriz 1.5.3, "Declaraciones unilaterales hechas en virtud de una cláusula de opción", señala que: "Una declaración unilateral hecha por un Estado o una organización internacional de conformidad con una cláusula de un tratado que permite a las Partes aceptar una obligación no impuesta por otras disposiciones del tratado, o que les permite elegir entre dos o varias disposiciones del tratado, queda fuera del ámbito de aplicación de la presente Guía de la práctica". *Vid.*, en Doc. A/66/10/Add.1, p. 105. Esta directriz es el resultado de unir los anteriores proyectos de directriz 1.4.6 y 1.4.7.

tre algunas de ellas, esto es, excluyendo tal acumulación, lo que tiene lugar cuando la cláusula del tratado ofrece la posibilidad de optar entre una disposición determinada (o un conjunto de ellas) o, alternativamente, otra disposición (o conjunto de otras disposiciones)[36]. El artículo 20.1 de la Carta social europea, de 18 de octubre de 1961 constituye un ejemplo del primer tipo[37]. Estas declaraciones tampoco serían reservas pues a diferencia de éstas, constituyen "la condición *sine qua non* de la participación del autor de la declaración en el tratado" y aunque excluyan la aplicación de ciertas disposiciones del tratado respecto del Estado autor, "esa exclusión se basa en el tratado mismo y es inseparable

---

36 *Vid.*, la directriz 1.5.3 y su correspondiente comentario en *ibíd.*, pp. 109-112.

37 En efecto, el artículo 20, párrafo 1 de la Carta, titulado "Obligaciones" establece que: 1. Cada una de las Partes Contratantes se compromete: a) A considerar la Parte I de la presente Carta como una declaración de los objetivos que tratará de alcanzar por todos les medios adecuados, conforme a lo dispuesto en el párrafo de introducción de dicha parte. b) A considerarse obligada al menos por cinco de los siete artículos siguientes de la Parte II de la Carta: artículos 1, 5, 6, 12, 13, 16 y 19. c) A considerarse obligada, además, por un número adicional de artículos o párrafos numerados de la Parte II de la Carta que elija dicha Parte Contratante, siempre que el número total de los artículos y de los párrafos numerados a los que quedará obligada no sea inferior a lo artículos o a 45 párrafos numerados. 2. Los artículos o párrafos elegidos de conformidad con lo dispuesto en los apartados b) y c) del párrafo 1 del presente artículo serán notificados por la Parte Contratante al Secretario General del Consejo de Europa en el momento del depósito de su instrumento de ratificación o de aprobación. 3. En cualquier fecha posterior cada una de las Partes Contratantes podrá declarar, en virtud de notificación dirigida al Secretario General, que se considera obligada por cualquier otro artículo o párrafo de los numerados en la Parte II de la Carta y que no hubiera antes aceptado conforme a lo dispuesto en el párrafo 1 del presente artículo. Estas obligaciones contraídas ulteriormente se reputarán como parte integrante de la ratificación o de la aprobación y surtirán los mismos efectos a partir del trigésimo día después de la fecha de la notificación".

de la entrada en vigor de otras disposiciones del tratado respecto del autor de la misma declaración"[38].

Sin embargo, las declaraciones formuladas en virtud de cláusulas de exclusión o de *opting out* son asimilables a las reservas cuando son formuladas al tiempo de manifestar el consentimiento en obligarse por el tratado. Definida esta cláusula en la directriz 1.1.6 de la Guía de la práctica como "una disposición convencional en virtud de la cual el Estado quedará obligado por las normas estipuladas en el tratado si no expresa su intención de no quedar obligado por alguna de ellas en un plazo determinado"[39], las consiguientes declaraciones unilaterales suponen la exclusión de los efectos jurídicos de ciertas disposiciones del tratado en su aplicación al Estado autor de la misma[40]. Que las demás partes contratantes no puedan formular una objeción a este tipo de declaraciones o que convivan estas cláusulas con otras que prohíben expresamente las reservas no han sido argumentos que hayan llevado a la Comisión a negar su calificación como reservas. Al respecto, la Comisión recuerda la existencia de reservas "expresamente autorizadas" por el tratado en el sentido más restrictivo del artículo 20.1 de la Convención de Viena, esto es, reservas respecto de las que no es necesaria la aceptación ulterior de la reserva por los demás Estados y se presume su imposibilidad de hacer toda objeción a tal reserva[41]. Asimismo, se recuerda la incertidumbre y ambigüedad que rodea la materia relativa a las reservas, también en el plano terminológico, como posible explicación de la convi-

---

38 *Vid.*, la directriz 1.5.3 en Doc. A/66/10/Add.1, párr. 21.

39 *Vid.*, la directriz 1.1.6 y su comentario en *ibíd.*, pp. 54-64.

40 Formuladas estas declaraciones unilaterales en un momento posterior al de la manifestación de consentimiento, la Comisión de Derecho Internacional precisa que no se tratan de reservas sino de "denuncias parciales que, en su espíritu, se basan más en la Parte V de las Convenciones de Viena". *Ibíd.*, párr. 17.

41 *Ibíd.*, párrs. 9 y 10

vencia de cláusulas sobre reservas, incluso cuando son de prohibición general, y de cláusulas de exclusión[42].

2.2. LA DECLARACIÓN INTERPRETATIVA. LA PRECISIÓN O ACLARACIÓN DE LAS DISPOSICIONES DEL TRATADO

En los tratados de derechos humanos son frecuentes las declaraciones que tratan sólo de precisar o aclarar el sentido o el alcance de un tratado o de algunas de sus disposiciones. A estas interpretaciones individuales y unilaterales les son de aplicación los artículos 31 y 32 de la Convención de Viena. Pero la Convención no les dedica ninguna disposición específica. Los tratados que nos ocupan tampoco hacen referencia expresa a las declaraciones interpretativas en cuanto tales. Ahora bien, si un Estado formula una declaración interpretativa ha de tener en cuenta que el tratado no prohíba dar una determinada interpretación al mismo o a algunas de sus disposiciones[43]. Por su parte, y en ausencia de disposición

---

42 *Ibíd.*, párr. 11.

43 Este tipo de prohibiciones se encuentran en el Pacto internacional de derechos civiles y políticos (artículos 46 y 47); el Pacto internacional de derechos económicos, sociales y culturales (artículos 24 y 25); el Protocolo facultativo de la Convención sobre los derechos del niño relativo a la participación de niños en los conflictos armados (artículo 5); Protocolo facultativo de la Convención sobre los derechos del niño relativo a la venta de niños, la prostitución infantil y la utilización de niños en la pornografía (artículo 11); Convención internacional sobre la protección de los derechos de todos los trabajadores migratorios y de sus familiares (artículos 35, 50.3, 80 y 81); Convención sobre el Estatuto de los apátridas (artículo 5); Convención sobre el Estatuto de los refugiados(artículo 5); o Convención internacional para la protección de todas las personas contra las desapariciones forzadas (artículo 13.7). Así, por ejemplo, varios Estados (Alemania, Países Bajos y Pakistán) se opondrían a la interpretación dada por la India a las palabras "el derecho a la libre determinación" que figuran en el artículo 1 común a los Pactos de Nueva York. Según dicha declaración: "Con referencia al artículo 1 del Pacto Internacional de Derechos Económicos, Sociales y Culturales y al artículo 1 del Pacto In-

convencional, la declaración interpretativa puede ser formulada en cualquier momento. No hay obligación jurídica ni para su forma escrita ni para su comunicación formal. Otra cosa distinta es que los Estados, por razones de publicidad, las consignen por escrito y las comuniquen al depositario de los tratados, formulándolas al manifestar su consentimiento en obligarse por el tratado.

El régimen jurídico aplicable a las declaraciones interpretativas, por tanto, es distinto al de las reservas, más flexible y menos formalista. Y es que su objetivo es diferente, no buscan excluir o modificar los efectos jurídicos de ciertas disposiciones del tratado sino precisarlos o aclarar. Los efectos jurídicos, por tanto, tienen lugar esencialmente en el proceso de interpretación. Y así lo establece la Guía de la práctica que, definida como "una declaración unilateral, cualquiera que sea su enunciado o denominación, hecha por un Estado o por una organización internacional, por la que ese Estado o esa organización se propone precisar o aclarar el sentido o el alcance de un tratado o de algunas de sus disposiciones"[44], dedica varias directrices a su régimen jurídico[45]. Sólo en el caso de que el Estado condicionara la interpretación dada en la declaración a su consentimiento en obligarse por el tratado, su régimen sería asimilable al de la reserva puesto que, como ésta, tendría por objeto

---

ternacional de Derechos Civiles y Políticos, el Gobierno de la República de la India declara que las palabras "el derecho a la libre determinación" que aparecen en [dicho artículo] se aplican únicamente a los pueblos bajo dominación extranjera, y que estas palabras no se aplican a Estados independientes y soberanos o a un sector de un pueblo o una nación, lo que constituye la esencia de la integridad nacional". *Vid.,* en http://untreatry.un.org, Parte I, Cap. IV, tratado 3.

44 *Vid.*, la directriz 1.2 y su comentario en Doc. A/66/10/Add.1, pp. 64-75.

45 Se tratan, entre otras, de la directriz 2.4 sobre el "Procedimiento relativo a las declaraciones interpretativas" (*ibíd.*, pp. 200-208); la 2.9 sobre "Formulación de reacciones a las declaraciones interpretativas" (pp. 321-338); 3.5 titulada "Validez sustantiva de una declaración interpretativa" (pp. 433- 439); 3.6 sobre "Validez sustantiva de las reacciones a una declaración interpretativa" (pp. 439-441); 4.7 relativa a "Efectos de las declaraciones interpretativas" (pp. 563-579).

producir efectos jurídicos en la aplicación de las disposiciones del tratado, que el Estado acepta únicamente a condición de que se interpreten en determinado sentido[46].

Formulada una declaración interpretativa la reacción habitual de los Estados es el silencio o la recalificación y no las reacciones expresas manifestando el acuerdo o desacuerdo con la interpretación dada[47]. Pero, a diferencia de la reserva, si un Estado aprobara la interpretación formulada no supondría la entrada en vigor del tratado para el Estado autor de la declaración[48], como tampoco su rechazo impediría que el declarante llegue a ser parte o siga

---

46 Con la denominación de declaraciones interpretativas condicionales, la directriz 1.4 señala que: "1. Una declaración interpretativa condicional es una declaración unilateral formulada por un Estado o una organización internacional al firmar, ratificar, confirmar formalmente, aceptar o aprobar un tratado al adherirse a él, o cuando un Estado hace una notificación de sucesión en un tratado, por la que ese Estado o esa organización internacional condiciona su consentimiento en obligarse por el tratado a una interpretación específica del tratado o de alguna de sus disposiciones. 2. Las declaraciones interpretativas condicionales estarán sujetas a las reglas aplicables a las reservas". *Vid.*, la directriz 1.4 y su comentario en *ibid.*, pp. 86-92, en particular el párrafo 10 que se refiere a la asimilación del régimen jurídico. En este sentido también se pronunció la extinta Comisión Europea de Derechos Humanos en el asunto *Telmetasch (vid.*, Comisión Europea de Derechos Humanos, Decisión de 5 de mayo de 1982, asunto *Temeltasch, c. Suiza,* demanda nº 9116/80, *Décisions et rapports,* vol. 31, abril de 1983, pp. 130-131). El Tribunal de Estrasburgo también examinó la declaración interpretativa formulada por Suiza en el asunto *Belilos* desde el punto de vista de las reglas aplicables a las reservas, aunque sin considerarla expresamente como tal *(vid.*, Tribunal Europeo de Derechos Humanos, sentencia de 29 de abril de 1989, asunto *Belilos c. Suiza,* demanda nº 10328/83, *Recueil des arrêts et décisions de la Cour européenne des droits de l'homme,* Serie A, vol. 132, párr. 49, p. 24).

47 La Guía de la práctica se refiere a la aprobación y oposición de la declaración interpretativa para distinguirla de la aceptación y objeción de la reserva. *Vid.*, las directrices 2.9.1 y 2.9.2 en Doc. A/66/10/Add.1, pp. 321-322 y 323-328, respectivamente.

48 *Ibíd.*, párr.6.

siendo parte contratante[49]. El silencio tampoco equivale a su aceptación automática[50].

La declaración interpretativa que, en sí misma, es una interpretación unilateral, no tiene valor obligatorio para las demás partes en el tratado. Ahora bien, puede desempeñar cierta función en el proceso interpretativo, un papel meramente auxiliar o complementario en la interpretación de un tratado (artículo 32 de la Convención), pudiendo confirmar "el sentido corriente que haya de atribuirse a los términos del tratado en el contexto de estos y teniendo en cuenta su objeto y fin" (artículo de la 31 Convención). El intérprete puede valorar también las reacciones de oposición y aprobación a una declaración interpretativa, particularmente estas últimas por tratarse de una interpretación compartida, que sólo en caso de que fuera unánime, constituiría un verdadero acuerdo sobre la interpretación del tratado y, por tanto, una interpretación auténtica[51].

Pero no siempre las declaraciones formuladas como interpretativas tienen esta naturaleza. Aun presentadas como tales, en ocasiones, el texto de la declaración se corresponde con una reserva[52]. Los demás Estados, que pueden reaccionar ante la declaración con el silencio e incluso tener distintos puntos de vista sobre su naturaleza jurídica, a menudo la recalifican como una reserva. Entre los numerosos ejemplos de recalificación, puede señalarse la declaración de Bangladesh al artículo 1 del Pacto internacional

---

49 *Ibíd.*, párr. 11.

50 *Vid.*, las directrices 2.9.8 y 2.9.9 y sus comentarios en *ibid.*, pp. 335-339.

51 *Vid.*, la directriz 4.7.1 su comentario en *ibíd.*, pp. 565-575.

52 En el cuestionario sobre la práctica en materia de reservas y declaraciones interpretativas de los Estados se muestra su tendencia a presentar sus declaraciones como interpretativas, *vid.*, Tercer Informe sobre "Las reservas a los tratados", presentado por el Relator especial Alain Pellet a la Comisión de Derecho Internacional en su 50° periodo de sesiones, 1998 (A/CN.4/491/Add.4, párr. 239).

de derechos económicos, sociales y culturales[53], que sería recalificada por varios Estados (Alemania[54], Francia[55], Países Bajos[56]

---

53 La declaración es la siguiente: "El Gobierno de la República Popular de Bangladesh entiende que las palabras "el derecho de libre determinación" que aparece en este artículo se aplica en el contexto histórico del poder y la administración coloniales, la dominación y la ocupación extranjeras y otras situaciones semejantes". *Vid.*, en http://untreatry.un.org, Parte I, cap. IV, tratado 3.

54 El texto es el siguiente: "El Gobierno de la República Federal de Alemania señala que la declaración relativa al artículo primero constituye una reserva que supedita el ejercicio del derecho de los pueblos a disponer sobre sí mismos a condiciones no previstas por el derecho internacional. Tales condiciones pueden atentar contra la noción de autodeterminación y debilitar gravemente su carácter universalmente aceptable". *Ibíd.*, nota 18.

55 Francia señala al respecto: «El Gobierno de Francia señala que las ``declaraciones" formuladas por Bangladesh constituyen verdaderas reservas ya que tratan de excluir o modificar el efecto jurídico de determinadas disposiciones del Tratado. Por lo que respecta a la declaración relativa al artículo 1, la reserva somete el ejercicio del derecho de autodeterminación de los pueblos a condiciones no previstas por la Carta de las Naciones Unidas". *Ibíd.*

56 Su rechazo lo expresa de la siguiente manera: "El Gobierno del Reino de los Países Bajos ha examinado las declaraciones realizadas por el Gobierno de Bangladesh en el momento de su adhesión al Pacto Internacional de derechos económicos, sociales y culturales y considera que las declaraciones relativas a los artículos 1, 2 y 3, 7 y 8 son reservas. El Gobierno del Reino de los Países Bajos formula una objeción a la reserva hecha por el Gobierno de Bangladesh con respecto al artículo 1 del mencionado Pacto, porque el derecho a la autodeterminación tal como lo establece el Pacto se confiere a todos los pueblos. Esto se desprende no sólo del contenido del propio artículo 1 del Pacto, sino de la exposición del derecho de que se trata que tiene mayor autoridad, a saber, la Declaración relativa a los principios de derecho internacional acerca de las relaciones amistosas y cooperación entre los Estados de conformidad con la Carta de las Naciones Unidas. Todo intento de reducir el ámbito de aplicación de ese derecho o de supeditarlo a condiciones que no prevén los instrumentos pertinentes perjudicaría la propia noción de autodeterminación y en consecuencia debilitaría gravemente así su carácter universalmente aceptable". *Ibíd.*, nota 18.

y Suecia[57]). Suecia recordaría que:

> "(...) en virtud de las normas debidamente establecidas del Derecho internacional de los tratados, el nombre que se dé a una declaración por la cual se excluye o modifica el efecto jurídico de determinadas disposiciones de un tratado no determina su condición como reserva a ese tratado. Por lo tanto, el Gobierno de Suecia considera que las declaraciones hechas por el Gobierno de Bangladesh, al no haber más aclaraciones, constituyen en sustancia reservas al Pacto.

La declaración relativa al artículo 1 impone al ejercicio del derecho de los pueblos a la libre determinación condiciones no previstas en el derecho internacional. Si se imponen tales condiciones se podría comprometer el concepto mismo de la libre determinación, debilitando así considerablemente su carácter universalmente aceptable".

Ciertamente, son los efectos buscados por su autor y no la denominación dada el que prima para determinar la verdadera naturaleza de la declaración formulada, como se desprende del artículo 2.1 d) de la Convención de Viena. Y así también lo han subrayado los órganos de control de los tratados. El Comité de derechos humanos, con ocasión de una comunicación presentada contra Francia por violación del artículo 27 del Pacto internacional de derechos civiles y políticos señalaría que "no es la calificación oficial sino el efecto que la declaración quiere significar lo que determina su naturaleza"[58]. Se refería a la declaración pre-

---

57 *Ibíd.*

58 *Vid.*, Comité de Derechos Humanos, Comunicación, Nº 220/1987, *T.K. c. Francia*, decisión de 8 de noviembre de 1989, Informe del Comité de Derechos Humanos en su 37º, 38º y 39º periodo de sesiones, *Documentos Oficiales de la Asamblea General, cuadragésimo quinto período de sesiones suplemento Nº 40* (A/45/40), pp. 131-132. En el ámbito europeo, *vid.*, también, Tribunal Europeo de Derechos Humanos, sentencia de 29 de abril de 1989, asunto *Belilos c. Suiza*, demanda nº 10328/83, *Recueil des arrêts et décisions de la Cour européenne des droits de l'homme*, Serie A, vol. 132, párrs. 48 y 49, pp. 23 y 24. También, Comisión Europea de Derechos Humanos, Decisión de 5 de mayo de 1982, asunto *Temeltasch*,

sentada sin calificación por este Estado al adherirse al Pacto cuyo texto decía que "a la luz del artículo 2 de la Constitución de la República Francesa (...) no procede aplicar el artículo 27 por lo que respecta a la República"[59]. Considerada la declaración como una reserva -su objeto es no aplicar, esto es, excluir, el artículo 27 del Pacto- el Comité declararía inadmisible la comunicación. Quedaría de este modo resuelta la naturaleza de la declaración[60]. Pero a falta de la intervención de un tercero imparcial competente para decidir, ya se advierte en la Guía de la práctica del carácter subjetivo de la posición del Estado que recalifica "que no se impone ni al autor de la declaración inicial ni a las demás partes contratantes"[61].

A fin de determinar la verdadera naturaleza de la declaración formulada, en la Guía se ofrece como método para diferenciar las reservas y las declaraciones interpretativas "interpretar la declaración de buena fe conforme al sentido corriente que haya de atribuirse a sus términos, con miras a inferir de ellos la intención de su autor, a la luz del tratado a que se refiera".[62] Y completa

---

c. Suiza, demanda nº 9116/80, *Décisions et rapports*, vol. 31, abril de 1983, párr. 73, pp. 130 y 131.

59 En cambio, Francia calificaría como reservas las declaraciones a los artículos 4.1, 9. 14 y 19. *Vid.*, http://untreatry.un.org, Parte I, Cap. IV, tratado 4.

60 Sin embargo, Rosalyn HIGGINS, en su voto particular, sostendría que la declaración de Francia relativa al artículo 27, "no funciona como una reserva", siendo su contenido claramente el propio el de las declaraciones, *vid.*, Informe del Comité de Derechos Humanos en su 37º, 38º y 39º periodo de sesiones, *Documentos Oficiales de la Asamblea General, cuadragésimo quinto período de sesiones suplemento Nº 40* (A/45/40), pp. 135 y ss.

61 *Vid.*, la directriz 2.9.3 sobre la "Recalificación de una declaración interpretativa" y su comentario en Doc. A/66/10/Add.1, pp. 328-331.

62 Este método tiene en cuenta las reglas de interpretación relativas a los tratados, enunciadas en los artículos 31 y 32 de la Convención de Viena, pero sin que suponga la traslación pura y simple a las reservas y declaraciones interpretativas en tanto instrumentos de naturaleza unilateral. *Vid.*, la directriz 1.3.1 y su comentario en *ibid.*, pp. 77 y 82.

esta regla general con dos presunciones *iuris tantum*, que admiten prueba en contrario. La primera, consistente en que "el enunciado o la denominación de una declaración unilateral constituye un indicio de los efectos jurídicos perseguidos", que se ve reforzado cuando un Estado formula varias declaraciones respecto a un tratado y denomina algunas de ellas reservas y a otras declaraciones interpretativas (directriz 1.3.2)[63]. La otra presunción se refiere al supuesto de que un tratado prohíba total o parcialmente las reservas, en cuyo caso "se presumirá que una declaración unilateral formulada al respecto por un Estado o una organización internacional no constituye una reserva" (directriz 1.3.3)[64].

---

63 *Vid.*, la directriz 1.3.2 y su comentario en *ibíd.*, pp. 82-85.

64 *Vid.*, la directriz 1.3.3 y su comentario en *ibíd.*, pp. 85-86.

III.

EL RÉGIMEN DE VIENA Y NUEVOS ENFOQUES EN LOS TRATADOS DE DERECHOS HUMANOS

El régimen general sobre las reservas está enunciado en los artículos 19 a 23 de la Convención de Viena sobre el Derecho de los Tratados. Este régimen es el llamado a aplicarse a falta de normas propias en los tratados. Y en los relativos a los derechos humanos apenas hay regulación sobre las reservas. Inspirado en la opinión consultiva emitida en 1951 por la Corte Internacional de Justicia sobre *las reservas a la Convención sobre el genocidio*[65], que ya manifestaría la singularidad de estos tratados, el régimen de Viena no les ha dado un trato particular.

Sin embargo, los nuevos enfoques de los órganos de vigilancia y de algunos Estados ante las reservas formuladas han cuestionado la aplicación a los tratados de derechos humanos de las normas tradicionales, basadas en la reciprocidad y el control individual estatal. Estas nuevas posiciones, además, han sido tenidas en cuenta por la Comisión de Derecho Internacional en sus trabajos sobre las reservas para dar respuesta al régimen incompleto y en ocasiones oscuro establecido en la Convención de Viena.

---

65 *Vid.*, Corte Internacional de Justicia, opinión consultiva de 28 de mayo de 1951, *Réserves à la Convention sur la prévention et la répression du crime de génocide* (Reservas a la Convención para la Prevención y la Sanción del Delito de Genocidio), *Recueil* 1951.

3.1. EL RÉGIMEN GENERAL DE LA CONVENCIÓN DE VIENA DE DERECHO DE TRATADOS

La Convención de Viena de 1969 dedica los artículos 19 a 23 a la institución de la reserva. Esta Convención está concebida para disposiciones de carácter contractual, cuyo objeto es establecer un equilibrio entre los derechos y obligaciones que se reconocen mutuamente las partes. El principio de reciprocidad es consustancial al Derecho de los tratados[66]. El régimen general sobre reservas, establecido en la Convención de Viena, es fiel a este principio.

La reserva tiene como objeto excluir o modificar los efectos jurídicos de ciertas disposiciones del tratado o, según la práctica real de los Estados, del tratado en su conjunto con respecto a algunos aspectos específicos. Pero para que se produzcan estos efectos la declaración ha de reunir ciertas condiciones de fondo y de forma, enunciadas en los artículos 19 y 23 de la Convención. El artículo 19 establece las siguientes condiciones de fondo o de validez sustantiva: que la reserva no esté prohibida por el tratado, bien expresa bien implícitamente (apartados *a* y *b*) y que no sea incompatible con su objeto y fin (apartado *c*)[67]. Las condiciones de forma y procedimiento o validez formal se refieren al momento en el que puede formular una reserva (la firma o manifestación del consentimiento en obligarse por el tratado: ratificación, aceptación o aprobación o en la adhesión del tratado, artículos

---

66 Sobre el principio de reciprocidad, *vid.*, DECAUX, E.: *La réciprocité en Droit International*, Paris, 1980, pp. 63-78; GREIG, W.: "Reciprocity, Proportionality and the Law of Treaties", *Virginial Journal of International Law*, vol. 32, 1994, pp. 295-403.

67 El texto literal del artículo 19 de la Convención de Viena es el siguiente: "Un Estado podrá formular una reserva en el momento de firmar, ratificar, aceptar o aprobar un tratado o de adherirse al mismo, a menos: a) que la reserva esté prohibida por el tratado; b) que el tratado disponga que únicamente pueden hacerse determinadas reservas, entre las cuales no figure la reserva de que se trate; o c) que, en los casos no previstos en los apartados a) y b), la reserva sea incompatible con el objeto y fin del tratado".

2.1.*d)* y 19)[68] y a la forma escrita, notificación y confirmación de la reserva (artículo 23)[69]. Las reservas, por tanto, sólo puedan formularse (o confirmarse) en el momento de la manifestación del consentimiento[70].

---

68 A estos momentos temporales, la Convención de 1978 relativa a la sucesión de Estados en materia de tratados añadirá el de la notificación de sucesión en un tratado (art. 2.1 *j*) y la de 1986 sobre el Derecho de los tratados entre Estados y organizaciones internacionales o entre organizaciones internacionales, precisará que una organización internacional puede formular una reserva cuando expresa su consentimiento a considerarse obligada por un tratado mediante un acto de confirmación formal (art. 2.1 *d*).

69 En virtud párrafo 1 del artículo 23 de la Convención de Viena "La reserva, la aceptación expresa de una reserva y la objeción a una reserva habrá de formularse por escrito y comunicarse a los demás Estados contratantes y a los demás Estados facultados para llegar a ser Partes en el tratado". El párrafo 2 dispone que "La reserva que se formule en el momento de la firma de un tratado que haya de ser objeto de ratificación, aceptación o aprobación, habrá de ser confirmada formalmente por el Estado autor de la reserva al manifestar su consentimiento en obligarse por el tratado. En tal caso, se considerará que la reserva ha sido hecha en la fecha de su confirmación".

70 Esta limitación temporal puede tener excepciones, previstas o no en el propio tratado y referidas a un momento anterior o posterior. Así, hay tratados que prevén expresamente la posibilidad de formular reservas en el momento de la firma, sin necesidad de confirmación formal (la Convención de los refugiados de 1951, la Convención sobre el Estatuto de los apátridas de 1954 y la Convención para reducir los casos de apatridia de 1961, cuyas cláusulas sobre reservas disponen que los Estados podrán formularlas en el momento de la firma, de la ratificación o de la adhesión (artículos 42.1, 38.1 y 17.1 respectivamente). Por su parte, los tratados de derechos humanos no contemplan que la reserva se presente en un momento posterior a la manifestación del consentimiento en obligarse por el tratado, pero conforme a la práctica del Secretario General de las Naciones Unidas es posible su aceptación si ningún Estado se ha opuesto a la misma dentro de los doce meses siguientes a la fecha en que haya recibido notificación de la reserva (*vid.,* Nota del Asesor Jurídico de las Naciones Unidas dirigida a los Representantes de los Estados miembros ante las Naciones Unidas, 4 de abril de 2000

Notificadas al depositario, éste toma nota de las reservas y trasmite su texto a los demás Estados interesados[71], que pueden aceptarla u objetarla dando lugar a efectos jurídicos del mismo signo en la medida en que éstos se bilaterizan en las relaciones entre el Estado autor de la reserva y cada uno de los demás aceptantes u objetantes (artículos 20.4 y 21). Las relaciones convencionales de

---

(LA41TR/221 (23-1)), Manual de tratados, p. 13, párr. 353.También, la directriz 2.3 de la Guía de la práctica, en Informe de la Comisión de Derecho Internacional, 63° periodo de sesiones, *Documentos Oficiales de la Asamblea General, sexagésimo sexto periodo de sesiones, Suplemento N° 10* (A/66/10/Add.1), pp. 183-191). En la práctica se encuentran casos de reservas formuladas tardíamente, que han recibido el rechazo de los Estados (así, 11 Estados de los 15 que presentaron una objeción a las reservas formuladas por Baréin al Pacto internacional de derechos civiles y políticos–el 4 de diciembre de 2006, cuando la adhesión tuvo lugar el 20 de septiembre de 2006- señalarían la formulación tardía de las mismas, *vid.*, http://untreaty.un.org, Parte I, Cap. IV, tratado 3, nota 15).

[71] Artículos 76, 77 y 78 de la Convención de Viena. Las directrices 2.1.7 y 3.2 de la Guía de la práctica reproducen estas disposiciones que limitan la función del depositario a cuestiones meramente de forma, sin reconocer una función de apreciación, ni siquiera somera, de la validez de las reservas (*vid.*, Doc. A/66/10/Add.1, pp. 169-174 y p. 409, párr. 10, respectivamente). Sin embargo, el proyecto de directriz 2.1.8 sobre "Procedimiento en caso de reservas manifiestamente inválidas", admitía la posibilidad de que, si a juicio del depositario, se estaba ante tal supuesto, éste señalara a la atención de su autor lo que, en su opinión, causaba esa invalidez. Y si el autor mantenía la reserva, el depositario comunicaría el texto de la reserva a los Estados signatarios y contratantes con indicación de la naturaleza de los problemas jurídicos planteados por la reserva (*vid.*, A/66/10, pp. 397-399 y la oposición de algunos Estados, Malasia y Francia, al proyecto de directriz en A/CN.4/639/Add.1, pp. 20 y 21). No se recoge, por tanto, algunos desarrollos de la práctica del Secretario General de las Naciones Unidas en materia de reservas que transcienden este papel de "depositario buzón" (*vid.*, *Summary of Practice of the Secretary-General as Depositary of Multilateral Treaties,* (ST/LEG/7/Rev.1), párrs. 161 a 216 y el Manual de tratados, última edición revisada en 2013, pp.12-17).

las demás partes *inter se* no sufren ninguna modificación (artículo 21.2)[72].

La aceptación de la reserva puede realizarse expresa o tácitamente mediante silencio[73]. Señala al respecto el artículo 20.5 de la Convención que "a menos que el tratado disponga otra cosa, se considerará que una reserva ha sido aceptada por un Estado cuando éste no ha formulado ninguna objeción a la reserva dentro de los doce meses siguientes a la fecha en que haya recibido la notificación de la reserva o en la fecha en que haya manifestado su consentimiento en obligarse por el tratado, si esta última es posterior".

Cuando otro Estado la acepta, además de que el Estado autor de la reserva se constituye en parte contratante del tratado en relación con ese Estado (artículo 20.4 *a)*[74], la reserva produce todos los efectos esperados por su autor y en régimen de reciprocidad, esto es, excluye o modifica los efectos jurídicos de ciertas disposiciones de un tratado en las relaciones entre los Estados en cuestión. Dice el artículo 21.1 de la Convención de Viena que: "Una reserva que sea efectiva con respecto a otra parte en el tratado de conformidad con los artículos 19, 20 y 23:

a) modificará con respecto al Estado autor de la reserva en sus relaciones con esa otra parte las disposiciones del tratado a que se refiera la reserva en la medida determinada por la misma;

---

72 Según el artículo 21.2 de la Convención de Viena: "La reserva no modificará las disposiciones del tratado en lo que respecta a las otras Partes en el tratado en sus relaciones inter se".

73 Sobre otras formas de aceptación, *vid.*, el capítulo V.

74 Según dicho artículo: "En los casos no previstos en los párrafos precedentes y a menos que el tratado disponga otra cosa: a) la aceptación de una reserva por otro Estado contratante constituirá al Estado autor de la reserva en Parte en el tratado en relación con ese Estado si el tratado ya está en vigor o cuando entre en vigor para esos Estados".

b) modificará, en la misma medida, esas disposiciones en lo que respecta a esa otra parte en el tratado en sus relaciones con el Estado autor de la reserva".

La aplicación recíproca de la reserva supone que ésta pueda ser invocada no sólo por el Estado autor de la reserva sino también por los Estados que la han aceptado. En el caso de que la reserva tenga como objeto excluir los efectos jurídicos de ciertas disposiciones del tratado, el Estado autor de la reserva no queda sujeto a ninguna obligación que se derive de la disposición a que se refiere la reserva ni puede invocar ningún derecho que emane de ella en sus relaciones con los Estados que han aceptado la reserva. Del mismo modo, estos Estados no tienen derechos ni obligaciones en virtud de esas disposiciones en sus relaciones con el Estado autor de la reserva. La modificación de la disposición convencional a que se refiera la reserva "en la medida determinada por la misma" se refiere, por tanto, a la exclusión de todo efecto jurídico de esa disposición del tratado en las relaciones convencionales entre los Estados concernidos.

Si la reserva tiene por objeto modificar los efectos jurídicos de ciertas disposiciones, el autor de la reserva tendrá los derechos y las obligaciones previstas en esas disposiciones, tal como hayan sido modificadas por la reserva, en sus relaciones con los Estados que las hayan aceptado. Estos Estados tendrán los derechos y las obligaciones previstos en esas disposiciones, tal y como hayan sido modificadas por la reserva, en sus relaciones con el Estado autor de la reserva. En las relaciones convencionales entre el Estado autor de la reserva y los Estados que la han aceptado, la obligación derivada de la disposición convencional a la que se refiere la reserva es sustituida o modificada por la obligación que enuncia la reserva.

A diferencia de la aceptación, la objeción a una reserva hace que ésta sea inoponible al Estado que objeta. La objeción trata de impedir que los efectos de la reserva surtan efecto. Y depende de la voluntad de los Estados autores de la objeción oponerse o no a la entrada en vigor del tratado entre él y el Estado autor de la reserva. Así lo expresa el artículo 20.4, *b)* de la Convención de Viena cuando señala que "la objeción hecha por otro Estado contratante a una reserva no impedirá la entrada en vigor del tratado entre el Estado que haya hecho la objeción y el Estado autor de la reserva, a menos que el Estado autor de la objeción manifieste inequívocamente la intención contraria". Si manifiesta inequívocamente que se opone, excluye al autor de la reserva del círculo subjetivo del tratado no existiendo entre estos Estados ninguna relación convencional. Ambos Estados no se encuentran vinculados por el tratado. Se trata de las que se ha convenido en llamar objeciones *cualificadas* a las que se les atribuyen esos *efectos máximos*[75].

Si no manifiesta la intención contraria y, por tanto, no se opone a la entrada en vigor del tratado entre ellos, las relaciones convencionales entre ambos Estados se modulan conforme al artículo 21.3 de la Convención de Viena del siguiente modo: mientras la objeción no surte efecto sobre las demás disposiciones del tratado, "las disposiciones a que se refiere ésta (la reserva) no se aplicarán entre los dos Estados en la medida determinada por la reserva". Son las denominadas objeciones *simples* a la que se atribuyen *efectos mínimos* por quedar circunscritos a las disposiciones del tratado a los que se refiere la reserva. La redacción del artículo 21.3 de la Convención, sin embargo, suscita dudas en cuanto al significado de la expresión "en la medida determinada por la reserva"[76] pues los efectos de este tipo de objeción pueden confundirse con los

---

75 Respecto a la clasificación de las objeciones en atención a sus efectos, *vid.*, RIQUELME CORTADO, R.: *Las Reservas a los Tratados: Lagunas y ambigüedades del Régimen de Viena, cit.*, pp. 279-311; HORN, F.: *Reservations and Interpretative Declarations to Multilateral Treaties, cit.*, pp. 170 y ss. La Guía de la práctica también se refiere a las objeciones en función de sus efectos en las directrices 4.3.5 (objeciones de efecto máximo), 4.3.6 (objeciones de efecto mínimo), 4.3.7 (objeciones de efecto intermedio) y 4.3.8 (objeciones de efecto supermáximo), *vid.*, dichas directrices y sus comentarios en Doc. A/66/10/Add.1, pp. 493-512.

76 Dudas que también pueden suscitarse sobre qué disposiciones convencionales o partes de ellas están afectadas por la reserva.

efectos de la aceptación y se limita a indicar el derecho que no se aplica –sin indicar el que se aplica- entre ambos Estados[77].

La Comisión de Derecho Internacional se ha referido a esta cuestión en la directriz 4.3.6 de la Guía de la práctica sobre los "Efectos de una objeción en las relaciones convencionales"[78]. Y señala que, si la reserva tiene por objeto excluir los efectos jurídicos de ciertas disposiciones del tratado, el Estado autor de la objeción y el autor de la reserva no estarán obligados, en sus relaciones convencionales, por las disposiciones a que se refiere la reserva[79]. En este caso, por lo tanto, la objeción "produce concretamente los mismos efectos que una aceptación: la exclusión de los efectos jurídicos, o de la aplicación, de la disposición a que se refiera la reserva "en la medida determinada por la reserva"; la aceptación y la objeción simple dan lugar a las mismas relaciones convencionales entre el autor de la reserva, por un lado, y el autor de la aceptación o la objeción simple, por otro"[80], si bien en este último caso se está expresando el desacuerdo con la reserva[81].

---

77 GONZÁLEZ CAMPOS, J.D., SÁNCHEZ RODRÍGUEZ, L.I., ANDRÉS, P.: *Curso de Derecho Internacional Público,* 3ª ed., THOMSON CIVITAS, Madrid, 2002, pp. 212 y 213; MARTÍN RODRÍGUEZ, P.J.: *Flexibilidad y tratados internacionales,* Tecnos, Madrid, 2003., pp.125-131; RIQUELME CORTADO, R.: *Las Reservas a los Tratados: Lagunas y ambigüedades del Régimen de Viena, cit.,* pp. 291-293; REMIRO BROTONS, A.; *Derecho Internacional Público 2. Derecho de los Tratados,* Tecnos, Madrid, 1987, pp. 226 y ss.

78 *Vid.,* la directriz y su comentario en Doc. A/66/10/Add.1, pp.496-508.

79 *Ibíd.,* p. 496.

80 *Ibíd.,* párr. 39.

81 *Ibíd.* Al respecto, *vid.,* CLARK, B.: "The Vienna Convention Reservations Regime and the Convention on Discrimination Against Women", *American Journal of International Law,* vol. 85, nº 2, 1991, p. 308; COCCIA, M.: "Reservations to Multilateral Treaties on Human Rights", *California Western International Law Journal,* vol. 15, nº 1, 1985, p. 36; IMBERT, P.H.: *Les réserves aux traités multilatéraux: évolution du droit et de la pratique depuis l'avis consultatif donné par la Cour internationale de Justice le 28 mai 1951,* París, Pedone, 1978, p. 157; RUDA, J. M.: "Reservations to

La diferencia entre aceptación y objeción, sin embargo, es clara cuando se hace a una reserva modificatoria, pues en este caso ni el autor de la reserva ni el de la objeción estarán obligados, en sus relaciones convencionales, por las disposiciones del tratado en la forma en que se pretendía modificarlas por medio de la reserva (que así sería en el caso de la reserva aceptada). Así, no se aplica ni la obligación inicial–a la que el Estado autor de la reserva no le ha dado su consentimiento- ni la obligación modificada propuesta por la reforma -a la que se ha opuesto el autor de la objeción-[82].

El régimen descrito en los artículos 19 a 23 de la Convención de Viena del Derecho de los Tratados se ha preservado en los trabajos más actuales de la Comisión de Derecho Internacional sobre las reservas[83]. Estas normas no se modifican ni se excluyen, quedando incorporadas a la Guía de la práctica sobre las reservas adoptada en 2011. Ahora bien, la Comisión ha tratado de clarificar estas normas que son incompletas y en ocasiones ambiguas. Así, aspectos propios (aunque no exclusivos[84]) de los tratados de derechos humanos como la aplicación no recíproca de las obligaciones a que se refiere la reserva o su evaluación por los órganos convencionales de supervisión, son cuestiones no tratadas por las disposiciones de Viena. Asimismo, estas normas no regulan con claridad los efectos jurídicos de las reservas combinados con la

---

Treaties", *Recueil des cours de l'Académie de droit international de La Haye*, 1975–III, Leiden, Sijthoff, 1977, vol. 146, p. 199.

82 *Ibíd.*, párr. 41.

83 En su 47° periodo de sesiones (1995), una vez concluido el examen del primer informe (A/CN.4/470 y Corr.1 y 2) y a la luz de los debates habidos sobre el tema, se alcanzó un consenso de la Comisión de Derecho Internacional sobre esta cuestión. *Vid.*, en Informe de la Comisión de Derecho Internacional, 47° periodo de sesiones, *Documentos Oficiales de la Asamblea General, quincuagésimo período de sesiones, Suplemento N° 10* (A/50/10), párr. 491.

84 En efecto, estos rasgos pueden encontrarse también en otro tipo de tratados como los que integran el Derecho internacional humanitario, o los relativos al medio ambiente.

aceptación y la objeción, al menos en lo que se refiere a las reservas carentes de validez[85]. La Guía sirve de fuente de codificación y de desarrollo progresivo para aquellas cuestiones que no han sido reguladas o son controvertidas[86].

3.2. NUEVAS POSICIONES

Algunos tratados de derechos humanos carecen de cláusulas específicas sobre las reservas[87], y cuando las contienen las referencias a su régimen jurídico son escasas y sin apenas particularidad, limitándose a establecer el momento temporal y otras cuestiones de procedimiento para su formulación y retirada[88], pero omiten

---

85 Sobre esta cuestión, *vid.*, entre otros, AUST, A.: "Reservations", *Modern Treaty Law and Practice,* 2ª ed., New York, Cambridge University Press, 2007, pp. 116 y ss; BOWETT, D.W.: "Reservations to non-restricted multilateral treaties", *British Year Book of International Law,* 1976-1977, Oxford, pp. 67-92; GOODMAN, R.: "Human Rights Treaties, Invalid Reservations, and State Consent", *cit.*, pp. 531-560; SIMMA, B.: "How Distinctive Are Treaties Representing Collective Interest? The Case of Human Rights Treaties," en GOWLLAND-DEBBAS, V. (ed.), *Multilateral Treaty-Making. The Current Status of Challenges to and Reforms Needed in the International Legislative Process,* Martinus Nijhoff Publishers, La Haya, Boston, Londres, 2000, pp. 83-87; ZEMANEK, K.: "The Legal Foundations of The International System", General Course on Public International Law, *Recueil des Cours de l'Académie de Droit International.*, 1997, t. 266, p. 190.

86 Al respecto, *vid.*, la introducción de la Guía de la práctica en Doc. A/66/10/Add.1, pp. 32 y ss.

87 Sobre las previsiones convencionales sobre reservas o la ausencia de ellas en los tratados universales de derechos humanos, *vid.*, *infra* capítulo IV.

88 Un ejemplo de cláusula habitual sobre las reservas es la contenida en el artículo 28 de la Convención sobre la eliminación de todas las formas de discriminación contra la mujer, que establece que: "1. El Secretario General de las Naciones Unidas recibirá y comunicará a todos los Estados el texto de las reservas formuladas por los Estados en el momento de la ratificación o de la adhesión. 2. No se aceptará ninguna reserva

cuestiones esenciales del régimen jurídico como los efectos jurídicos de las reservas, de las aceptaciones y las objeciones[89]. Tampoco tratan de forma expresa el control de las reservas por los órganos de vigilancia[90].

A falta de normas propias en los tratados, el régimen general sobre reservas enunciado en los artículos 19 a 23 de la Convención de Viena se aplica a título subsidiario. Pero este régimen no contempla la especificidad de los tratados de derechos humanos, no les da un trato particular a diferencia de otro tipo de tratados como los concertados por un número limitado de Estados y los constitutivos de organizaciones internacionales (artículo 20, párrafos 2 y 3)[91]. Las disposiciones de la Convención que tratan

---

incompatible con el objeto y el propósito de la presente Convención. 3. Toda reserva podrá ser retirada en cualquier momento por medio de una notificación a estos efectos dirigida al Secretario General de las Naciones Unidas, quien informará de ello a todos los Estados. Esta notificación surtirá efecto en la fecha de su recepción".

89 En tratados relativos a los derechos de la mujer se recogen como efectos de la objeción a la reserva la inaplicación del tratado entre el Estado autor de la objeción y el Estado autor de la reserva. En particular, en el Convenio sobre los derechos políticos de la mujer de 20 de diciembre de 1952 (art. VII) y en la Convención sobre la nacionalidad de la mujer casadas (art. 8.3)

90 Por su parte, la Convención internacional sobre la eliminación de todas las formas de discriminación racial de 1965 establece un control de las reservas que no es el previsto por la Convención de Viena pero sigue siendo estatal. Se sustituye el individual por otro colectivo realizado por los Estados (art. 20).

91 El artículo 20, en su apartado 2 establece lo siguiente: "Cuando del número reducido de Estados negociadores y del objeto y del fin del tratado se desprenda que la aplicación del tratado en su integridad entre todas las Partes es condición esencial del consentimiento de cada una de ellas en obligarse por el tratado, una reserva exigirá la aceptación de todas las Partes". Conforme al apartado 3: "Cuando el tratado sea un instrumento constitutivo de una organización internacional y a menos que en él se disponga otra cosa, una reserva exigirá la aceptación del órgano competente de esa organización".

sobre la terminación o suspensión de la aplicación del tratado (artículo 60.5), sin embargo, tienen en cuenta tal singularidad[92].

Esta especificidad sería ya expresada por la Corte Internacional de Justicia en su opinión consultiva emitida en 1951 sobre *las reservas a la Convención para la prevención y la sanción del delito de genocidio*[93], al afirmar que:

---

92 En efecto, el principio de reciprocidad y el equilibrio contractual permite que la violación grave de un tratado por un Estado parte sea causa de suspensión de la aplicación del tratado o de su terminación. Conforme al artículo 60 de la Convención de Viena, constituye una violación grave de un tratado un rechazo del tratado no admitido por dicha Convención o la violación de una disposición esencial para la consecución del objeto o del fin del tratado (art. 60.3). Cuando exista violación grave de un tratado bilateral por una de las partes, se faculta a la otra parte para alegar la violación como causa para dar por terminado el tratado o para suspender su aplicación total o parcialmente (art. 60.1). Si se produce una violación grave de un tratado multilateral, caben las siguientes posibilidades: primero, que mediante un acuerdo unánime de las restantes partes se suspenda total o parcialmente la aplicación del tratado o se dé por terminado, ya sea en las relaciones entre ellas y el Estado autor de la violación o entre todas las partes en el mismo; segundo, que la parte especialmente perjudicada por la violación suspenda total o parcialmente la aplicación del tratado entre ella y el Estado autor de la violación y, tercero, que cualquier parte afectada alegue la violación como causa de suspensión total o parcial del tratado respecto a sí misma "si el tratado es de tal índole que una violación grave de sus disposiciones por una parte modifica radicalmente la situación de cada parte con respecto a la ejecución ulterior de sus obligaciones" (art. 60.2). Ahora bien, el apartado 5 del artículo 60 de la Convención deja sin efecto la regulación prevista en los apartados citados. Dice dicho apartado: "Lo previsto en los párrafos 1 a 3 no se aplicará a las disposiciones relativas a la protección de la persona humana contenidas en tratados de carácter humanitario, en particular a las disposiciones que prohíben toda forma de represalias con respecto a las personas protegidas por tales tratados".

93 *Vid.*, Corte Internacional de Justicia, opinión consultiva de 28 de mayo de 1951, *Réserves à la Convention sur la prévention et la répression du crime de génocide* (Reservas a la Convención para la Prevención y la Sanción del Delito de Genocidio), *Recueil* 1951.

> "Los principios que cimientan la Convención son principios reconocidos por las naciones civilizadas como obligatorios para los Estados incluso en ausencia de todo lazo convencional (...). La Convención ha sido evidentemente adoptada con un fin puramente humano y civilizador. No se puede concebir una Convención que ofrezca en más alto grado este doble carácter; porque intenta por un lado salvaguardar la misma existencia de ciertos grupos humanos y de otro lado confirmar y sancionar los principios más elementales de moral. En esa Convención los Estados partes no tienen intereses propios; solamente tienen todos y cada uno un interés común, el de preservar los fines superiores que constituyen la razón de la Convención. De ello se deduce que, respecto a una Convención de este tipo, no se puede hablar de ventajas o desventajas individuales de los Estados ni de un equilibrio contractual a mantener entre derechos y deberes"[94].

Otros tribunales y órganos de tratados de derechos humanos han puesto de manifiesto también su particularidad[95]. Así, la Comisión

---

94 *Ibíd.*, párr. 23. Sobre las obligaciones *erga omnes* establecidas por estos tratados, *vid.*, el *dictum* de la Corte Internacional de Justicia en su sentencia de 5 de febrero de 1970 en el asunto *Barcelona Traction Light & Power Co. Limited,* Nueva demanda. 2ª Fase, *Recueil* 1970, párrs. 33-34.

95 Téngase en cuenta que estos tribunales y órganos han hecho también una constate referencia y aplicación del Derecho internacional general. Al respecto, *vid.*, un estudio de la jurisprudencia del Tribunal de Estrasburgo y la Corte interamericana de derechos humanos y la importancia del Derecho internacional general en el ámbito de esta jurisprudencia en CAFLISCH, L. y CANCADO TRINDADE, A.: "Les Conventions Américaine et Européenne des Droits de L`Home et le Droit International Général", *Revue Générale de Droit International Public,* vol. 108. t. 1, 2004, pp. 5-62. En relación al Derecho internacional de los derechos humanos y el Derecho internacional general, *vid.*, PASTOR RIDRUEJO, J.A.: "Droit international et droit international des droits de l`homme –Unité ou fragmentation?, *Droits de l`homme, démocratie et Etat de droit, Liber amicorum Luzius Wildhaber,* Dike, Zürich, 2007, pp. 537-549. Por su parte, y con tendencia a desarrollar una concepción mesiánica de la protección de los derechos humanos, cabe citar la postura que Alain Pellet denomina como *Human rightism,* esto es, aquella que consiste en querer a toda costa otorgar "autonomía" a la "disciplina" relativa a la protección de los derechos humanos. *Vid.*, PELLET, A.: "Hu-

Europea de Derechos Humanos observaría en el asunto *Austria/ Italia,* también denominado *Pfunders/Fundres,* que el propósito de la Convención de 1950 no es el establecimiento de derechos y obligaciones mutuas para los Estados partes sino el establecimiento de un "orden público común" de las democracias libres de Europa. De esta manera, afirmaría la Comisión: "las obligaciones asumidas por las Altas Partes Contratantes en el Convenio Europeo de Derechos Humanos son esencialmente de carácter objetivo, diseñadas para proteger los derechos fundamentales de los seres humanos de violaciones de las Altas Partes Contratantes, en lugar de crear derechos objetivos recíprocos"[96]. Y el Tribunal de Estrasburgo señalaría en el asunto *Irlanda contra el Reino Unido,* que: "el Convenio, a diferencia de los tratados internacionales de tipo clásico, desborda el ámbito de la mera reciprocidad entre los Estados partes. Más que una red de compromisos sinalagmáticos bilaterales, crea obligaciones objetivas que, según su preámbulo, se benefician de una garantía colectiva"[97].

Por su parte, la Corte Interamericana de Derechos Humanos, en su opinión consultiva 2/82, relativa al *Efecto de las reservas sobre la entrada en vigor de la Convención Americana de Derechos Humanos* (artículos 74 y 75), afirmaría que: "los tratados modernos sobre derechos humanos en general y, en particular, la Convención Americana no son tratados multilaterales de tipo tradicional, concluidos en función de un intercambio recíproco de derechos, para el beneficio mutuo de los Estados contratantes. Al aprobar estos tratados sobre derechos humanos, los Estados se someten a un orden legal dentro del cual ellos, por el bien común asumen

man Rightism" and International Law", en CONFORTI, B. *et al* (eds.), *The Italian Yearbook of International Law,* vol. X, 2000, p. 3. (pp. 3-16).

96 Comisión Europea de Derechos Humanos, Decisión de 11 de enero de 1961, *Austria v. Italy,* demanda nº 788/60, *European Yearbook of Human Rights,* 1961, vol. 4, p. 140.

97 Tribunal Europeo de Derechos Humanos, sentencia de 18 de enero de 1978, *Irlanda c. Reino Unido,* nº 5310/71, *Recueil des arrêts et décisions de la Cour européenne des droits de l'homme,* Series A, vol. 25, párr. 239.

varias obligaciones, no en relación con otros Estados, sino hacia los individuos bajo su jurisdicción"[98].

El Comité de Derechos Humanos se referiría también a esta naturaleza particular de los tratados de derechos humanos en su en su observación general número 24 relativa a *Cuestiones relacionadas con las reservas formuladas con ocasión de la ratificación del Pacto o de sus Protocolos Facultativos, o de la adhesión a ellos, o en relación con las declaraciones hechas de conformidad con el artículo 41 del Pacto,* adoptada en 1994[99]. Señalaría que: "Aunque los tratados constituyen un simple intercambio de obligaciones entre los Estados que les permite reservarse *inter se* la aplicación de normas de derecho internacional general, otra cosa son los tratados de derechos humanos, cuyo objeto es beneficiar a las personas que se encuentran en su jurisdicción"[100]. Por esta razón, precisaría el Comité, los instrumentos relativos a los derechos humanos y "concretamente el Pacto [Internacional de Derechos Civiles y Políticos], no son una red de intercambios de obligaciones entre los Estados. Se refieren a la otorgación de derechos a las personas. No ha lugar al principio de la reciprocidad entre los Estados"[101].

El principio de reciprocidad, por tanto, pierde peso en los tratados protectores de derechos humanos[102]. Y cuando las disposiciones

---

98 Corte Interamericana de Derechos Humanos, opinión consultiva de 24 de septiembre de 1982, OC-2/82, *El efecto de las reservas sobre la entrada en vigencia de la Convención Americana sobre Derechos Humanos (arts. 74 y 75),* Serie A, nº 2, párr. 29.

99 Comité de Derechos Humanos, Observación general número 24 (52) sobre "Cuestiones relacionadas con las reservas formuladas con ocasión de la ratificación del Pacto o de sus Protocolos Facultativos, o de la adhesión a ellos, o en relación con las declaraciones hechas de conformidad con el artículo 41 del Pacto", de 11 de noviembre de 1994, que figura en el Doc. CCPR/C21/Rev.1/Add.6.

100 *Ibíd.*, párr. 8.

101 *Ibíd.*, párr. 17.

102 En efecto, la reciprocidad no está totalmente ausente en los tratados de derechos humanos. Así, cuando se establece que las declaraciones estatales de reconocimiento de la competencia de los órganos pueden

no están basadas en esta reciprocidad de los derechos y obligaciones entre los Estados, una reserva tampoco puede producir ese efecto recíproco, de manera que los Estados que aceptan la reserva como los que la objetan incluso manifestando su oposición a la entrada en vigor del tratado, permanecen obligados por la disposición reservada en su aplicación a los seres humanos, incluidos los nacionales del Estado autor de la reserva bajo su respectiva jurisdicción[103]. En consecuencia, la reciprocidad de los efectos de la reserva previstos en el régimen de la Convención de Viena no se aplica a la mayoría de las obligaciones, las objetivas, derivadas de este tipo de tratados. Asimismo, las normas tradicionales dejan únicamente en manos de los Estados la determinación individual de la validez y efectos jurídicos de la reserva. Así, a la desigualdad que lleva la falta de reciprocidad en la protección otorgada a los individuos, menor respecto de los que se encuentran bajo la jurisdicción del Estado autor de la reserva, se añade la apreciación subjetiva y discrecional de los Estados, siendo habitual la inacción y la divergencia en sus respuestas. Ciertamente, esta falta de reciprocidad da lugar a que los Estados aceptantes y objetantes, que siguen obligados por la disposición reservada, no estén directamente afectados por la reserva formulada[104]. Y, conforme a las disposiciones de Viena, hay aceptación por ausencia de objeción (artículo 20.5). Y cuando se oponen, las objeciones previstas son o

---

ser formuladas incondicionalmente o bajo condición de reciprocidad (artículo 62 de la Convención americana de 1969 respecto a la Corte Interamericana de Derechos Humanos y el antiguo artículo 46 del Convenio europeo respecto al Tribunal de Estrasburgo, antes de la reforma operada por el Protocolo 11). La reciprocidad también está presente de forma implícita cuando es necesario haber reconocido la competencia de un órgano para que un Estado reclame contra otro (por ejemplo, el artículo 41 del Pacto internacional de derechos civiles y políticos en relación al Comité de Derechos Humanos).

[103] Al respecto, *vid.*, la directriz 4.2.5 en Doc. A/66/10/Add.1, pp. 479-482, párr. 5.

[104] Sobre las reacciones de los Estados a las reservas formuladas, *vid.*, el capítulo V relativo a la evaluación estatal de las reservas. Y sobre la inadecuación de estas reacciones previstas en la Convención de Viena, *vid.*, el capítulo VI sobre la evaluación de los órganos de tratados.

para romper las relaciones convencionales con el Estado autor de la reserva (artículo 20.4) o para mantener esas relaciones "en la medida determinada por la reserva" (artículo 21.3), pudiendo producir incluso los efectos de la aceptación.

Las normas tradicionales sobre reservas, por tanto, no se muestran las más adecuadas para los tratados de derechos humanos. Pese a ello, ya en la época de la elaboración de la Convención y recientemente, se ha considerado que su flexibilidad y adaptabilidad permite su aplicación a cualquier tipo de tratado. En efecto, el Relator especial, ALAIN PELLET, incluiría en los trabajos de la Comisión de Derecho Internacional un capítulo del Segundo informe (1996) sobre "Unidad o diversidad del régimen jurídico de las reservas a los tratados multilaterales, Reservas a los tratados de derechos humanos"[105], en el que se trataba de determinar la aplicación del régimen general a estos tratados[106]. En las "Conclusiones preliminares sobre las reservas a los tratados multilaterales normativos, en particular los relativos a los derechos humanos"

105 El segundo informe, presentado en 1996, consta de dos capítulos claramente diferenciados. (A/CN.4/477 y Add.1). El primero de ellos dedicado al "Panorama general del estudio" y el segundo a la "Unidad o diversidad del régimen jurídico de las reservas a los tratados (Reservas a los tratados relativos a los derechos humanos)". Este informe iría acompañado de un proyecto sobre las reservas a los tratados multilaterales de carácter normativo, incluidos los tratados de derechos humanos, con el objeto de que la Comisión de Derecho Internacional adoptara una resolución para su aprobación por la Asamblea General a fin de que ésta la señalara a la atención de los Estados y de las distintas Partes participantes en los debates.

106 El capítulo tenía como objeto: "determinar si las normas aplicables en materia de reservas a los tratados, ya sea que están codificadas en los artículos 19 a 23 de las Convenciones (de Viena sobre Derecho de tratados) de 1969 y 1986, o que sean de naturaleza consuetudinaria, son aplicables a todos los tratados sea cual sea su objeto y, en particular, a los tratados relativos a los derechos humanos", (A/CN.4/477/Add.1, párr. 55, p. 4).

(1997)[107] se afirmaría que: "los artículos 19 a 23 de la Convención de Viena sobre el Derecho de los Tratados de 1969, y la Convención de Viena sobre el Derechos de los Tratados entre Estados y organizaciones internacionales, de 1986, regulan el régimen de reservas a los tratados (...), en particular, el objeto y la finalidad del tratado es el más importante de los criterios para apreciar la admisibilidad de las reservas" (conclusión 1ª). Y "que, por su flexibilidad, ese régimen se adecua a las necesidades de todos los tratados, cualquiera que sea su objeto y naturaleza, y logra un equilibrio satisfactorio entre los objetivos de mantener la integridad del texto del tratado y la universalidad de la participación en él" (conclusión 2ª). Por ello, "esos objetivos son igualmente aplicables al caso de las reservas a los tratados multilaterales normativos, incluso en la esfera de los derechos humanos y que, por consiguiente, las normas generales enunciadas en las Convenciones de Viena se aplican plenamente a las reservas formuladas a esos instrumentos"[108].

A esta misma conclusión se llegaría finalizados los trabajos de la Comisión con la aprobación de la Guía de la práctica (2011). La Guía, en efecto, en su versión final no ha dado tampoco un trato particular a los tratados relativos a los derechos humanos. Ni siquiera incluye una directriz específica sobre ellos. Ahora bien, las nuevas tendencias desarrolladas en la práctica institucional y estatal relativa a estos tratados han guiado e inspirado los trabajos de

---

107 *Vid.*, Informe de la Comisión de Derecho Internacional, 49º periodo de sesiones, *Documentos Oficiales de la Asamblea General, quincuagésimo segundo período de sesiones, Suplemento Nº 10* (A/52/10), párr. 157. En su resolución 52/156, de 15 de diciembre de 1997, la Asamblea General tomó nota de las conclusiones preliminares de la Comisión, así como de la invitación cursada a todos los órganos establecidos en virtud de tratados multilaterales de carácter normativo que desearan hacerlo a que presentaran observaciones por escrito sobre esas conclusiones, y al mismo tiempo recordó a los gobiernos la importancia que revestía para la Comisión de Derecho Internacional contar con sus opiniones acerca de las conclusiones preliminares.

108 *Ibíd.*, párr. 157.

la Comisión sobre las reservas cuyo régimen, que contiene lagunas y ambigüedades, trata de clarificar. Así, además de contemplar la falta de reciprocidad de las obligaciones a las que se refiere la reserva[109] y el papel de los órganos de supervisión de los tratados en materia de reservas[110], ha tenido en cuenta los enfoques sobre las consecuencias jurídicas de las reservas inválidas. Y es que, este aspecto esencial del régimen sobre las reservas, los efectos jurídicos de las reservas combinados con la aceptación y la objeción, no quedan claros cuando se trata de reservas carentes de validez.

En relación a estos efectos de las reservas inválidas surgirían dos posiciones doctrinales opuestas: los favorables a la *admisibilidad* o *permisibilidad* o a la *oponibilidad* u *objetabilidad*[111]. Para los primeros, las reservas están sometidas a los criterios de validez establecidos en el artículo 19 de la Convención de Viena. La aplicación de las reglas de Viena sobre oponibilidad, aceptando u objetando la

---

109 La directriz 4.2.5 de la Guía de la práctica, titulada "Aplicación no recíproca de las obligaciones a que se refiere la reserva", señala que: "En la medida en que las obligaciones previstas en las disposiciones a que se refiera la reserva no sean de aplicación recíproca en razón de la naturaleza de la obligación o del objeto y fin del tratado, el contenido de las obligaciones de las partes en el tratado que no sean el autor de la reserva no se verá afectado. Del mismo modo, el contenido de las obligaciones de esas partes no se verá afectado cuando la aplicación recíproca no sea posible en razón del contenido de la reserva". *Vid.*, la directriz 4.2.5 y su comentario en Doc. A/66/10/Add.1, pp. 479-482.

110 La directriz 3.2 y su comentario sobre la "Evaluación de la validez sustantiva de las reservas", en *ibíd.*, pp. 402-416.

111 Sobre esta controversia, *vid.*, KOH, K.: "Reservations to Multilateral Treaties: How International Legal Doctrine Reflects World Vision", *Harvard International Law Journal*, vol. 23, 1982, pp. 71-116; MARTÍN RODRÍGUEZ, P.J.: *Flexibilidad y tratados internacionales, cit.*, pp. 121-125; REDGWELL, C.: "Universality or Integrity? Some Refections on Reservations to General Multilateral Treaties", *British Yearbook of International Law*, 1993, pp. 243-282, en especial pp. 263-269; RIQUELME CORTADO, R.: *Las Reservas a los Tratados: Lagunas y ambigüedades del Régimen de Viena, cit.*, pp. 73-82; SINCLAIR, I.: *The Vienna Convention on the Law of Treaties*, 2ª. ed., Manchester, Manchester University Press, 1984, p. 81.

reserva, así como sus efectos jurídicos es una cuestión secundaria y sólo se plantea respecto de las que son válidas por cumplir las condiciones enunciadas. La reserva formulada que no las cumple no es válida, por lo que no puede producir efectos jurídicos con independencia de la reacción de los demás contratantes, no siendo en consecuencia oponible ni susceptible de aceptación. A partir de esta invalidez, estos autores dan respuestas distintas sobre las consecuencias que se derivan de la misma, proponiendo bien la solución del artículo 20.4) de la Convención, esto es, la no entrada en vigor del tratado, bien una solución no contemplada por la Convención que es la separabilidad de la reserva del instrumento de manifestación de consentimiento, por lo que la reserva se tendrá por no puesta. Por el contrario, para quienes defienden la tesis de la *objetabilidad,* la admisibilidad y oponibilidad son dos nociones en teoría separadas pero que se confunden en la práctica, de manera que la validez de una reserva depende exclusivamente de su aceptación por otro Estado contratante y no del cumplimiento de la condición relativa a la admisión de la reserva basada en la compatibilidad de ésta con el objeto y finalidad del tratado. Toda reserva aceptada, por lo tanto, es una reserva válida aun cuando fuese intrínsecamente contraria al objeto y fin del tratado y, por ello, oponible al menos para el aceptante.

Pues bien, las nuevas tendencias surgidas particularmente en el ámbito de los tratados de derechos humanos se posicionan con la tesis de la admisibilidad (siendo los órganos de vigilancia formados por expertos independientes los particularmente idóneos para la determinación objetiva de la validez o no de una reserva) y con la solución de la separabilidad o divisibilidad de la reserva que, desde 1988, SIMMA denominará "el enfoque de Estrasburgo"[112]. Será en el ámbito europeo, en efecto, donde se inicie esta práctica, siendo los asuntos *Temeltasch, Belilos, Weber* y

---

112 SIMMA, B.: "Reservations to Human Rights Treaties – Some Recent Developments", *Liber amicorum Professor Ignaz Seidl-Hohenveldern in Honour of his 80th Birthday*, Kluwer, La Haya, 1998, p. 670. Sobre este enfoque del Tribunal de Estrasburgo, *vid.*, también, BARATTA, R.: "Should In-

Loizidou los que forman parte, entre otros[113], de la jurisprudencia más significativa sobre el tema. La desaparecida Comisión y el Tribunal Europeo de Derechos Humanos declararían su facultad en la evaluación de la validez de las reservas, aun otorgando legitimidad a las reacciones individuales de los Estados partes[114]. Y proclamada esta competencia, en la sentencia de 29 de abril de 1988 en el asunto *Belilos c Suiza*[115], el Tribunal declararía la falta de

---

valid Reservation to Human Rights Treaties Be Disregarded?", *European Journal of International Law,* vol. 11-2, 2000, pp. 413-425.

113 *Vid.*, por ejemplo, los asuntos *Chrysostomos y otros c. Turquía,* (Comisión Europea de Derechos Humanos, Decisión de 4 de marzo de 1991, asuntos *Chrysostomos y otros c. Turquía,* nº 15299/89, 15300/89 y 15318/89, *Revue Universelle des Droits de l'Homme,* vol. 3, nº 3, 1991)*; Gradinger* c. *Autriche* (Comisión Europea de Derechos Humanos, informe de 19 de mayo de 1994, núm. 15963/90 y Tribunal Europeo de Derechos Humanos, sentencia de 23 de octubre de 1995, Serie A, nº 328-C); *Fischer* c. *Autriche* (Tribunal Europeo de Derechos Humanos, sentencia de 26 de abril de 1995, *Fischer* c. *Autriche,* nº 16922/90, Serie A, nº 312); o más recientemente, los asuntos *Ilie Ilaşcu et al c. la República de Moldova y la Federación de Rusia* (Tribunal Europeo de Derechos Humanos, resolución de la Gran Sala, de 4 de julio de 2001, sobre la admisibilidad de la demanda nº 48787/99); *Assanidzé c. Géorgie* (Tribunal Europeo de Derechos Humanos, sentencia de la Gran Sala, de 8 de abril de 2004, nº 71503/01). Por otro lado, el Tribunal también se ha pronunciado sobre el alcance de los efectos de las reservas válidas, *vid.*, al respecto los asuntos *Laaksonen c. Finlandia* (sentencia de 12 de abril de 2007, demanda nº 70216/01), párrs. 24 y. 25; *V. v. Finlandia* (sentencia de 24 de abril de 2007, demanda nº 40412/98, párr. 61).

114 El Convenio europeo de derechos humanos contiene una cláusula sobre las reservas, el artículo 57, antiguo 64, que se limita a expresar las condiciones de validez necesarias para la formulación de las mismas. Pero no contempla expresamente las competencias de los órganos de control instituidos para la evaluación de las reservas y la determinación de sus efectos jurídicos en el caso de estimarlas inválidas. Estos órganos, sin embargo, han entendido que es el propio sistema del Convenio el que les confiere tal competencia. *Vid., infra.*

115 Tribunal Europeo de Derechos Humanos, sentencia de 29 de abril de 1988, asunto *Belilos c. Suiza,* demanda nº 10328/83, *Recueil des arrêts et décisions de la Cour européenne des droits de l'homme,* Serie A, vol. 132. En

validez de la declaración interpretativa, recalificada como reserva, de Suiza al artículo 6.1[116], y señalaría: "no cabe duda de que Suiza está y se considera obligada por el Convenio, con independencia de la validez de la declaración"[117]. Este mismo tratamiento de divisibilidad dará en la sentencia de 22 de mayo de 1990, asunto *Weber c. Suiza*[118], y en la de 23 de marzo de 1995 sobre las excepciones preliminares en el asunto *Loizidou c. Turquía*[119], referida a las res-

---

este asunto, el Tribunal afirmaría sobre el control de las reservas: "no se puede poner en duda la competencia de la Corte para considerar, en relación con el artículo 64, la validez de una reserva o, si procede, de una declaración interpretativa. Ello resulta tanto de los artículos 45 –hoy 32.1-y 49 –hoy, 32.2- de la Convención [...] como del artículo 19", párr. 50.

116 Según la declaración interpretativa formulada por Suiza al artículo 6.1 "Para el Consejo Federal Suizo la garantía de un juicio equitativo...se dirige únicamente a asegurar un control judicial definitivo de los actos o decisiones de la autoridad pública que afecten a tales derechos u obligaciones o al examen del fundamento de la citada acusación". *Vid.*, en http://www.conventions.coe.int/

117 Párr. 60 de la sentencia *Belilos c. Suiza*. Sobre la importancia de esta decisión, *vid.*, BOURGUIGNON, H.J., "The Belilos Case: New Light on Reservations to Multilateral Treaties", *Virginia Journal of International Law,* vol. 29, nº 2, 1989, p. 347; EDWARDS, R. W.: "Reservations to Treaties: The Belilos Case and The Work of The International Law Commission", *The University of Toledo Law Review,* vo. 31, 2000, pp 195-207; FROWEIN, J.A.: "Reservations and the International Order Public", *Theory of International Law at The Threshold of the 21Cemtury, Essays in honour of K. Skubiszweski,* Kluwer, 1996, pp. 405-406; MARCK, S.: "Reservations Unhinged: The *Belilos Case* Before the European Court of Human Rights", *International and Comparative Law Quaterly,* nº 39, 1990, pp. 300-327: LIJNZAAD, *Reservations to UN-Human Rights Treaties: Ratify and Ruin?* Martinus Nijhoff Publishers, Dordrecht, pp. 118-123

118 Tribunal Europeo de Derechos Humanos, sentencia de 22 de mayo de 1990, *Weber c. Suiza,* demanda nº 11034/84, *Recueil des arrêts et décisions de la Cour européenne des droits de l'homme,* Serie A, nº 177., párrs. 37 y ss.

119 Tribunal Europeo de Derechos Humanos, sentencia de 23 de marzo de 1995 (Excepciones Preliminares), asunto *Loizidou c. Turquía,* nº 15318/89, *Recueil des arrêts et décisions de la Cour européenne des droits de l'homme,* Serie A, vol. 310.

tricciones *ratione loci* insertas en las declaraciones turcas al aceptar la competencia de la Comisión y la jurisdicción del Tribunal[120]. Y este último asunto sería citado por la Corte Interamericana de Derechos Humanos en la sentencia sobre las excepciones preliminares en el asunto *Hilarie c Trinidad y Tobago*[121] para llegar a la misma conclusión respecto de las restricciones *ratione materiae* a la declaración facultativa de su jurisdicción[122]. Así, no sólo proclama su propia competencia para determinar la validez de una reserva[123] (afirmada ya en la opinión consultiva de 1982 sobre *El efecto*

---

120 *Vid.*, el texto de las declaraciones y las restricciones *ratione loci* insertas en ellas en http://www.conventions.coe.int/. El Tribunal de Estrasburgo declara en este asunto la nulidad de las restricciones por su incompatibilidad con la naturaleza de la Convención de 1950 y el mismo objeto de los artículos 25 y 46 y tras "examinar el texto de las declaraciones y el tenor de las restricciones con vistas a determinar si las restricciones impugnadas pueden separarse de los instrumentos de aceptación o si forman parte integrante e indivisible de ellos", se decanta por "la separación de las cláusulas impugnadas, ya que de esta forma se pueden garantizar los derechos y libertades consagrados en el Convenio en todos los ámbitos dependientes de la "jurisdicción" de Turquía en el sentido del artículo 1 (art. 1) del Convenio". *Ibid.*, párrs. 89 y ss.

121 Corte Interamericana de Derechos Humanos, sentencia de 1 de septiembre de 2001 (Excepciones Preliminares), *Hilaire c. Trinidad y Tobago*, Serie C, nº 80. También, *vid.*, la sentencia adoptada en la misma fecha, Excepciones Preliminares, *Benjamin y otros c. Trinidad y Tobago*, Serie C, nº 81, en http://www.corteidh.or.cr/casos.cfm..

122 Trinidad y Tobago depositó su instrumento de ratificación a la Convención americana el 28 de mayo de 1991, formulando la siguiente declaración limitativa de la aceptación de la jurisdicción de la Corte: "Con respecto al Artículo 62 de la Convención, el Gobierno de la República de Trinidad y Tobago, reconoce la jurisdicción obligatoria de la Corte Interamericana de Derechos Humanos que se estipula en dicho artículo sólo en la medida en que tal reconocimiento sea compatible con las secciones pertinentes de la Constitución de la República de Trinidad y Tobago, y siempre que una sentencia de la Corte no contravenga, establezca o anule derechos o deberes existentes de ciudadanos particulares". *Vid.*, http://www.oas.org/juridico/spanish/firmas/b-32.html

123 Esta cuestión, afirmaría la Corte, "debe ser resuelta por este Tribunal. La Corte, como todo órgano con funciones jurisdiccionales, tiene el

de las reservas sobre la entrada en vigencia de la Convención Americana sobre Derechos Humanos[124], y en la de 1983 relativa a las *Restricciones a la pena de* muerte[125]*)* sino también para extraer las consecuencias jurídicas de su invalidez, que sería la separabilidad de la reserva[126]. Por su parte, el Comité de Derechos Humanos, que se atribuye también competencias para evaluar las reservas, anunciaría esta doctrina en su observación general número 24 adoptada en

---

poder inherente de determinar el alcance de su propia competencia (*compétence de la compétence/Kompetenz-Kompetenz)*" (...) La Corte no puede abdicar de esta prerrogativa, que además es un deber que le impone la Convención Americana, para ejercer sus funciones según el artículo 62.3 de la misma. Dicha disposición establece que "[l]a Corte tiene competencia para conocer de cualquier caso relativo a la interpretación y aplicación de las disposiciones de esta Convención que le sea sometido, siempre que los Estados partes en el caso hayan reconocido o reconozcan dicha competencia, ora por declaración especial, como se indica en los incisos anteriores, ora por convención especial", Corte Interamericana de Derechos Humanos, sentencia de 1 de septiembre de 2001 (Excepciones Preliminares), *Hilaire c. Trinidad y Tobago,* Serie C, nº 80, párr. 80.

124 Corte Interamericana de Derechos Humanos, opinión consultiva de 24 de septiembre de 1982, OC-2/82, *El efecto de las reservas sobre la entrada en vigencia de la Convención Americana sobre Derechos Humanos (arts. 74 y 75 de la Convención Americana sobre Derechos Humanos),* Serie A, nº 2., en particular, párrs. 13 y 38.

125 Corte Interamericana de Derechos Humanos, opinión consultiva de 8 de septiembre de 1983, OC-3/83, *Restricciones a la pena de muerte (artículos 4.2 y 4.4 de la Convención Americana sobre Derechos Humanos),* Serie A, nº 3, párr. 45.

126 Efectivamente, tras constatar la invalidez (Corte Interamericana de Derechos Humanos, sentencia de 1 de septiembre de 2001 (Excepciones Preliminares), *Hilaire c. Trinidad y Tobago,* Serie C, nº 80., párr. 88), la Corte señalaría que "Trinidad y Tobago no puede prevalerse de las limitaciones formuladas en su instrumento de aceptación de la cláusula facultativa de la jurisdicción obligatoria de la Corte Interamericana de Derechos Humanos, en virtud de lo establecido en el artículo 62 de la Convención Americana, por cuanto dicha limitación es incompatible con el objeto y fin de la Convención", (párr.98).

1994[127] y la aplicaría en la decisión de 31 de diciembre de 1999 en el caso *Rawley Kennedy* c. Trinidad y Tobago sobre la admisibilidad de una comunicación presentada por un condenado a muerte contra este Estado [128].

Pero esta solución a las reservas inválidas no ha sido pacífica. Las decisiones de separabilidad de la reserva han generado posturas discrepantes incluso en los órganos que las adoptaron (la sentencia en el asunto *Loizidou* se aprobaría con la opinión disidente de algunos jueces favorable a la indivisibilidad[129] y la decisión del Comité de Derechos Humanos con el voto disidente de varios de sus miembros[130]). Esta opción contaría también con el rechazo de algunos Estados considerando que se estaría reemplazando su soberanía, con el consiguiente riesgo de denuncia de los tratados.

---

127 Comité de Derechos Humanos, Observación general número 24 (52) sobre "Cuestiones relacionadas con las reservas formuladas con ocasión de la ratificación del Pacto o de sus Protocolos Facultativos, o de la adhesión a ellos, o en relación con las declaraciones hechas de conformidad con el artículo 41 del Pacto", de 11 de noviembre de 1994, (Doc. CCPR/C21/Rev.1/Add.6), en particular, párr. 18.

128 Comunicación núm. 845/1999, decisión de 2 de noviembre de 1999, *Rawley Kennedy c. Trinidad y Tobago*, (CCPR/C/67/D/845/1999), en particular, párr. 6.7. Trinidad y Tobago al adherirse por segundo vez al Primer Protocolo Facultativo al Pacto, formuló una reserva por la que excluía de la protección procesal establecida en el Protocolo a esta categoría de personas.

129 *Vid.*, la opinión disidente común de los jueces GÖLCÜKLÜ y PETTITI a la sentencia del Tribunal Europeo de Derechos Humanos de 23 de marzo de 1995 favorable a la indivisibilidad.

130 *Vid.*, el voto disidente a la decisión en el caso *Kenedy* de los expertos NISUKE ANDO y PRAFULACHANDRA, BHAGWATI, ECKART KLEIN y DAVID KRETZMER, párrs. 16 y 17. Unos meses antes el Comité resolvió sobre la inadmisibilidad de una comunicación presentada contra este mismo Estado que invocaría la reserva en cuestión. *Vid.*, Comité de Derechos Humanos, Comunicación, N° 830/1998, *Christopher Bethel c. Trinidad y Tobago*, decisión de 30 de abril de 1999 (CCPR/C/65/D/830/1998) y la opinión individual conjunta contraria de CRAWFORD, SIMMA y SZEKELY.

Así, sucedería con Trinidad y Tobago que mostraría su oposición a la solución de la separabilidad de la reserva adoptada por el Comité de Derechos Humanos al denunciar por segunda vez el Primer Protocolo Facultativo al Pacto internacional de derechos civiles y políticos (al que se había adherido en 1980), el 27 de marzo de 2000. La primera denuncia tendría lugar el 26 de mayo de 1998[131] para adherirse ese mismo día con la reserva, lo que lo que era clara evidencia para los miembros disidentes de la decisión del Comité de que la misma era una condición *sine qua non* para su adhesión al Pacto: "En estas circunstancias particulares -señalarían- resulta evidente que Trinidad y Tobago no estaba dispuesta a ser Parte en el Protocolo Facultativo sin la reserva específica y que su re-adhesión dependía de que se aceptara la reserva" [132].

Como también sería prueba de esta intención las declaraciones realizadas también por Trinidad y Tobago en 2001 ante la Corte Interamericana de Derechos Humanos en el caso *Hilarie*[133], según las cuales "si la "reserva" del Estado fuere, por algún motivo, considerada inválida, no significaría que el Estado hubiese declarado, ilimitadamente, su aceptación de la competencia contenciosa de la Corte. Por el contrario, queda claro que el Estado nunca tuvo la intención de aceptar, en su totalidad, la competencia de la Corte. Si la "reserva" es inválida, la declaración fue inválida y el Estado no presentó nunca su declaración"[134]. Sin embargo, la Corte Interamericana de Derechos Humanos dio prioridad a la intención inicial del Estado sobre el reconoci-

---

131 *Vid.*, el texto de las mismas en http://untreaty.un.org, Parte I, cap. IV, tratado núm. 5.

132 *Vid.*, Comunicación Nº 845/1999, *Rawley Kennedy c. Trinidad y Tobago,* decisión de 2 de noviembre de 1999, párr. 17.

133 Corte Interamericana de Derechos Humanos, sentencia de 1 de septiembre de 2001 (Excepciones Preliminares), *Hilaire c. Trinidad y Tobago,* Serie C, nº 80. También, *vid.*, la sentencia adoptada en la misma fecha, (Excepciones Preliminares), *Benjamin y otros c. Trinidad y Tobago,* Serie C, nº 81.

134 *Ibíd.*, párrs. 52 y 74.

miento de la competencia del tribunal en todos los asuntos relacionados con la interpretación de la Convención[135] y adoptaría por unanimidad una decisión favorable a la separabilidad de la reserva[136]. El Estado de Trinidad y Tobago denunció la Convención americana, pero lo haría con anterioridad a la fecha de la sentencia de la Corte en el asunto *Hilarie*[137]. Este mismo razonamiento utilizó el Tribunal de Estrasburgo en el asunto *Loizidou,* dando prioridad –como la Comisión en su decisión sobre admisibilidad de 1991, en el asunto *Chrysostomos c. Turquía*[138]- a la intención inicial de Turquía, esto es, a las declaraciones de aceptación de la competencia aun con restricciones, y no a las declaraciones posteriores de los representantes turcos. Según éstas, realizadas ante el Comité de Ministros y la Comisión así como en audiencia ante el propio Tribunal, "si las restricciones que acompañan a las declaraciones relativas a los artículos 25 y 46 (art. 25, art. 46) del Convenio no se reconocieran como válidas

---

135 *Vid.,* la posición de la Comisión Interamericana en párr. 76 de la sentencia citada.

136 *Ibíd.*

137 La denuncia tendría como fecha el 26 de mayo de 1999, pero conforme al artículo 78 de la Convención americana, tuvo efecto un año más tarde. Debido a que los hechos a los que se refiere el caso *Hilarie* tuvieron lugar con anterioridad a la fecha de entrada en vigor de la denuncia, la Corte interamericana tenía competencia para conocer del asunto. El texto de la denuncia puede consultarse en http://www.oas.org/juridico/spanish/firmas/b-32.html.

138 En la decisión sobre admisibilidad, de 14 de marzo de 1991, emitida en el asunto *Chrysostomos et. al c. Turquía,* la Comisión estimó que las restricciones formuladas por el Estado en la declaración de aceptación de a su competencia "no estaban autorizadas por este artículo (art. 25)" así como que "cuando un Estado claramente expresa su intención en obligarse en virtud del artículo 25, pero añade restricciones a su declaración incompatibles con la Convención, debe prevalecer la primera intención". *Vid.,* Comisión Europea de Derechos Humanos, Decisión de 4 de marzo de 1991, asuntos *Chrysostomos y otros c. Turquía,* nº 15299/89, 15300/89 y 15318/89, *Revue Universelle des Droits de l'Homme,* vol. 3, nº 3, 1991, párrs. 42 y 45-46.

globalmente, habría que considerar las declaraciones (de aceptación de la jurisdicción del Tribunal) como nulas y sin valor en su integridad"[139]. Sin embargo, en el asunto *Belilos* el Tribunal no tomará en cuenta la intención inicial de Suiza de ratificar el Convenio formulando la reserva, sino las declaraciones posteriores del representante de Suiza, según las cuales sería desproporcionado considerar el consentimiento del gobierno para estar vinculado al Convenio europeo como nulo e inválido si la "declaración interpretativa" fuese considerada inválida[140]. En estas decisiones, por tanto, se ha prestado atención a la voluntad de los Estados. Los diferentes razonamientos, sin embargo, muestran la dificultad en determinar la intención del Estado[141]. Pero ni Suiza ni Turquía denunciaron el Convenio europeo tras

---

139 *Vid.*, las alegaciones del gobierno de Turquía ante el Tribunal en párr. 90 de la sentencia *Loizidou*. También Acta de la audiencia pública celebrada el 22 de junio de 1994 (ECHR Doc. Cour/Misc (94) 271, p. 35 y 36, citado en SCHABAS, W.: "Reservations to the Convention on the Rights of the Child", Human Rights Quartely, Vol. 18, 1pp. 320-322. En cuanto a las alegaciones del Estado ante la Comisión, *vid.*, el párr. 43 de la decisión de 14 de marzo de 1991. Asimismo, *vid.*, los comentarios de KORKELIA, K.: "New Challenges to the Regime Of Reservations under the International Convenant on Civil and Political Rights", European Journal of International Law, vol. 13-2, 2002, pp. 466-467.

140 Acta de la audiencia pública celebrada el 26 de octubre de 1987 (*vid.*, ECHR Doc. Cour/Misc (87) 237, p. 45, citado en SCHABAS, W.: "Reservations to the Convention on the Rights of the Child", *cit.*, p. 490. *Vid.*, KORKELIA, K.: "New Challenges to the Regime Of Reservations under the International Convenant on Civil and Political Rights", *cit.*, pp. 466-467.

141 *Vid.*, COHEN-JONATHAN, G.: "Les réserves à la Convention européenne des droits de l'homme (à propos de l'arrêt Belilos du 29 avril 1988)", *Revue générale de droit international public*, vol. 93/1989/, pp. 74 y 75. También, PELLET, Décimo Informe sobre "Las reservas a los tratados", presentado por el Relator especial Alain Pellet a la Comisión de Derecho Internacional en su 57° periodo de sesiones, 2005, A/CN.4/558/Add.1, párr. 230.

las decisiones del Tribunal adoptando la separabilidad de la reserva invalida[142].

En este tema, por tanto, la piedra angular es el principio del consentimiento. Los Estados, que no han cuestionado las posiciones del Tribunal europeo de derechos humanos sobre la separabilidad de la reserva, sí lo han hecho respecto a los órganos de

---

142 Tras el asunto *Belilos* el Gobierno federal suizo intentaría su denuncia, pero no fue posible por un solo voto (*vid.*, CAMERON, I. y HORN, F.: "Reservations to the European Convention on Human Rights: the Belilos case", *German Yearbook of International Law,* vol. 33, 199 *International Law,* vol. 33, 1990, p. 117). Poco después, Suiza formularía una declaración unilateral modificada, esta vez no cuestionada por el Tribunal (Suiza presentó esta declaración unilateral el 29 de diciembre de 1988, con vigencia desde la fecha de la sentencia emitida en el caso *Belilos*, esto es, desde el 29 de abril de 1988 y cuyo texto fue el siguiente: "El Consejo Federal Suizo considera que la garantía de un juicio equitativo prevista en el párrafo 1 del artículo 6 del Convenio, en lo que se refiere a la decisión sobre derechos y obligaciones civiles, tiene como único objetivo garantizar un control judicial definitivo sobre los actos o decisiones de las autoridades públicas que guarden relación con tales obligaciones y derechos. A efectos de la presente declaración, por "control judicial definitivo" deberá entenderse un control judicial limitado a la aplicación de la ley, como, por ejemplo, un control de casación"). Finalmente, Suiza retiraría oficialmente la "declaración interpretativa" al artículo 6 del Convenio el 29 de agosto de 2000 (*vid.*,http://www.conventions.coe.int/). Asimismo, tras el asunto *Weber,* Suiza tampoco denunciaría el Convenio y retiraría la reserva declarada inválida y sin efecto jurídico alguno. Sin embargo, dos años después de esta decisión del Tribunal Europeo, Suiza formularía una reserva idéntica, al artículo 14.1 del Pacto internacional de derechos civiles y políticos, que sería finalmente retirada en 2007 tras el diálogo de persuasión mantenido con el Comité de Derechos Humanos por la vía de los informes estatales (*Vid.*, Informe del Comité de Derechos Humanos en su 73°, 74° y 75° periodo de sesiones, *Documentos Oficiales de la Asamblea General, quincuagésimo séptimo período de sesiones suplemento N° 40* (A/57/40), párr. 76), Informe del Comité de Derechos Humanos en su 97°, 98° y 99° periodo de sesiones, *Documentos Oficiales de la Asamblea General, sexagésimo quinto período de sesiones suplemento N° 40* (A/65/40), párr. 65).

tratados universales, carentes de poder de decisión jurídicamente vinculante. La observación general número 24 adoptada por el Comité de Derechos Humanos sería ya duramente criticada por algunos Estados[143]. Y aunque seguida por cierta práctica estatal la solución de la separabilidad de la reserva inválida, no hay uniformidad en los tratados universales de derechos humanos. Además, basadas estas posiciones en la particularidad de los tratados de derechos humanos[144], la Comisión de Derecho Internacional las ha tenido en cuenta para todos los tratados, lo que no ha convencido a los Estados, tal y como lo han manifestado en sus observaciones a los trabajos de la Comisión sobre las reservas[145].

---

143 En particular, por Estados Unidos, Reino Unido y Francia (*vid.*, respecto a Estados Unidos, Informe del Comité de Derechos Humanos en su 52°, 53° y 54° periodo de sesiones, *Documentos Oficiales de la Asamblea General, quincuagésimo período de sesiones suplemento N° 40* (A/50/40), vol. I, pp. 130 y ss.), el Reino Unido (*ibíd.*, pp. 134 y ss.) y Francia, Informe del Comité de Derechos Humanos en su 55°, 56° y 57° periodo de sesiones, *Documentos Oficiales de la Asamblea General, quincuagésimo primer período de sesiones suplemento N° 40* (A/51/40), vol. I, pp. 111 a 113). Sobre estas críticas, *vid.*, el apartado 6.2.2 del capítulo VI relativo a la evaluación de los órganos de tratados.

144 *Vid.*, Tribunal Europeo de Derechos Humanos, sentencia de 23 de marzo de 1995 (Excepciones Preliminares), asunto *Loizidou c. Turquía,* n° 15318/89, *Recueil des arrêts et décisions de la Cour européenne des droits de l'homme,* Serie A, vol. 310, párrs. 93 y ss. También, Corte Interamericana de Derechos Humanos, sentencia de 1 de septiembre de 2001 (Excepciones Preliminares), *Hilaire c. Trinidad y Tobago,* Serie C, n° 80, párrs. 88 y ss. Asimismo, Comité de Derechos Humanos, Comunicación N° 845/1999, *Rawley Kennedy c. Trinidad y Tobago,* decisión de 2 de noviembre de 1999 (CCPR/C/67/D/845/1999), párr.6.

145 *Vid., infra* capítulo VI, apartado 6.2.3 sobre las consecuencias jurídicas de las constataciones de invalidez.

IV.

PRESERVACIÓN DE LA INTEGRIDAD ESENCIAL DEL TRATADO

La institución de la reserva permite lograr un equilibrio entre la preservación de la integridad del tratado y la participación más amplia posible de los Estados. En los tratados de derechos humanos, la compatibilidad de la reserva con el objeto y fin del tratado actúa como criterio protector de esta integridad, aun cuando haya silencio sobre las reservas. Pero los problemas de apreciación de esta limitación, ya advertidos en la opinión consultiva de la Corte Internacional de Justicia sobre *las reservas a la Convención sobre el genocidio* emitida en 1951[146], se muestran intensos en los tratados de este ámbito. Las exclusiones y modificaciones a sus disposiciones que buscan frecuentemente los Estados son en ocasiones controvertidas, poniendo de manifiesto la tensión existente entre ambos objetivos.

---

146 *Vid.*, la opinión disidente conjunta a la opinión consultiva de 1951 de los magistrados M.GUERRERO, A.MCNAIR, M.READ y H.MO, pp.31-48; p. 44. También, la opinión disidente del Juez M. ÁLVAREZ en pp. 49-55. En cuanto a las dudas mostradas por la Comisión de Derecho Internacional respecto a la inclusión de este criterio, *vid.*, en Informe de la Comisión de Derecho Internacional, 3° periodo de sesiones, *Documentos Oficiales de la Asamblea General, sexto período de sesiones, Suplemento Nº 10* (A/1858), pp. 6 y ss, párrs 23-24. También, el Primer informe sobre el Derecho de los tratados, por Sir Humphrey Waldock, Relator Especial, *Anuario de la Comisión de Derecho Internacional,* 1962, vol. II, (A/CN.4/144), pp. 72-74.

4.1. EL CRITERIO DE LA COMPATIBILIDAD DE LA RESERVA CON EL OBJETO Y FIN DEL TRATADO

En el ámbito universal de Naciones Unidas, un número amplio de tratados de derechos humanos no contienen disposiciones específicas sobre las reservas. Otros, sin embargo, insertan una cláusula que invoca de forma expresa el criterio de la compatibilidad de la reserva con el objeto y fin del tratado. Sólo unos pocos de estos instrumentos internacionales contienen una disposición de prohibición absoluta de las reservas o de autorización parcial de las mismas[147].

Entre los tratados que guardan silencio, encontramos los Pactos de Nueva York, esto es, el Pacto internacional de derechos económicos, sociales y culturales y el Pacto internacional de derechos civiles y políticos, ambos de 16 de diciembre de 1966. Asimismo, la Convención contra la tortura y otros tratos o penas crueles, inhumanos o degradantes, de 10 de diciembre de 1984, y la Convención internacional sobre la protección de todas las personas ante desapariciones forzadas, de 20 de diciembre de 2006. Otros tratados han optado por recoger expresamente el criterio de la compatibilidad de la reserva con el objeto y fin del tratado. Se trata de la Convención internacional sobre la eliminación de todas las formas de discriminación racial, de 21 de diciembre de 1965 (artículo 20), la Convención sobre la eliminación de todas

---

147 Además de estas previsiones convencionales en los tratados generales de derechos humanos, en el ámbito universal encontramos tratados relativos a los refugiados y apátridas o sobre los derechos de la mujer que contienen cláusulas con una prohibición parcial de las reservas (la Convención sobre la nacionalidad de la mujer casada de 29 de febrero de 1957; art. 8.1; la Convención sobre el Estatuto de los refugiados de 28 de julio de 1951, art. 42.1; y sobre el Estatuto de los apátridas de 28 de septiembre de 1954, ar. 38.1) o de autorización parcial (la Convención para reducir los casos de apatridia de 30 de agosto de 1961, art.17 y el Protocolo relativo al Estatuto de los refugiados de 31 de enero de 1967, art.4) o general de las reservas (el Convenio de los derechos políticos de la mujer de 20 de diciembre de 1952, art. VII).

las formas de discriminación contra la mujer, de 18 de diciembre de 1979 (artículo 28), la Convención sobre los derechos del niño, de 20 de noviembre de 1989 (artículo 51), la Convención sobre la protección de los trabajadores migrantes y los miembros de su familia, de 18 de diciembre de 1990 (artículo 91) y la Convención internacional sobre los derechos de las personas con discapacidad, de 13 de diciembre de 2006 (artículo 46)[148].

La mayoría de los Protocolos facultativos a estos tratados omiten también toda referencia a las reservas. Así, el Protocolo facultativo primero al Pacto internacional de derechos civiles y políticos, de 16 de diciembre de 1966, y el facultativo al Pacto internacional de derechos económicos, sociales y culturales, de 10 de diciembre de 2008 y los tres Protocolos facultativos a la Convención sobre los derechos del niño, esto es, los adoptados el 25 de mayo de 2002 sobre la participación de los niños en los conflictos armados y el relativo a la venta de niños, la prostitución infantil y la utilización de niños en la pornografía, y el de 19 de diciembre de 2011, relativo al procedimiento de comunicaciones. Únicamente el Protocolo facultativo a la Convención internacional sobre los derechos de las personas con discapacidad, adoptado en la misma fecha que la Convención, incorpora de forma expresa el criterio del objeto y fin (artículo 14)[149]. Por su parte, el Protocolo facultativo de la Convención sobre la eliminación de todas las formas de discriminación contra la mujer, de 6 de octubre de 1999 (artículo 17)[150] y el Protocolo facultativo a la Convención contra la tortura y otros tratos o penas crueles, inhumanos o degradantes, de 18 de diciembre de 2002 (artículo 30)[151] incluyen una cláusula de prohibición total a las reservas. En

---

148 Estos tratados contienen una cláusula sobre reservas en la que establecen que “no se aceptará ninguna reserva incompatible con el objeto y propósito del tratado”.

149 El artículo 14 indica que: “Las reservas incompatibles con el objeto y propósito de presente Protocolo no están permitidas”.

150 Su texto es: “No se permitirá reserva alguna al presente Protocolo”.

151 Señala el artículo 30 que: “No se admitirán reservas al presente Protocolo”.

este último supuesto, por tanto, el rechazo a la reserva es general, a todas las reservas. Y el Segundo Protocolo facultativo al Pacto internacional de derechos civiles y políticos relativo a la abolición de la pena de muerte de 15 de diciembre de 1989 (artículo 2) autoriza expresa y únicamente las reservas indicadas en la cláusula en cuestión[152].

El criterio de la compatibilidad del objeto y fin, por tanto, opera en la práctica totalidad de los tratados universales de derechos humanos[153], como criterio protector de la integridad, al menos en lo esencial, del tratado, favoreciendo al tiempo la participación

---

[152] El texto literal del artículo 2 es el siguiente: "1. No se admitirá ninguna reserva al presente Protocolo, con excepción de una reserva formulada en el momento de la ratificación o la adhesión en la que se prevea la aplicación de la pena de muerte en tiempo de guerra como consecuencia de una condena por un delito sumamente grave de carácter militar cometido en tiempo de guerra. 2. El Estado Parte que formule esa reserva deberá comunicar al Secretario General de las Naciones Unidas, en el momento de la ratificación o la adhesión, las disposiciones pertinentes de su legislación nacional aplicables en tiempo de guerra. 3. El Estado Parte que haya formulado esa reserva notificará al Secretario General de las Naciones Unidas todo comienzo o fin de un estado de guerra aplicable a su territorio".

[153] Además de los casos en que el tratado guarda silencio o invoca expresamente objeto y fin del tratado, este criterio opera también cuando no hay previsión convencional expresamente aplicable a la reserva formulada, esto es, respecto de las admitidas implícitamente en los tratados con cláusulas de prohibición parcial y respecto a las autorizadas por la cláusula de autorización en cuestión, bien por no tener carácter limitativo o exclusivo, bien por tratarse de una autorización general. Por ello, señalaría el Relator especial encargado del tema de las reservas, Alain Pellet, que: "La universalidad del criterio del fin y objeto parece implicar que todo tratado contiene una disposición implícita que limita la posibilidad de formular reservas en este sentido" (Segundo Informe sobre "Las reservas a los tratados", presentado por el Relator especial Alain Pellet a la Comisión de Derecho Internacional en su 48º periodo de sesiones, 1996 (A/CN.4/477/Add.1, párrs. 165 y 174). Sobre la aplicación de este criterio, *vid.*, RIQUELME CORTADO, R..: *Las Reservas a los Tratados: Lagunas y ambigüedades del Régimen de Viena, cit.*, pp. 83 y ss.

de los Estados. Efectivamente, aun cuando los tratados guarden silencio sobre las reservas, es posible su formulación respetando esta limitación. Así quedaría claro ya respecto al primer tratado adoptado en la materia, la Convención sobre la prevención y castigo del delito de genocidio de 1948. Sin previsión alguna sobre las reservas y formuladas -y objetadas- un gran número de ellas[154], la Asamblea General solicitaría un dictamen a la Corte Internacional de Justicia que, emitido el 28 de mayo de 1951[155], señalaría que: "De la inexistencia en la Convención de un artículo relativo a las reservas no se puede concluir que estén prohibidas"[156]. Y conciliando las dos exigencias de la universalidad y la integridad del tratado mediante el criterio del objeto y propósito de la Convención, indicaría: "el objeto y fin de la Convención implican, por parte de la Asamblea General y de los Estados que la aprobaron la intención de reunir al mayor número posible de participantes. Esta intención quedaría frustrada si una objeción a una reserva de

---

154 Referidas al artículo IX de la Convención sobre solución de controversias, las reservas serían formuladas por Bulgaria, Bielorrusia, Checoslovaquia, Filipinas, Polonia, Rumanía, Ucrania y la URSS y objetadas por Australia Bélgica, Brasil, Ecuador, Noruega, Países Bajos, Reino Unido o Sri Lanka. *Vid.*, http://untreaty.un.org, Parte I, Cap. IV, tratado nº 1.

155 *Vid.*, Corte Internacional de Justicia, opinión consultiva de 28 de mayo de 1951, *Réserves à la Convention sur la prévention et la répression du crime de génocide (Reservas a la Convención para la Prevención y la Sanción del Delito de Genocidio), Recueil* 1951. La cuestión de fondo que se planteaba en este caso fue la siguiente: el Secretario General de las Naciones Unidas, en calidad de depositario de los tratados, comunicó a los Estados reservantes que no podían ser considerados parte en la Convención puesto que la práctica existente en la fecha era que una reserva, para su aceptación, requería el consentimiento unánime de todos los Estados. Solicitadas instrucciones a la Asamblea General, ante la ausencia de cláusulas sobre reservas y siendo necesarias veinte ratificaciones o adhesiones para la entrada en vigor de la Convención (art. XIII), planteó a la Corte Internacional de Justicia si los Estados que habían formulado las reservas, a su vez objetadas por otros Estados, podían llegar a ser Parte en la Convención.

156 *Ibíd.*, p 26.

menor importancia entrañara una exclusión completa. Por otra parte, no se puede pensar que las otras partes contratantes estuvieran dispuestas a sacrificar el objeto mismo de la Convención a favor de un vago deseo de obtener tantos participantes como fuera posible”[157].

Establecida así la pauta a seguir y aun antes de la adopción de la Convención de Viena de 1969, que consagraría en su artículo 19 la compatibilidad de la reserva con el objeto y fin del tratado[158], los Pactos de Nueva York y el primer protocolo facultativo al Pacto internacional de derechos civiles y políticos, no incorporarían ninguna cláusula específica sobre las reservas. Sobre esta cuestión advertiría también el Comité de Derechos Humanos en su observación general 24 sobre las reservas que: “El que no se prohíban las reservas no significa que se permitan todas ellas. La cuestión de las reservas en relación con el Pacto y el Primer Protocolo Facultativo se rige por el Derecho internacional. El párrafo 3 del artículo 19 de la Convención de Viena sobre el Derecho de los Tratados ofrece la orientación pertinente. Se estipula en él que, cuando el tratado no prohíbe una reserva o ésta entra dentro de las categorías permitidas expresamente, un Estado podrá hacer una reserva siempre que no sea incompatible con el objeto y fin del tratado”[159].

---

157 *Ibíd.*, p 24.

158 El texto literal del artículo 19 de la Convención de Viena es el siguiente: “Un Estado podrá formular una reserva en el momento de firmar, ratificar, aceptar o aprobar un tratado o de adherirse al mismo, a menos: a) que la reserva esté prohibida por el tratado; b) que el tratado disponga que únicamente pueden hacerse determinadas reservas, entre las cuales no figure la reserva de que se trate; o c) que, en los casos no previstos en los apartados a) y b), la reserva sea incompatible con el objeto y fin del tratado”.

159 Comité de Derechos Humanos, Observación general número 24 (52) sobre “Cuestiones relacionadas con las reservas formuladas con ocasión de la ratificación del Pacto o de sus Protocolos Facultativos, o de la adhesión a ellos, o en relación con las declaraciones hechas de confor-

4.2. LA AMPLITUD Y DIVERSIDAD DE DERECHOS Y SU INTERDEPENDENCIA

La apreciación de la compatibilidad de la reserva con el objeto y fin del tratado resulta en ocasiones problemática. Y es que el concepto del objeto y fin no se define en la Convención de Viena, ni se establecen las reglas para su determinación, y tampoco se precisa forma inequívoca en muchos tratados[160].

El criterio del objeto y fin supone el respeto a la esencia del tratado, preservar su núcleo fundamental, lo que necesita diferenciar entre las disposiciones del tratado aquéllas que son esenciales. Pero también hay que atender a la estructura general del tratado pues es posible que disposiciones no esenciales del mismo constituyan un elemento fundamental para preservar su razón de ser. La Guía de la práctica aprobada por la Comisión de Derecho Internacional, en su directriz 3.1.5.5 sobre las "Reservas relativas al derecho interno" lo refleja de la siguiente manera: "Una reserva por la que un Estado o una organización internacional se proponga excluir o modificar los efectos jurídicos de ciertas disposiciones de un tratado o del tratado en su conjunto para preservar la integridad de determinadas normas del derecho interno de ese

---

midad con el artículo 41 del Pacto", de 11 de noviembre de 1994, (Doc. CCPR/C21/Rev.1/Add.6, p. 2, párr. 6).

160 En efecto, la Convención se refiere en varias de sus disposiciones al objeto y fin del tratado: además de las relativas a las reservas – artículos 19 c) y 20.2- , el artículo 18 sobre la obligación de no frustrar el objeto y fin del tratado antes de su entrada en vigor, artículo 31.1 relativo a la regla general de interpretación, artículo 33.4 sobre la interpretación de tratados autenticados en dos o más idiomas, artículo 41.1 b) relativo a los Acuerdos para modificar tratados multilaterales entre algunas de las partes únicamente, artículo 58.1 b) sobre la suspensión de la aplicación de un tratado multilateral por acuerdo entre algunas de las partes únicamente, o artículo 60.3 b) relativo a la terminación de un tratado o sus pensión de su aplicación como consecuencia de su violación. Sin embargo, no lo define ni establece ninguna regla para que sea determinado.

Estado o de determinadas reglas de esa organización que estén en vigor en el momento de la formulación de la reserva podrá formularse únicamente en la medida en que no afecte a un elemento esencial del tratado ni a su estructura general"[161].

Y establecer esa esencia, razón de ser o núcleo fundamental del tratado se dificulta, sin duda, cuando hay una amplitud y diversidad de derechos interdependientes[162]. Ya lo advertiría FRANÇOISE HAMPSON en el documento definitivo de trabajo sobre las reservas a los tratados de derechos humanos: "La dificultad en el caso de la normativa de los derechos humanos estriba en que el objeto no es la aceptación de un gran número de obligaciones individuales, sino que hay un único objetivo (el respeto, la protección y la promoción de los derechos humanos) que se debe alcanzar observando un gran número de disposiciones individuales. Así pues, una reserva a una disposición puede ser incompatible con el objeto y el fin del tratado"[163].

---

161 *Vid.*, la directriz 3.1.5.5 "Reservas relativas al derecho interno" y su comentario en Informe de la Comisión de Derecho Internacional, 63° periodo de sesiones, *Documentos Oficiales de la Asamblea General, sexagésimo sexto periodo de sesiones, Suplemento N° 10* (A/66/10/Add.1), pp. 392-395. Asimismo, la directriz relativa a los tratados que contienen numerosos derechos y obligaciones interdependientes" (*ibíd.*, pp.395-399).

162 Aun cuando los tratados establecen su propósito (así, por ejemplo, la Convención sobre los derechos de las personas con discapacidad, señala en su artículo 1 que "El propósito de la presente Convención es promover, proteger y asegurar el goce pleno y en condiciones de igualdad de todos los derechos humanos y libertades fundamentales por todas las personas con discapacidad, y promover el respeto de su dignidad inherente"), la indivisibilidad, interdependencia e interrelación de los derechos consagrados dificulta su determinación y la apreciación de la compatibilidad de una reserva con este criterio.

163 Subcomisión de Promoción y Protección de los Derechos Humanos, Reservas a los tratados de derechos humanos, documento de trabajo definitivo presentado por la Relatora especial Francoise Hampson, 56° periodo de sesiones (E/CN.4/Sub.2/2004/42), párr. 50.

La apreciación de la compatibilidad de la reserva en este tipo de tratados requiere, por tanto, tener en cuenta "esta interdependencia, así como la importancia que tiene la disposición objeto de la reserva en la estructura general del tratado y el grado de menoscabo que le causa la reserva" (directriz 3.1.5.6)[164].

Esta mayor complejidad se constata en la práctica de los tratados de derechos humanos, en los que un número significativo de las reservas formuladas han sido cuestionadas por su posible incompatibilidad con el objeto y fin del tratado, tanto por los Estados que las han objetado como por los órganos convencionales de supervisión[165]. Es el caso, particularmente, de la Convención sobre la eliminación de todas las formas de discriminación contra la mujer de 1979, la Convención sobre los derechos del niño de 1989 o los Pactos de Nueva York de 1966[166]. Respecto al Pacto internacional de derechos civiles y políticos, el Comité de Derechos Humanos se ocuparía en la observación general número 24 de la posible incompatibilidad de ciertas reservas con el objeto y propósito del mismo[167].

---

164 *Vid.*, la directriz y su comentario en Doc. A/66/10/Add.1, pp. 395-399.

165 *Vid.*, *infra* capítulos V y VI.

166 *Vid.*, a estos efectos, las tablas sobre reservas, objeciones y retiros de reservas que figuran en el informe sobre la práctica de los órganos creados en virtud de tratados de derechos humanos respecto a las reservas a los tratados internacionales en la materia, en Informe sobre la práctica de los órganos creados en virtud de tratados de derechos humanos respecto de las reservas a los tratados internacionales en la materia, 2005, (HRI/MC/2005/5), Anexo 2. Las reservas formuladas con posterioridad confirman estos datos (*vid.*, https://treaties.un.org/pages/Treaties.aspx?id=4&subid=A&clang=_en).

167 Comité de Derechos Humanos, Observación general número 24 (52) sobre "Cuestiones relacionadas con las reservas formuladas con ocasión de la ratificación del Pacto o de sus Protocolos Facultativos, o de la adhesión a ellos, o en relación con las declaraciones hechas de conformidad con el artículo 41 del Pacto", de 11 de noviembre de 1994, (Doc. CCPR/C21/Rev.1/Add.6).

4.3. EXCLUSIONES O MODIFICACIONES HABITUALES Y CONTROVERTIDAS

Siendo el objetivo buscado por el autor de la reserva la exclusión o modificación de los efectos jurídicos de ciertas disposiciones del tratado o del tratado en su conjunto con respecto a ciertos aspectos específicos, la práctica evidencia que algunas de éstas son más habituales y también más cuestionadas por su posible incompatibilidad con el objeto y fin del tratado. Así, por la amplitud y ambigüedad de la reserva, por su formulación a normas de Derecho internacional general, de *ius cogens* y sobre derechos inderogables y también a los procedimientos de vigilancia de los órganos de tratados y a los medios de solución de controversias.

4.3.1. Su amplitud y ambigüedad

La reserva cumple un papel esencial al permitir que los Estados participen en el tratado salvando obstáculos de su derecho interno, tradiciones, religión o culturas nacionales. El Comité de Derechos Humanos en su observación general número 24 hace alusión a esta función útil de la reserva cuando señala que: "La posibilidad de formular reservas tal vez induzca a los Estados que piensen tener dificultades en garantizar todos los derechos enunciados en el Pacto a aceptar, pese a ello, la generalidad de las obligaciones estipuladas en dicho instrumento. Las reservas pueden cumplir una función útil al permitir a los Estados adaptar elementos concretos de sus leyes a esos derechos intrínsecos de cada persona según están enunciados en el Pacto"[168].

Ahora bien, entre las exclusiones y modificaciones más habituales y contestadas se encuentran las que, supeditando la aplicación del tratado al derecho interno del Estado, son formuladas en términos vagos o generales. Denominadas reservas generales, serían ya definidas por el Tribunal Europeo de Derechos Humanos en el

---

168 *Ibíd.*, párr. 4.

asunto *Belilos*[169] como aquellas "redactadas en términos demasiados ambiguos y amplios para que pueda apreciarse el sentido y el ámbito de aplicación exactos (...), el artículo 64.1 (del Convenio) exige precisión y claridad"[170]. La antigua Comisión Europea de Derechos Humanos sostendría también en su Informe del caso *Telmestasch*[171] que una reserva es de carácter general "cuando a pesar de formularse sobre una disposición específica, sus palabras son imprecisas y no permiten saber con claridad el contenido de la misma"[172]. Téngase en cuenta, en este sentido, que el Convenio europeo de derechos humanos de 1950[173] establece que las reservas se formulen a disposiciones específicas, que sólo se formulen en la medida que obligue a ello una ley en vigor en el ordenamiento interno en desacuerdo y que toda reserva formulada vaya acompañada de una breve exposición de la ley de que se trate. La exposición de la ley que da lugar a la reserva constituye además una verdadera condición de validez de toda reserva formulada

---

169 Tribunal Europeo de Derechos Humanos, sentencia de 29 de abril de 1988, asunto *Belilos c. Suiza,* demanda nº 10328/83, *Recueil des arrêts et décisions de la Cour européenne des droits de l'homme,* Serie A, vol. 132, párrs. 59 y 60.

170 *Ibíd.*, párr. 55.

171 Comisión Europea de Derechos Humanos, Decisión de 5 de mayo de 1982, asunto *Temeltasch, c. Suiza,* demanda nº 9116/80, *Décisions et rapports,* vol. 31, abril de 1983.

172 *Ibíd.*, párr. 84.

173 *Vid.* artículo 57 del Convenio. También recogen esta exigencia algunos Protocolos Adicionales al mismo (Protocolos 1, (20 de marzo de 1952); 4 (16 de septiembre de 1963), 7 (22 de noviembre de 1984), y 12 (4 de noviembre de 2011), que amplían el catálogo de derechos reconocidos) o el Convenio para la protección de los derechos humanos y de la dignidad del ser humano respecto a las aplicaciones de la biomedicina, de 4 de junio de 1997. Por su parte, en el ámbito americano hay tratados que exigen que la reserva se refiera a disposiciones específicas y no sean de carácter general. Así, el Protocolo Adicional a la Convención americana sobre derechos humanos en materia de derechos económicos, sociales y culturales de 1988 (art. 20), que la acompaña con la invocación expresa del criterio del objeto y fin.

al Convenio de Roma, por lo que su incumplimiento conlleva la invalidez de la reserva[174].

Los tratados universales de derechos humanos no exigen que las reservas se refieran a disposiciones específicas y no sean de carácter general, pero como advertiría el Comité de Derechos Humanos en su observación general número 24 sobre las reservas presentadas en términos generales: "por esta vía está privándose de efecto a todos los derechos enunciados, y no se han aceptado auténticas obligaciones"[175]. De ahí que señalara la necesidad de que las reservas se formulen de forma específica y transparente pues ello permitirá al Comité y a los demás Estados Partes "tener en claro cuáles son las obligaciones de derechos humanos que han sido o no contraídas"[176]. Las reservas, precisaría, "no deben tener carácter general, sino que han de referirse a una disposición concreta del Pacto e indicar en términos precisos su ámbito en relación con él"[177].

Asimismo, la directriz 3.1.5.2 de la Guía de la práctica, a ellas dedicada, dispone que: "Una reserva habrá de redactarse en términos que permitan percibir su sentido, a fin de determinar, en particular, su compatibilidad con el objeto y el fin del tratado"[178]. Y es que, como se precisa en el comentario a la directriz "parece difícil, a priori, afirmar que son nulas *ipso jure*; la principal crítica

---

[174] Así lo expresó el Tribunal Europeo de Derechos Humanos en el asunto *Belilos* (Tribunal Europeo de Derechos Humanos, sentencia de 29 de abril de 1988, asunto *Belilos c. Suiza,* demanda nº 10328/83, *Recueil des arrêts et décisions de la Cour européenne des droits de l'homme,* Serie A, vol. 132, párrs. 59 y 60).

[175] Comité de Derechos Humanos, Observación general número 24 (52) sobre "Cuestiones relacionadas con las reservas formuladas con ocasión de la ratificación del Pacto o de sus Protocolos Facultativos, o de la adhesión a ellos, o en relación con las declaraciones hechas de conformidad con el artículo 41 del Pacto", de 11 de noviembre de 1994 (Doc. CCPR/C.21/Rev./Add.6), párr. 12.

[176] *Ibíd.*, párr. 19.

[177] *Ibíd.*

[178] *Vid.*, en Doc. A/66/10/Add.1, pp. 375-379, párr. 11.

que se les debe hacer es que no permiten apreciar si se cumplen las condiciones de su validez sustantiva. Por esta razón, se presten particularmente bien a un "diálogo sobre las reservas"[179].

Las dudas que pueden generar este tipo de reservas sobre su validez pueden ser clarificadas, por tanto, a través del diálogo o intercambio de información entre el Estado reservante y los Estados objetantes y el órgano de supervisión del tratado. Respecto a estos órganos, FRANÇOISE HAMPSON observaría en su estudio sobre las reservas a los tratados de derechos humanos que: "Si una reserva está formulada en términos imprecisos o no indica a qué disposiciones del tratado se aplica, sería conveniente que esos extremos fueran uno de los temas de intercambio entre el Órgano de supervisión y el Estado Parte. De hecho, eso es lo que suele ocurrir. Las conclusiones de ese intercambio, incluida la posible revisión del enunciado de la reserva, deben incluirse en las observaciones finales. De esa manera no se olvidará el acuerdo cuando el Estado Parte presente un informe periódico ulterior, aun cuando haya cambiado considerablemente la composición del Comité"[180]. Y, en efecto, los órganos de tratados examinan en los informes presentados por los Estados las exclusiones o modificaciones así formuladas, instándoles en sus observaciones a proporcionar información más amplia sobre las reservas formuladas y a su revisión a fin de restringirlas o retirarlas[181].

---

179 *Ibíd.*

180 Subcomisión de Promoción y Protección de los Derechos Humanos, Reservas a los tratados de derechos humanos, documento de trabajo presentado por la Relatora especial Francoise Hampson, 51° periodo de sesiones (E/CN.4/Sub.2/1999/28), párr. 54.

181 Así, por ejemplo, el Comité para la Eliminación de la Discriminación contra la Mujer en relación a las reservas y declaraciones formuladas por Catar, Observaciones finales sobre el informe inicial de Catar, sesiones 1191ª y 1192ª periodo de sesiones (CEDAW/C/QAT/CO/1), párr. 8; o el Comité sobre los Derechos del Niño respecto a las reservas formuladas por este Estado a la Convención y su protocolo facultativo relativo a la venta de niños, la prostitución infantil y la utilización de niños en la pornografía , Observaciones finales al informe inicial de Catar,

Por su parte, este tipo de reservas son las que más objeciones han recibido en razón de su posible incompatibilidad con el objeto y fin del tratado, muy particularmente en el caso de la Convención sobre la eliminación de todas las formas de discriminación contra la mujer, cuyo número es muy superior al de otros tratados[182]. Así, Arabia Saudita, Bahréin, Brunéi, Catar, Kuwait, los Emiratos Árabes Unidos, Malasia, Mauritania, Marruecos, Omán Paquistán, Siria, o Tailandia (Estados, sobre todo, con población mayoritariamente musulmana o en los que rige la ley islámica), han formulado reservas invocando su derecho interno (o las tradiciones, religión o cultura o prácticas naciones) de manera general, a disposiciones esenciales del tratado (como el artículo 2 y 16 de la Convención[183])

28º periodo de sesiones (CRC/C/15/Add.163), párrs. 10 y 11, y Comité de los Derechos del Niño, Observaciones finales al informe inicial de Catar, 42º periodo de sesiones (CRC/C/OPSC/QAT/CO/1), párrs. 9 y 10; asimismo el Comité contra la Tortura en relación a las reservas de Catar a la Convención de 1984 en sus Conclusiones y recomendaciones al informe inicial de Catar, 36º periodo de sesiones (CAT/C/QAT/CO/1), párr. 9.

182 En efecto, las objeciones presentadas a las reservas formuladas a esta Convención supera el número de 1500, la mayoría a las reservas redactadas en términos amplios e imprecisos, vid, http://untreaty.un.org, Parte I, Cap. IV, tratado 8.

183 El artículo 2 obliga a los Estados a condenar la discriminación contra la mujer y el artículo 16 se refiere a la igualdad entre el hombre y la mujer en todos los asuntos relacionados con el matrimonio y las relaciones familiares durante el matrimonio y con ocasión de su disolución. El Comité para la Eliminación de la Discriminación contra la Mujer ha señalado que ambos artículos contenían disposiciones básicas de la Convención (así, en su declaración a las reservas a la Convención, Informe del Comité para la Eliminación de la Discriminación contra la Mujer sobre sus 18º y 19º periodo de sesiones, Documentos Oficiales de la Asamblea General, quincuagésimo tercer período de sesiones, Suplemento N.º 38 (A/53/38/Rev.1), segunda parte, párrs. 1 y ss); también en sus observaciones finales a los informes presentados por los Estados parte en la Convención, por ejemplo, respecto a Catar, CEDAW/C/QAT/CO/1, párr. 7, sección C.

o a cualquier disposición, sin indicar cuál[184]. Y los Estados objetantes han señalado que el carácter amplio e impreciso de la reserva no permite conocer el cumplimiento general de las obligaciones del Estado en virtud del tratado, por lo que no es posible una evaluación final en cuanto a su compatibilidad con el objeto y fin del mismo y suscita dudas sobre el compromiso del Estado con el tratado, instando en algunos casos al autor de la reserva a proporcionar aclaraciones e información adicional[185].

Pero hay también dudas sobre el compromiso real de los Estados con las obligaciones derivadas del tratado, la observancia del principio *pacta sunt servanda*[186] y el criterio del objeto y fin en aquellos casos en los que los Estados formulan un gran número

---

184 También encontramos reservas de este tipo en otros tratados universales de derechos humanos, entre las más recientes las formuladas por Catar al adherirse al Pacto internacional de derechos civiles y políticos, 2018, (vid, http://untreaty.un.org, Parte I, Cap. IV, tratado 4) o al Pacto internacional de derechos económicos, sociales y culturales, 2018, (ibid., tratado 3), Libia a la Convención sobre los derechos de las personas con discapacidad, 2018, (ibid., tratado 15), Somalia a la Convención sobre los derechos del niño, 2015, (ibid., tratado 11); o Tailandia a la Convención internacional sobre la eliminación de todas las formas de discriminación racial, 2003 (*ibid.*, tratado 2).

185 Un ejemplo de objeción instando al Estado a proporcionar más información sobre la reserva lo encontramos en la presentada por Austria a la formulada por Paquistán o por Arabia Saudita, (vid, http://untreaty.un.org, Parte I, Cap. IV, tratado 8). También la formulada por Austria a la reserva de Malasia al Pacto internacional de derechos civiles y políticos (ibid., tratado 4).

186 Efectivamente, conforme a los artículos 26 y 27 de la Convención de Viena, los Estados autores de las reservas han de tener en cuenta el principio general de la observancia de los tratados, de manera que no pueden invocar su legislación interna como justificación para no cumplir las obligaciones derivadas de los tratados. Y, entre estas obligaciones, está la relativa a introducir las modificaciones (legislativas o de otra índole) necesarias para la realización del objeto y fin del tratado. Se trata ésta de una disposición esencial recogida en algunos tratados como el artículo 2.2 del Pacto internacional de derechos civiles y políticos, el artículo 2.1 del Pacto internacional de derechos económicos, sociales y

de reservas. Como advertiría el Comité de Derechos Humanos: "las reservas ponen a menudo de manifiesto la tendencia de los Estados a no modificar una determinada ley. Y, en ocasiones, esa tendencia se eleva a la categoría de política general"[187]. Por ello, señalaría que los Estados: "no deben formular tantas reservas que, en la práctica, sólo acepten un número reducido de obligaciones de derechos humanos y no el Pacto propiamente dicho. A fin de que las reservas no impidan permanentemente el logro de las normas internacionales de derechos humanos, no deberían circunscribir de manera sistemática las obligaciones asumidas tan sólo a las que ya existan en normas menos estrictas de derecho interno. Tampoco se debería tratar de eliminar con declaraciones interpretativas o reservas el significado autónomo de las obligaciones del Pacto, decidiendo que son idénticas o que han de aceptarse solamente en la medida en que sean idénticas a las disposiciones existentes en el derecho interno"[188].

En este sentido, uno de los Estados partes del Pacto internacional de derechos civiles y políticos, Estados Unidos, al formular reservas y declaraciones afirmaría el carácter *non self-excuting* de sus disposiciones[189]. En el examen sobre la compatibilidad de

---

culturales, el artículo 2 de la Convención contra la tortura o el artículo 4 de la Convención sobre los derechos del niño.

187 Comité de Derechos Humanos, Observación general número 24 (52) sobre "Cuestiones relacionadas con las reservas formuladas con ocasión de la ratificación del Pacto o de sus Protocolos Facultativos, o de la adhesión a ellos, o en relación con las declaraciones hechas de conformidad con el artículo 41 del Pacto", de 11 de noviembre de 1994, (Doc. CCPR/C21/Rev.1/Add.6, párr. 12

188 *Ibíd.*, párr. 19.

189 En efecto, el Estado Parte declararía que las disposiciones de los artículos 1 a 27 del Pacto no son ejecutivas por sí mismas (*vid,* http://untreaty.un.org, Parte I, Cap. IV, tratado 4). En el mismo sentido respecto a la Convención contra la tortura, al declarar que las disposiciones de los artículos 1 a 16 de la Convención no son de aplicación automática (*ibid.,* tratado 9). También formulará la siguiente declaración en relación a la Convención sobre genocidio: "ninguna declaración de las dis-

las reservas y declaraciones formuladas, el Comité lamentaría su amplitud y consideraría que "éstas, en su conjunto, tienen como objetivo lograr que los Estados Unidos acepten lo que ya se halla reflejado en su legislación"[190].

4.3.2. A normas de Derecho internacional general, de ius cogens y sobre derechos inderogables

Las exclusiones o modificaciones a ciertas normas recogidas en los tratados de derechos humanos plantean problemas específicos que FRANÇOISE HAMPSON expresa de esta forma: "Las tres cuestiones que pueden plantearse más probablemente en este contexto son, en primer lugar, la afirmación de que la disposición de derechos humanos representa *ius cogens*; en segundo lugar que, como no puede ser derogada, la norma tiene un estatuto más elevado que el derecho internacional consuetudinario y, en tercer lugar, que la norma representa el derecho consuetudinario"[191].

La existencia de estas normas presupone una importancia desigual de los derechos humanos, una jerarquía entre ellos, de manera que algunos de los derechos amparados por estos instrumentos tendrían un carácter esencial o básico no sólo para la con-

---

posiciones de la Convención exige o justifica la adopción por Estados Unidos de medidas legislativas u otras prohibidas por la Constitución de Estados Unidos, según son interpretadas por los Estados Unidos" (*ibid.*, tratado 1).

190 El Comité también señalaría en sus observaciones finales relativas al primer informe de los Estados Unidos, su especial preocupación por las reservas expresadas con respecto al párrafo 5 del artículo 6 y al artículo 7 del Pacto, que a su juicio son incompatibles con el objetivo y la finalidad de este (Comité de Derechos Humanos, Observaciones finales, 53° periodo de sesiones (CCPR/C/79/Add.50), párr. 14).

191 Subcomisión de Promoción y Protección de los Derechos Humanos, Reservas a los tratados de derechos humanos, documento de trabajo presentado por la Relatora especial Françoise Hampson, 51° periodo de sesiones (E/CN.4/Sub.2/1999/28, párr. 17.

secución del objeto y fin del tratado sino también para la comunidad internacional de Estados en su conjunto. Su importancia, además, podría quedar subrayada en el propio tratado al establecer la naturaleza inderogable del derecho[192]. El mismo Comité de Derechos Humanos, que afirmaría la indivisibilidad e interdependencia de los derechos consagrados en el Pacto internacional de derechos civiles y políticos[193], subrayaría "la gran importancia de los derechos inderogables"[194], enumerados en el artículo 4.2 del Pacto.

Ahora bien, no existe una identidad absoluta entre normas sobre derechos inderogables, normas expresivas del Derecho internacional imperativo o meramente dispositivo. Ni tan siquiera coincide la lista de derechos no susceptibles de suspensión o derogación temporal recogida en los tratados[195], salvo en ciertos dere-

---

192 Sobre la existencia en el Derecho internacional de los derechos humanos de normas de Derecho internacional general, normas de *ius cogens*, obligaciones *erga omnes* y derechos inderogables, *vid.*, PASTOR RIDRUEJO, J.A.: "Sobre la universalidad del Derecho internacional de los derechos humanos", *Anuario de Derechos Humanos. Nueva Época*, vol. 12, 2011, pp. 267-286.

193 Comité de Derechos Humanos, Observación general número 24 (52) sobre "Cuestiones relacionadas con las reservas formuladas con ocasión de la ratificación del Pacto o de sus Protocolos Facultativos, o de la adhesión a ellos, o en relación con las declaraciones hechas de conformidad con el artículo 41 del Pacto", de 11 de noviembre de 1994, (Doc. CCPR/C21/Rev.1/Add.6, párr. 7)

194 *Ibíd*, párr. 10.

195 Así, el artículo 4.2 del Pacto internacional de derechos civiles y políticos prohíbe la suspensión de los artículos 6 (derecho a la vida), 7 (prohibición de la tortura), 8, párrs. 1 y 2 (prohibición de ser sometido a esclavitud o servidumbre), 11 (prohibición de encarcelamiento por incumplimiento de deudas contractuales), 15 (prohibición relativa a la aplicación retroactiva de las leyes penales), 16 (sobre el reconocimiento de la personalidad jurídica de todo ser humano) y 18 (sobre el derecho a la libertad de pensamiento, conciencia y religión). Por su parte, el artículo 15 del Convenio europeo de derechos humanos prohíbe la suspensión de los artículos 2 (derecho a la vida), 3 (prohibición

chos como el derecho a la vida, prohibición de la tortura, trabajos forzosos y esclavitud. Sobre esta falta de identidad, el Comité de Derechos Humanos ya advertiría en su observación general número 29 sobre "Estados de emergencia" que:

> "La enumeración contenida en el artículo 4 de las disposiciones cuya aplicación no puede suspenderse guarda relación, aunque no sea lo mismo, con la cuestión de si ciertas obligaciones en materia de derechos humanos tienen el carácter de normas imperativas de derecho internacional. El hecho de que en el párrafo 2 del artículo 4 se declare que la aplicación de ciertas disposiciones del Pacto no puede suspenderse debe considerarse en parte como el reconocimiento del carácter de norma imperativa de ciertos derechos fundamentales garantizados por el Pacto en la forma de un tratado (por ejemplo, los artículos 6 y 7). Sin embargo, es evidente que en la lista de disposiciones cuya aplicación no puede suspenderse se incluyeron algunas otras disposiciones del Pacto porque nunca será necesario suspender la vigencia de esos derechos durante un estado de excepción (por ejemplo, los artículos 11 y 18). Además, la categoría de normas imperativas va más allá de la lista de disposiciones cuya aplicación no puede suspenderse..."[196]

Asimismo, cuando el Comité se refiere en la observación general número 24 a cuestiones relacionadas con las reservas, en particular las dirigidas a disposiciones del Pacto que son de Derecho internacional consuetudinario (y *a fortiori* cuando tienen

---

de la tortura), 4 (prohibición de la esclavitud y servidumbre) y 7 (la no retroactividad de la ley penal). En el caso del artículo 27 de la Convención americana de derechos humanos se prohíbe la suspensión de los artículos: 3 (Derecho al Reconocimiento de la Personalidad Jurídica); 4 (Derecho a la Vida); 5 (Derecho a la Integridad Personal); 6 (Prohibición de la Esclavitud y Servidumbre); 9 (Principio de Legalidad y de Retroactividad); 12 (Libertad de Conciencia y de Religión); 17 (Protección a la Familia); 18 (Derecho al Nombre); 19 (Derechos del Niño); 20 (Derecho a la Nacionalidad), y 23 (Derechos Políticos), ni de las garantías judiciales indispensables para la protección de tales derechos.

196 *Vid.*, Comité de Derechos Humanos, Observación general número 29 sobre el Artículo 4 (Estados de emergencia), de 24 de julio de 2001 (Doc. CCPR/C/21/Rev.1/Add.11, párr. 11).

el carácter de normas perentorias), menciona las siguientes, sin diferenciar entre unas y otras:

> "el derecho de practicar la esclavitud, de torturar, de someter a personas a tratos o castigos crueles, inhumanos o degradantes, de privar arbitrariamente a las personas de la vida, de detener y encarcelar arbitrariamente a las personas, de denegar la libertad de pensamiento, conciencia y religión, de presumir que una persona es culpable hasta que demuestre su inocencia, de ejecutar a mujeres embarazadas o a niños, de permitir el fomento del odio nacional, racial o religioso, de denegar a las personas en edad núbil el derecho a contraer matrimonio o el de denegar a las minorías el derecho a gozar de su propia cultura, profesar su propia religión o utilizar su propio idioma. Y, aunque las reservas a cláusulas concretas del artículo 14 puedan ser aceptables, no lo sería una reserva general al derecho a un juicio con las debidas garantías"[197].

Por su parte, la Convención de Viena sobre el Derecho de los Tratados define la norma de *ius cogens* en su artículo 53 como aquella "norma aceptada y reconocida por la comunidad internacional de Estados en su conjunto como norma que no admite acuerdo en contrario y que solo puede ser modificada por una norma ulterior de Derecho internacional general que tenga el mismo carácter". Sin embargo, al tiempo de elaborar la Convención se optó por no enumerar tales normas, siendo en este sentido determinante la labor de la jurisprudencia y otro tipo de acervo internacional[198]. Y esta falta de precisión sobre el contenido,

---

[197] Comité de Derechos Humanos, Observación general número 24 (52) sobre "Cuestiones relacionadas con las reservas formuladas con ocasión de la ratificación del Pacto o de sus Protocolos Facultativos, o de la adhesión a ellos, o en relación con las declaraciones hechas de conformidad con el artículo 41 del Pacto", de 11 de noviembre de 1994, (CCPR/C21/Rev.1/Add.6, párr. 8).

[198] Así, por ejemplo, se ha proclamado el carácter imperativo de la prohibición de la tortura por la Corte Internacional de Justicia, el Tribunal de Estrasburgo, la Corte Interamericana de Derechos Humanos y el Tribunal Penal Internacional: Corte Internacional de Justicia, sentencia de 3 de febrero de 2006, asunto de las *Actividades armadas en el territorio del Congo (nueva demanda: 2002) (República Democrática del Congo c.*

no definido, de las normas de Derecho internacional general, en particular las que traducen normas imperativas, añade una dificultad a la cuestión sobre la validez de las reservas formuladas[199].

La Comisión de Derecho Internacional en la Guía de la práctica ha abordado las reservas a normas de esta índole en la sección relativa a la validez sustantiva y la incompatibilidad con el objeto y fin del tratado[200]. Su posición, referida a todo tipo de tratados incluidos los relativos a los derechos humanos, no es tan categórica como la mantenida por el Comité de Derechos Humanos en su observación general número 24. En efecto, el Comité afirma con rotundidad que "las disposiciones del Pacto que son de derecho internacional consuetudinario (y *a fortiori* cuando tienen carácter

---

Ruanda); Tribunal Europeo de Derechos Humanos, sentencia 21 de noviembre de 2001, *Al Adsani c. Reino Unido*, demanda nº 35763/97, Corte Interamericana de Derechos Humanos, sentencia 11 de marzo de 2005, asunto *Caesar c. Trinidad y Tobago;* Tribunal Penal Internacional, sentencia 10 de diciembre de 1998 asuntos *Furundzija*. La Comisión de Derecho Internacional, en el proyecto de artículos sobre la responsabilidad del Estado por hechos internacionalmente ilícitos de 2001, puso como ejemplos de *ius cogens*: la prohibición de la agresión, la prohibición de la esclavitud y la trata de esclavos, del genocidio, de la discriminación racial del apartheid, de la tortura, las normas fundamentales del Derecho internacional humanitario aplicables en los conflictos armados, y el derecho a la libre determinación de los pueblos (*vid.,* Resolución aprobada por la Asamblea General el 12 de diciembre de 2001, *quincuagésimo sexto período de sesiones*, A/RES/56/83)

199 Francia, en sus observaciones escritas a la aprobación provisional del conjunto de directrices que integran la Guía de la práctica (A/65/10, párr. 45), señalaría que: "La referencia a las normas imperativas del derecho internacional general (*jus cogens*) plantea la cuestión del alcance de dicho concepto, cuyo contenido, no definido, queda aún por precisar". *Vid.,* Las reservas a los tratados, Comentarios y observaciones recibidos de los Gobiernos, Comisión de Derecho Internacional 63º período de sesiones, 2011, A/CN.4/639/Add.1, p. 37.

200 Directrices 3.1.5.3 "Reservas relativas a una disposición que refleja una norma consuetudinaria" y 3.1.5.4 "Reservas a disposiciones relativas a derechos que no puedan derogarse en ninguna circunstancia" (Doc. A/66/10/Add.1, pp. 379-388 y 388-392, respectivamente).

de normas perentorias) no pueden ser objeto de reservas"[201]. Tratándose de derechos inderogables el Comité señala que no existe "una correlación automática entre las reservas a las disposiciones inderogables y las reservas que van en contra del objeto y fin"[202].

En la práctica estatal encontramos como ejemplo de reservas a normas inderogables y de *ius cogens* las formuladas por Estados Unidos a los artículos 6.5 (sobre el derecho a la vida[203]) y 7 (relativo a la prohibición de la tortura[204]) del Pacto internacional de derechos civiles y políticos. Varios Estados objetarían las reservas con el fundamento de tratarse de disposiciones esenciales y no derogables, por lo que afirmarían su incompatibilidad con el objeto y fin del tratado. Así, la objeción de Dinamarca expresaría que:

> "la reserva 2 de los Estados Unidos en relación con la pena capital para delitos cometidos por personas de menos de 18 años de edad, así como la reserva 3 en relación con el artículo 7, constituyen suspensiones generales de los artículos 6 y 7, mientras que según

---

201 Comité de Derechos Humanos, Observación general número 24 (52) sobre "Cuestiones relacionadas con las reservas formuladas con ocasión de la ratificación del Pacto o de sus Protocolos Facultativos, o de la adhesión a ellos, o en relación con las declaraciones hechas de conformidad con el artículo 41 del Pacto", de 11 de noviembre de 1994, (Doc. CCPR/C21/Rev.1/Add.6, párr. 8).

202 *Ibíd*, párr. 10.

203 El texto de la reserva –al artículo 6.5- es el siguiente: "Los Estados Unidos se reservan el derecho, con sujeción a sus limitaciones constitucionales, de imponer la pena capital a cualquier persona (excepto las mujeres embarazadas) condenada en buena y debida forma con arreglo a las leyes vigentes o futuras que permitan la imposición de la pena capital, incluido el castigo de delitos cometidos por personas menores de 18 años de edad". *Vid.,* en http://unteatry.un.org, Parte I, Cap. IV, tratado 4.

204 La reserva dice así: "Los Estados Unidos se consideran obligados por el artículo 7 en la medida en que "penas o tratos crueles, inhumanos o degradantes" significa los tratos o penas crueles e inusuales prohibidos por las enmiendas quinta, octava y/o decimocuarta a la Constitución de los Estados Unidos". *Ibid.*

> el párrafo 2 del artículo 4 del Pacto no se permiten tales suspensiones.
>
> Por consiguiente, y teniendo en cuenta que los artículos 6 y 7 protegen dos de los derechos más fundamentales proclamados en el Pacto, el Gobierno de Dinamarca considera dichas reservas incompatibles con el objeto y el propósito del Pacto, y en consecuencia Dinamarca opone su objeción a las reservas.

Estas objeciones no constituyen un obstáculo para la entrada en vigor del Pacto entre Dinamarca y los Estados Unidos"[205].

Por su parte, el Comité de Derechos Humanos en sus observaciones finales relativas al primer informe de los Estados manifestaría su especial preocupación por las reservas expresadas con respecto al párrafo 5 del artículo 6 y al artículo 7 del Pacto y, considerándolas incompatibles con el objetivo y la finalidad del mismo, recomendaría al Estado que reconsiderase su posición con miras a retirarlas[206], lo que no ha tenido lugar hasta el momento.

Otras reservas a derechos inderogables, sin embargo, no han sido rechazadas por los Estados. Así, por ejemplo, las formuladas por Alemania[207] e Italia[208] al artículo 15.1 –que prohíbe la

---

205 En términos similares, las objeciones de Alemania, Bélgica, España, Finlandia, Italia, Noruega, Países Bajos, Portugal y Suecia. También Francia, aunque se limitaría a afirmar la incompatibilidad de la reserva –al artículo 6.5- con el objeto y propósito del Pacto. *Ibid.*

206 *Vid.*, Comité de Derechos Humanos, Observaciones finales, 53° periodo de sesiones (CCPR/C/79/Add.50, párr. 14. También, las observaciones finales sobre el cuarto informe periódico de los Estados Unidos de América (CCPR/C/USA/4, párr. 4).

207 El texto de la reserva formulada por Alemania es la siguiente: "El párrafo 1 del artículo 15 se aplicará en el sentido de que, cuando la ley disponga la imposición de una pena más leve, la ley hasta entonces aplicable podrá en ciertos casos excepcionales seguir siendo aplicable a los delitos cometidos con anterioridad a la modificación de la ley". *Vid.*, en http://unteatry.un.org, Parte I, Cap. IV, tratado 4.

208 La reserva formulada por Italia dice: "En relación con la última frase del párrafo 1 del artículo 15, que dice: "Si con posterioridad a la comisión del delito la ley dispone la imposición de una pena más leve,

aplicación retroactiva de las leyes penales- del Pacto internacional de derechos civiles y políticos[209]. Fijándonos en tratados del ámbito regional, es el caso de la reserva de Malta al artículo 2 -sobre el derecho a la vida- del Convenio europeo de derechos humanos de 1950 y respecto del que no se autoriza ninguna derogación salvo para el caso de muertes resultantes de actos lícitos de guerra –artículo 15.2-[210]. Tampoco fue objetada la reserva de Barbados al artículo 4 de la Convención americana de

---

el delincuente se beneficiará de ello", la República Italiana considera que esta disposición se aplica exclusivamente a los procesos en curso. En consecuencia, una persona que ya haya sido condenada por una decisión firme no podrá beneficiarse de una ley posterior a esa decisión que establezca una pena más leve". *Ibíd.*

209 Sin embargo, sí recibiría la objeción de Suecia por referirse a disposiciones esenciales y no derogables la formulada por Estados Unidos al artículo 15.1 del Pacto internacional de derechos civiles y políticos según la cual "Puesto que la ley estadounidense aplica generalmente a un infractor la pena vigente en el momento en que se cometió la infracción, los Estados Unidos no dan su adhesión a la tercera frase del párrafo 1 del artículo 15". *Ibíd.* Por su parte, Argentina declararía al ratificar el Pacto internacional de derechos civiles y políticos que: "la aplicación de la segunda parte del artículo 15 del Pacto Internacional de Derechos Civiles y Políticos deberá conformarse al principio establecido en el artículo 18 de la Constitución Nacional argentina". Esta reserva no sería objetada por otros Estados Partes. Sin embargo, en el examen del informe presentado por el Estado al Comité de Derechos Humanos, el Señor POCAR señalaría que la reserva de Argentina al artículo 15.2 había sido formulada a una norma de Derecho imperativo (Doc. CCPR/C/SR.952, párr. 55).

210 El texto de la reserva formulada por Malta es el siguiente: "El Gobierno de Malta, a la vista del artículo 64 (hoy 57) de la Convención, declara que el principio de legítima defensa reconocido en el apartado a), párrafo 2, del artículo 2 de la Convención, se aplicará igualmente en Malta en la defensa de los bienes en la medida señalada por las disposiciones del párrafo a) y párrafo b) del artículo 238 del Código Penal de Malta". *Vid.*, en http://conventions.coe.int/.

derechos humanos -también relativo al derecho a la vida-, cuya suspensión tampoco está autorizada –artículo 27.2-[211] .

La explicación a la falta de respuesta expresa de los Estados a reservas dirigidas a ciertos derechos de naturaleza inderogables puede encontrarse en la pasividad a la hora de formular objeciones, sobre todo con anterioridad a la década de los 90 y en la menor importancia dada al derecho afectado[212].

Pero aun cuando la norma no se refiera a normas de *ius cogens*, el Comité señalaría que "los Estados tienen la grave responsabilidad de justificar esas reservas"[213]. También es significativa en este sentido la objeción de Bélgica a la reserva del Congo al artículo 11 del Pacto, también de naturaleza inderogable, pues aun considerando que no existe contradicción entre la legislación congoleña y la letra y el espíritu del citado artículo, manifiesta su temor a

---

[211] Las reservas son las siguientes: "En cuanto al párrafo 4 del artículo 4 [de la Convención], el Código Penal de Barbados establece la pena de muerte en la horca por los delitos de homicidio y traición. El Gobierno está examinando actualmente la cuestión de la pena de muerte, que solo se impone en raras ocasiones, pero desea hacer una reserva sobre este punto, ya que en ciertas circunstancias podría considerarse que la traición es delito político y cae dentro de los términos del párrafo 4 del artículo 4 [de la Convención]". Asimismo, "Con respecto al párrafo 5 del artículo 4 de la Convención, aunque la juventud o mayor edad del delincuente pueden ser factores que el Consejo Privado, Corte de Apelaciones de más alta jerarquía, podría tomar en cuenta al considerar si se debe cumplir la sentencia de muerte, las personas de 16 años y más o mayores de 70 pueden ser ejecutadas de conformidad con la ley de Barbados". *Vid.*, en http://www.oas.org/dil/esp/tratados_firmas_ratificaciones_materia.htm#DEREHUM.

[212] Sobre ello, *vid.*, RIQUELME CORTADO, R.: *Las Reservas a los Tratados: Lagunas y ambigüedades del Régimen de Viena, cit.*, p. 153.

[213] Comité de Derechos Humanos, Observación general número 24 (52) sobre "Cuestiones relacionadas con las reservas formuladas con ocasión de la ratificación del Pacto o de sus Protocolos Facultativos, o de la adhesión a ellos, o en relación con las declaraciones hechas de conformidad con el artículo 41 del Pacto", de 11 de noviembre de 1994, (Doc. CCPR/C21/Rev.1/Add.6, párr. 10).

"que la reserva formulada por el Congo pueda, debido al principio que entraña, constituir un precedente que podría tener considerables efectos en el plano internacional. Por consiguiente, [el Gobierno de Bélgica] espera que esa reserva será retirada y, como medida de precaución, formula una objeción a dicha reserva"[214].

Además, aún es posible que la reserva a una norma inderogable no incurra en incompatibilidad con el objeto y fin del tratado y no sólo por la menor importancia del derecho protegido. Ésta es la posición de la Corte Interamericana de Derechos Humanos en la opinión consultiva relativa a las *Restricciones a la pena de muerte*[215], que solicitada a raíz de la reserva de Guatemala al artículo 4.4 de la Convención americana[216] -hoy retirada[217]- sería considerada no incompatible con el objeto y fin de la Convención por no "negar al derecho a la vida como tal". Y es que como señala la Corte en su dictamen: "Otra sería la situación, en cambio, si la reserva persiguiera simplemente restringir algunos aspectos de un derecho no derogable sin privar al derecho en conjunto de su propósito básico"[218]. En este sentido también se expresa FRANÇOISE

---

214 *Vid.*, en http://unteatry.un.org, Parte I, Cap. IV, tratado 4.

215 Corte Interamericana de Derechos Humanos, opinión consultiva de 8 de septiembre de 1983, OC-3/83, *Restricciones a la pena de muerte (artículos 4.2 y 4.4 de la Convención Americana sobre Derechos Humanos)*, Serie A, nº 3.

216 El texto de la reserva es el siguiente: "El Gobierno de la República de Guatemala, ratifica la Convención Americana sobre Derechos Humanos, suscrita en San José de Costa Rica, el 22 de noviembre de 1969, haciendo reserva sobre el artículo 4, inciso 4, de la misma, ya que la Constitución de la República de Guatemala, en su artículo 54, solamente excluye de la aplicación". *Vid.*,http://www.oas.org/dil/esp/tratados_firmas_ratificaciones_materia.htm#DEREHUM.

217 El Gobierno de Guatemala, por Acuerdo Gubernativo No. 281-86, de fecha 20 de mayo de 1986, retiró la reserva antes mencionada. *Vid.*, http://www.oas.org/dil/esp/tratados_firmas_ratificaciones_materia.htm#DEREHUM.

218 Corte Interamericana de Derechos Humanos, opinión consultiva de 8 de septiembre de 1983, OC-3/83, *Restricciones a la pena de muerte (artícu-*

HAMPSON en su documento definitivo sobre las reservas a los tratados de derechos humanos al señalar que:

> "Algunos tratados de derechos humanos contemplan expresamente la posibilidad de que los Estados modifiquen el alcance de algunas de sus obligaciones. Se podrá pensar que, necesariamente, no es posible formular reservas a los derechos que no pueden suspenderse. Eso parece ser una simplificación excesiva. Un derecho puede no poder suspenderse por su carácter de pilar fundamental de la normativa de los derechos humanos, porque ninguna emergencia podrá causar jamás la necesidad de modificar ese derecho o porque no es posible restringirlo. Además, es posible formular una reserva a una posible aplicación de la norma, pero no a la esencia misma de ésta. Si un principio no puede suspenderse por su carácter de pilar fundamental o si constituye el núcleo que no puede suspenderse de un derecho que potencialmente podrá suspenderse, toda reserva a ese principio, y no su aplicación particular, podrá ser incompatible con el objeto y el fin del tratado en general[219].

El mismo Comité de Derechos Humanos ha reconocido la existencia de reservas a los artículos 6 y 7 del Pacto internacional de derechos civiles y políticos "pero sin reservar el derecho a la tortura o la privación arbitraria a la vida"[220].

La Guía de la práctica confirmará lo anterior en su directriz 3.1.5.4 sobre "Reservas a disposiciones relativas a derechos que no puedan derogarse bajo ninguna circunstancia": "Un Estado o

---

los 4.2 y 4.4 de la Convención Americana sobre Derechos Humanos), Serie A, nº 3, párr. 61.

219 Subcomisión de Promoción y Protección de los Derechos Humanos, Reservas a los tratados de derechos humanos, documento de trabajo presentado por la Relatora especial Francoise Hampson, 51º periodo de sesiones (E/CN.4/Sub.2/1999/28), párr. 52.

220 Comité de Derechos Humanos, Observación general número 24 (52) sobre "Cuestiones relacionadas con las reservas formuladas con ocasión de la ratificación del Pacto o de sus Protocolos Facultativos, o de la adhesión a ellos, o en relación con las declaraciones hechas de conformidad con el artículo 41 del Pacto", de 11 de noviembre de 1994, (Doc. CCPR/C21/Rev.1/Add.6, nota 3).

una organización internacional no podrá formular una reserva a una disposición convencional relativa a derechos que no pueden derogarse en ninguna circunstancia, a menos que esa reserva sea compatible con los derechos y obligaciones esenciales que dimanan del tratado. En la apreciación de esa compatibilidad, habrá que tenerse en cuenta la importancia que las partes hayan atribuido a los derechos en cuestión al conferirles un carácter inderogable"[221].

La falta de identidad total entre normas sobre derechos inderogables y normas de Derecho internacional general imperativo también es la razón por la que la Comisión de Derecho Internacional trata de forma separada la cuestión de las reservas a una y otras normas. Siendo los derechos inderogables normas de *ius cogens*, la cuestión de las reservas queda bajo la directriz 3.1.5.3 titulada "Las reservas a una disposición que refleja una norma consuetudinaria". Y es que esta directriz, pese a la polémica habida[222], se ocupa tanto de las normas consuetudinarias "normales" como de las de *ius cogens* pues como afirma la Comisión "en casi todos los casos, una norma de este tipo es de naturaleza consuetudinaria"[223] y transpone el razonamiento utilizado para

---

221 *Vid.*, la directriz y su comentario en Doc. A/66/10/Add.1, pp. 388-392.

222 *Vid.*, por ejemplo, *Resumen por temas, preparado por la Secretaría, de los debates de la Sexta Comisión de la Asamblea General en su sexagésimo período de sesiones* (A/CN.4/560), párr. 178, en el que se sugería que era necesario seguir examinando la cuestión de la relación entre la reserva, por una parte, y las normas de derecho consuetudinario, imperativas y que no admiten ninguna excepción, por otra, ya que eran conceptos extremadamente complejos. El Relator especial, PELLET, reconocería las fuerte discrepancias habidas en el seno de la Comisión de Derecho Internacional (*vid.*, PELLET, A.: "The ILC Guide to Practice on Reservations to Treaties: A General Presentation by the Special Rapporteur", *The European Journal of International Law*, vol. 24, nº. 4, 2013, pp. 1061–1097 (p. 1089).

223 *Vid.*, la directriz 3.1.5.3 en Doc. A/66/10/Add.1, párr. 14, pp. 385 y 386.

las normas de Derecho internacional general dispositivo a las de naturaleza imperativa[224].

Conforme a la directriz 3.1.5.3 de la Guía de la práctica: "El hecho de que una disposición convencional refleje una norma de derecho internacional consuetudinario no impide por sí mismo la formulación de una reserva a esta disposición[225]".

Ciertamente, para la Comisión de Derecho Internacional una reserva a una norma del tratado que refleje una norma consuetudinaria "no es incompatible *ipso iure* con el objeto y fin del tratado, aun cuando ese elemento debe tenerse en cuenta en la apreciación de esa compatibilidad"[226]. Varios argumentos apoyan esta conclusión, a saber, que la norma consuetudinaria obliga a los Estados con independencia del tratado, que los Estados pueden dejarlas sin efecto por acuerdo mutuo por lo que también pueden hacerlo mediante reserva, que la reserva puede constituir para "un objetor persistente" el medio de manifestar la constancia de su objeción, que al reflejar la norma consuetudinaria en una disposición convencional ésta puede reflejar más detalles y puntualizaciones y que los Estados pueden tratar de evitar que se apliquen a las normas en cuestión los mecanismos de vigilancia o solución de controversias[227].

Tratándose de reservas que afectan a normas de *ius cogens*, que no admiten acuerdo en contrario, la cuestión resulta más compleja. Para algunos tratadistas éstas serían contrarias *ipso facto* al objeto y fin del tratado[228]. También hay autores que consideran que el binomio reserva-aceptación es un acuerdo por el que se modifica el tratado en las relaciones entre los dos Estados interesados, por

---

224 *Ibíd.*

225 *Vid.*, la directriz y su comentario en *ibíd.*, pp. 379-388.

226 Directriz 3.1.5.3 (*ibíd.*, párr. 1, pp. 380).

227 *Ibíd.*, párr. 7, pp. 382-383.

228 *Vid.*,el voto particular disconforme del Magistrado TANAKA en los asuntos *Plataforma continental del Mar del Norte* (Corte Internacional de Justicia, fallo de 20 de febrero de 1969, *Plataforma continental del Mar del Norte, Recueil* 1969, p. 182).

lo que la reserva a una disposición convencional que enuncie una norma imperativa de Derecho internacional general ocasionaría un acuerdo nulo de pleno derecho[229]. Pero para la Comisión de Derecho Internacional este razonamiento supone aceptar que la validez de una reserva depende exclusivamente de la apreciación subjetiva de los Estados, de si es aceptada o no por otro Estado; tesis que no comparte. Además y sobre todo, señala en el comentario a la directriz, "equipara el mecanismo de las reservas con un puro proceso convencional, pero una reserva es un acto *unilateral*, vinculado al tratado, desde luego, pero sin efectos exógenos (...), aceptada o no, deja intacto el derecho internacional "circundante"; la situación jurídica de los Estados resulta afectado *solo* en su relaciones *convencionales*"[230]. Para la Comisión la razón más convincente que lleva a no aplicar a las reservas a disposiciones que enuncian normas de *ius cogens* el razonamiento que conduce a no excluir, en principio, el derecho a formular reservas a disposiciones convencionales que reflejan normas consuetudinarias es que "la norma que prohíbe dejar sin efecto una norma de *ius cogens* se refiere no sólo a las relaciones convencionales sino también a todos los actos jurídicos, incluidos los actos unilaterales"[231].

Sin embargo, la Comisión de Derecho Internacional en la Guía de la práctica concluye lo siguiente: "al formular una reserva, un Estado sin duda puede quedar exonerarse de la norma a que se refiere la reserva misma y, si se trata de una norma imperativa de derecho internacional general, esto es inaceptable, tanto más cuando no se puede admitir que un objetor persistente pueda poner en jaque una norma de esta índole. Pero los objetivos perseguidos por

---

229 *Vid.*, REUTER, P.: "Solidarité et divisibilité des engagements conventionnels" en Y. Dinstein, compilador, *International Law at a Time of Perplexity – Essays in Honour of Shabtai Rosenne*, Nijhoff, Dordrecht, 1989, pp. 630 y 631.

230 *Vid.*, la directriz 3.1.5.3 en Doc. A/66/10/Add.1, párr. 16, pp. 386.

231 *Vid*, la directriz 3.1.5.3 (*ibíd.*, párr.18, pp. 387) que cita a TEBOUL, G.: "Remarques sur les réserves aux traités de codification", *Revue générale de droit international public*, vol. 86, 1982/4, p. 707.

el Estado autor de la reserva pueden ser diferentes: aun aceptando el contenido de la norma, puede querer eludir las consecuencias que comporta, en especial en lo que concierne a la vigilancia de su aplicación, y, a este respecto, no hay ninguna razón para no transponer a las normas imperativas el razonamiento seguido con respecto a las normas consuetudinarias simplemente obligatorias"[232].

Tiene en cuenta para llegar a esta posición el razonamiento de la Corte Internacional de Justicia en el asunto relativo a las *Actividades armadas en el territorio del Congo entre la República Democrática del Congo y Ruanda* (este Estado formularía una reserva al artículo 22 sobre solución de controversias de la Convención internacional sobre la eliminación de todas las formas de discriminación racial de 1966), en el que la Corte estimó que el carácter imperativo de la prohibición de la discriminación racial no tachaba de invalidez las reservas relativas, no a la norma misma que la prohibía, sino a su régimen jurídico[233].

En consecuencia, la Comisión de Derecho Internacional admite que el carácter consuetudinario (incluso imperativo) de la norma recogida en una disposición convencional con respecto a la cual se formula una reserva no impide por sí mismo la formulación de una reserva a esa disposición. Sin embargo, advierte a los Estados, sobre todo si las reservas se refieren a normas que pertenecen a la categoría de *ius cogens,* que deberían abstenerse de formularlas, o, cuando lo estimen indispensable, formular reservas a las disposiciones relativas al régimen convencional de las normas de que se trate.

La posición de la Comisión difiere, por tanto, de la mantenida por el Comité de Derechos Humanos que señaló en su observación general número 24 lo siguiente: "Aunque los tratados

---

232 *Ibíd.*, párr. 19, pp. 386.

233 Corte Internacional de Justicia, sentencia de 3 de febrero de 2006, asunto de las *Actividades armadas en el territorio del Congo (Nueva demanda: 2002)* (República Democrática del Congo y Ruanda Congo c. Ruanda), Competencia y admisibilidad, *Recueil* 2006, párr. 78.

constituyen un simple intercambio de obligaciones entre Estados que les permiten reservarse *inter se* la aplicación de normas de derecho internacional general, otra cosa son los tratados sobre derechos humanos, cuyo *objeto* es beneficiar a las personas que se encuentren en su jurisdicción. En consecuencia, las disposiciones del Pacto que son de derecho internacional consuetudinario (y *a fortiori* cuando tienen carácter de normas perentorias) no pueden ser objeto de reservas"[234]. Aunque también el Comité ha considerado que, si bien no sería aceptable una reserva general al derecho a un juicio con las debidas garantías, las reservas a cláusulas concretas del artículo 14 pueden ser aceptables[235].

Cabría pensar, por tanto, que las reservas a estas disposiciones convencionales, cuando el objeto del tratado es la protección de los derechos humanos, merecerían un tratamiento individualizado. Pero no lo ha considerado necesario la Comisión de Derecho Internacional al sostener que "si esos derechos deben ser respetados, ello se debe a su naturaleza consuetudinaria y, en determinados casos, imperativa, no a su inclusión en el Pacto"[236]. Además,

---

234 Comité de Derechos Humanos, Observación general número 24 (52) sobre "Cuestiones relacionadas con las reservas formuladas con ocasión de la ratificación del Pacto o de sus Protocolos Facultativos, o de la adhesión a ellos, o en relación con las declaraciones hechas de conformidad con el artículo 41 del Pacto", de 11 de noviembre de 1994, (Doc. CCPR/C21/Rev.1/Add.6, párr. 8).

235 *Ibíd.* En este sentido, señalaría el Reino Unido, en sus observaciones a la observación general número 24 que "existe una clara distinción entre decidir no contraer obligaciones en virtud de un tratado y tratar de no acatar el Derecho internacional consuetudinario. Esa distinción es inherente al reconocimiento del Comité de que las reservas a los artículos que garantizan los derechos reconocidos por el Derecho Internacional consuetudinario están permitidas a condición de que el derecho no quede despojado de su propósito básico". *Vid.*, Informe del Comité de Derechos Humanos en su 52°, 53° y 54° periodo de sesiones, *Documentos Oficiales de la Asamblea General, quincuagésimo período de sesiones suplemento N° 40* (A/50/40), Anexo VI, p. 136, párr. 7.

236 *Vid.*, la directriz 3.1.5.3 en Doc. A/66/10/Add.1, párr. 9 (nota a pie de página 1699), pp. 383.

apoya esta conclusión en que los Estados que han objetado este tipo de reservas no han invocado las características específicas de los tratados de derechos humanos[237].

Pero lo cierto, tal y como señala FRANÇOISE HAMPSON en su documento de trabajo sobre las reservas formuladas a los tratados de derechos humanos es que: "Parece claro que, aun si los tratados sobre derechos humanos no tienen carácter especial en sí mismos, el contenido de por lo menos algunas normas de derechos humanos, así como su objeto y fin, pueden hacer que resulte muy probable que las reservas formuladas a estas normas sean declaradas incompatibles con el objeto y fin del tratado"[238].

Refiriéndose a este tipo de normas, FRANÇOISE HAMPSON precisará lo siguiente: "Saber si una norma de derechos humanos tiene carácter imperativo (*jus cogens*) será importante para determinar la compatibilidad de una reserva con esa norma. Ninguna reserva formulada a la norma en sí misma será válida. Ello contrasta con la situación de las disposiciones de tratados que son también normas del derecho internacional consuetudinario. En teoría, un Estado puede formular una reserva a una disposición de un tratado sin poner necesariamente en entredicho el carácter consuetudinario de la norma o su disposición a obligarse por la norma consuetudinaria. No obstante, en la práctica se suele recelar considerablemente de las reservas a las disposiciones que reflejan normas del derecho internacional consuetudinario"[239].

---

237 *Ibíd.*, párr.12, pp. 385.

238 Subcomisión de Promoción y Protección de los Derechos Humanos, Reservas a los tratados de derechos humanos, documento de trabajo presentado por la Relatora especial Francoise Hampson, 51° periodo de sesiones (E/CN.4/Sub.2/1999/28), párr. 19.

239 *Vid.*, Subcomisión de Promoción y Protección de los Derechos Humanos, Reservas a los tratados de derechos humanos, documento de trabajo definitivo presentado por la Relatora especial Francoise Hampson, 56° periodo de sesiones (E/CN.4/Sub.2/2004/42), párr. 51.

Cabe concluir, por tanto, que la cuestión de las reservas a disposiciones convencionales que reflejan normas de Derecho internacional general sigue siendo difícil y polémica –tanto en lo que se refiere a la identificación de la norma como a la validez de la reserva-, sobre todo cuando afecta a los tratados de derechos humanos. Y así queda constatado en la práctica estatal de las objeciones que advierten de la carencia de efectos jurídicos de las reservas[240], y también en la doctrina[241].

---

240 Es el caso de la objeción de Finlandia a la reserva formulada por Yemen al artículo 5 sobre (apartado c) del artículo 5 y a los incisos iv), vi) y vii) del apartado d) del artículo 5) de la Convención internacional sobre la eliminación de todas las formas de discriminación racial de 1966. En opinión del Gobierno de Finlandia "es impensable que por el mero hecho de formular una reserva a esas disposiciones, un Estado quede en libertad para aplicar prácticas discriminatorias por motivos de raza, color y origen nacional o étnico con respecto a derechos políticos y libertades civiles tan fundamentales como el derecho a participar en la dirección de los asuntos públicos, el derecho al matrimonio y a la elección del cónyuge, el derecho a heredar y el derecho a la libertad de pensamiento, de conciencia y de religión. No cabe ninguna discriminación racial con respecto a esos principios generales de las normas de derechos humanos, que se reflejan en la Declaración Universal de Derechos Humanos y en la práctica de los Estados y de las organizaciones internacionales. Por el hecho de hacer una reserva, un Estado no puede quedar exento del cumplimiento de normas universales y obligatorias de derechos humanos". Por ello, declarará: "las reservas formuladas por Yemen no surten efecto jurídico". *Vid.*, en http://unteatry.un.org, Parte I, Cap. IV, tratado 4. Asimismo y en referencia a las reservas a mecanismos autónomos de supervisión de los tratados, la objeción de los Países Bajos a las interpretaciones y declaraciones de los Estados Unidos al Pacto internacional de derechos civiles y políticos señalaría que "no excluyen ni modifican los efectos jurídicos de las disposiciones del Pacto en su aplicación a los Estados Unidos y no limitan en modo alguno la competencia del Comité de Derechos Humanos para interpretar estas disposiciones en su aplicación a los Estados Unidos". *Ibid.*, tratado 5.

241 Respecto a la doctrina española, *vid.*, por ejemplo, la posición contraria a la formulación de reservas a este tipo de normas de RIQUELME en RIQUELME CORTADO, R *Las Reservas a los Tratados: Lagunas y am-*

4.3.3. A los procedimientos de vigilancia y medios de solución de controversias

Los tratados de derechos humanos cuentan con órganos *ad hoc* dotados de mecanismos para la supervisión de la aplicación por los Estados del tratado en cuestión. Además, en estos tratados están previstos medios de solución de controversias sobre la interpretación y aplicación de sus disposiciones. Y los Estados han formulado reservas en ambos casos generando controversia en cuanto a su compatibilidad con el objeto y fin del tratado.

Los procedimientos de supervisión de los órganos de tratados son principalmente el examen de los informes estatales, de las reclamaciones interestatales, las comunicaciones individuales y los procedimientos de investigación. Estos mecanismos están recogidos en los instrumentos de formas diversas: en el tratado principal o en protocolos. Además, pueden estar previstos, ya sea en el propio tratado o en los protocolos, en cláusulas de exclusión u *opting out* o en cláusulas facultativas o de *opting in*. Las declaraciones formuladas en virtud de cláusulas de exclusión (utilizadas particularmente para los procedimientos de investigación[242]) son equiparadas en la Guía de la práctica a reservas expresamente autorizadas por el tratado[243]. También constituyen reservas las declaraciones que limitan o restringen la competencia del órgano cuando ésta, estando prevista en un Protocolo creado con tal fin,

---

bigüedades del Régimen de Viena, cit., pp. 147-171. También, CHUECA. A.: *Las reservas a los tratados de derechos humanos,* Serie Documentación Jurídica, t. 19, nº. 72, 1992, pp. 243-247.

242 Así, en el artículo 13.7 del Tercer Protocolo Facultativo de la Convención sobre los derechos del niño, el artículo 8 Protocolo Facultativo a la Convención sobre los derechos de las personas con discapacidad, el artículo 10 del Protocolo a la Convención sobre todas las formas de discriminación contra la mujer o el artículo 28 de la Convención contra la tortura.

243 *Vid.*, la directriz 1.1.6 "Declaraciones unilaterales hechas en virtud de una cláusula de opción" y su comentario en Doc. A/66/10/Add.1, pp. 54-64.

es aceptada por los Estados al manifestar su consentimiento para obligarse en el instrumento internacional. Es el caso de las comunicaciones individuales del Protocolo Facultativo primero al Pacto internacional de derechos civiles y políticos, el Protocolo a la Convención sobre todas las formas de discriminación contra la mujer, a la Convención sobre los derechos de las personas con discapacidad, el Protocolo Facultativo al Pacto internacional de derechos económicos, sociales y culturales y el Protocolo Facultativo de la Convención de los derechos del niño relativo a un procedimiento de comunicaciones.

Otros instrumentos utilizan la cláusula facultativa para reclamaciones individuales (la Convención eliminación de todas las formas de discriminación racial, artículo 14; la Convención sobre los trabajadores migrantes y los miembros de su familia, artículo 77; la Convención internacional sobre la protección de todas las personas ante desapariciones forzadas, artículo 31 y la Convención contra la tortura, artículo 22). Esta cláusula también es la escogida para las reclamaciones interestatales (Pacto internacional de derechos civiles y políticos, artículo 41; Protocolo Facultativo al Pacto internacional de derechos económicos, sociales y culturales, artículo 10; Tercer Protocolo Facultativo de la Convención sobre los derechos del niño, artículo 12; Convención sobre los trabajadores migrantes y los miembros de su familia, artículo 76; Convención internacional sobre la protección de todas las personas ante desapariciones forzadas, artículo 32 y Convención contra la tortura, artículo 21)[244]. Respecto a las declaraciones formuladas en virtud de cláusulas facultativas, así como las restricciones o limitaciones a ellas incorporadas, la Guía de la práctica no las

---

244 Las reclamaciones entre Estados no están previstas ni en la Convención sobre todas las formas de discriminación contra la mujer ni en la Convención sobre los derechos de las personas con discapacidad y tienen carácter obligatorio en la Convención eliminación de todas las formas de discriminación racial (artículo 11).

considera verdaderas reservas[245]. Los Estados, sin embargo, en ocasiones las califican como reservas[246]. Y los órganos de control han ejercido el control de estas declaraciones y sus restricciones desde la perspectiva de su compatibilidad con la naturaleza del tratado[247].

Precisado lo anterior, el Protocolo facultativo de la Convención sobre la eliminación de todas las formas de discriminación contra la mujer, adoptado específicamente para otorgar competencia al

---

245 *Vid.*, la directriz 1.5.3 "Declaraciones unilaterales hechas en virtud de una cláusula de opción" y su comentario en Doc. A/66/10/Add.1, pp. 105-112 (106).

246 A título de ejemplo, Bosnia y Herzegovina cuando señala en el momento de la sucesión de la ex Yugoslavia respecto a la Convención contra la tortura que "El Estado de Bosnia y Herzegovina..., acepta sin reservas la competencia del Comité contra la Tortura [de conformidad con el artículo 22]", o Túnez al afirmar que "declara que reconoce la competencia del Comité contra la Tortura previsto en el artículo 17 de la Convención para recibir comunicaciones de conformidad con los artículos 21 y 22, retirando así cualquier reserva formulada en nombre de Túnez a este respecto" (*vid.*, http://untreaty.un.org, parte I, cap. IV, tratado núm. 9).

247 Así, por ejemplo, respecto de la jurisdicción anteriormente facultativa del Tribunal de Estrasburgo, así como la competencia de la extinta Comisión en el asunto *Loizidou* (Tribunal Europeo de Derechos Humanos, sentencia de 23 de marzo de 1995 (Excepciones Preliminares), asunto *Loizidou c. Turquía*, nº 15318/89, *Recueil des arrêts et décisions de la Cour européenne des droits de l'homme,* Serie A, vol. 310, párrs. 70 y 77) y asunto *Chrysostomos y otros* (Comisión Europea de Derechos Humanos, Decisión de 4 de marzo de 1991, asuntos *Chrysostomos y otros c. Turquía*, nº 15299/89, 15300/89 y 15318/89, *Revue Universelle des Droits de l'Homme*, vol. 3, nº 3, 1991, párr. 42). Sobre las restricciones a la aceptación de la competencia de los órganos de Estrasburgo y otros órganos internacionales de derechos humanos esta cuestión, *vid.*, SALADO OSUNA, A: "Las restricciones a la aceptación de la competencia de los órganos internacionales de derechos humanos", *Cuadernos Electrónicos-Derechos Humanos y Democracia*, nº 2, 2006, (www.protalfio.org/cuadernos). También de la misma autora: *Las reservas a los tratados de derechos humanos*, Ediciones Laborum, Murcia, 2003., pp. 84 y ss.

Comité sobre el procedimiento de las comunicaciones individuales, establece en su artículo 17 que "No se permitirá reserva alguna al presente Protocolo". Se prohíben expresamente, por tanto, las limitaciones y restricciones a esta competencia del Comité. Y respecto al Comité para la eliminación de todas las formas de discriminación racial, la Convención que lo crea prohíbe de forma expresa, en su artículo 20.2, las reservas que puedan inhibir el funcionamiento del Comité, precisando que: "Se considerará que una reserva es incompatible o inhibitoria si, por lo menos, las dos terceras partes de los Estados partes en la Convención formulan objeciones a la misma".

En otros casos, para las reservas a los mecanismos de supervisión de los órganos actúa el criterio del objeto y fin, por invocación expresa del tratado en cuestión o por silencio. El Comité de Derechos Humanos, en su observación general número 24, se ha referido a las reservas formuladas a las garantías que velan por la protección de los derechos enunciados en el Pacto, previstas en el propio Pacto y en su Protocolo Facultativo Primero. Tratándose del Pacto, el Comité señalaría que:

> "Esas garantías constituyen el marco necesario para asegurar los derechos enunciados en el Pacto, por lo que son fundamentales para su objeto y fin. (...). Por ello, no son aceptables las reservas destinadas a eliminar esas garantías. (...). Ningún Estado puede reservarse el derecho a no presentar un informe para que sea examinado por el Comité. La función del Comité con arreglo al Pacto, ya sea en virtud del artículo 40 o de los Protocolos Facultativos, entraña necesariamente la interpretación de las disposiciones del Pacto y la elaboración de una jurisprudencia. En consecuencia, toda reserva que rechace la competencia del Comité para interpretar cualquier disposición del Pacto sería también contraria al objeto y fin de dicho tratado[248]".

---

248 Comité de Derechos Humanos, Observación general número 24 (52) sobre "Cuestiones relacionadas con las reservas formuladas con ocasión de la ratificación del Pacto o de sus Protocolos Facultativos, o de la adhesión a ellos, o en relación con las declaraciones hechas de conformidad con el artículo 41 del Pacto", de 11 de noviembre de 1994, (Doc. CCPR/C21/Rev.1/Add.6), párr. 11. Téngase en cuenta que el artículo

En consecuencia, no están permitidas las reservas al procedimiento obligatorio de los informes estatales. Así lo volvería a reiterar el Comité en la declaración sustantiva, de 23 de marzo de 2011, relativa a la reserva formulada por Pakistán al artículo 40 del Pacto[249]:

> "El artículo 40 otorga al Comité de Derechos Humanos la competencia para considerar y examinar los informes presentados por los Estados Partes. Esta competencia es de importancia fundamental para el desempeño de las funciones de supervisión del Comité y es esencial para la razón de ser del Pacto. En virtud del artículo 70 de su reglamento, el Comité puede examinar las acciones de un Estado parte en virtud del Pacto en ausencia de un informe. El informe inicial de la República Islámica de Pakistán debe presentarse, de conformidad con el artículo 40, párrafo 1 (a) del Pacto, antes del 23 de septiembre de 2011"[250].

Algunos Estados[251], presentarían una objeción a la reserva de Pakistán señalando el papel fundamental del artículo 40 del Pacto en la aplicación del Pacto, entre ellos Austria que afirmaría que: "la exclusión de la competencia del Comité no está prevista en el Pacto y en opinión de Austria es incompatible con el objeto y el propósito del Pacto. Por lo tanto, Austria se opone a esta

---

41 del Pacto internacional de derechos civiles y políticos establece la competencia del Comité de Derechos Humanos respecto a las comunicaciones interestatales. Este mecanismo, sin embargo, no ha sido utilizado hasta la fecha, lo que puede explicar la ausencia de referencias específicas a las reservas a este procedimiento por parte del Comité.

249 Pakistán formularía el 23 de marzo de 2010 la siguiente reserva al Pacto internacional de derechos civiles y políticos: "La República Islámica de Pakistán declara que no reconoce la competencia del Comité prevista en el artículo 40 del Pacto". *Vid.*, http://untreaty.un.org, parte I, cap. IV, tratado núm. 4.

250 *Vid.*, la declaración del Comité en https://tbinternet.ohchr.org/_layouts/treatybodyexternal/TBSearch.aspx?Lang=en

251 Los Estados objetantes son: Alemania, Australia, Austria, Bélgica, Canadá, Eslovaquia, España, Estados Unidos, Estonia, Finlandia, Francia, Grecia, Hungría, Irlanda, Letonia, Países Bajos, Portugal, Reino Unido, República Checa, Suecia, Suiza y Uruguay. *Vid.*, http://untreaty.un.org, parte I, cap. IV, tratado núm. 4.

reserva"[252]. Pakistán retiraría la reserva (el 20 de septiembre de 2011)[253] y presentaría su informe inicial al Comité el 24 de noviembre de 2015, con cuatro años de retraso[254].

Y de importancia fundamental y función central del Comité contra la Desaparición Forzada para prevenir y combatir la impunidad por este crimen es considerada las visitas establecidas en el artículo 33 de la Convención que lo crea. Así lo han manifestado los Estados que han presentado una objeción a la reserva formulada por el Gobierno del Sultanato de Omán al adherirse (el 12 de junio de 2020), a la Convención internacional para la protección de todas las personas contra las desapariciones forzadas, según la cual "no reconoce la competencia del Comité en los casos de desaparición forzada prevista en el artículo 33 de la citada Convención"[255]. Al respecto, Suiza recuerda que "la competencia del Comité en virtud del artículo 33 de la Convención es una competencia vinculante que no requiere el reconocimiento previo de los Estados partes. El Consejo Federal Suizo considera que la reserva formulada por el Sultanato de Omán, que tiene el efecto de descartar en general cualquier visita del Comité a Omán en caso de denuncias de violaciones graves de las disposiciones de la Convención basadas en información fidedigna, viola una de los elementos esenciales de la Convención, lo que es necesario para su equilibrio general, de tal manera que comprometa su razón de ser. En consecuencia, la reserva formulada por el Sultanato de Omán es incompatible con el objeto y fin de la Convención"[256].

Por su parte y sobre las reservas a las garantías establecidas en el Protocolo Facultativo Primero, que establece el sistema de co-

---

252 *Ibíd.*

253 *Ibíd.*

254 CCPR/C/PAK/1 (Informe inicial que el Estado parte debía presentar en 2011).

255 La reserva de Omán ha sido objetada por Alemania, Bélgica, Finlandia, Francia, Países Bajos, Portugal y Suiza. Vid., la reserva y las objeciones en http://untreaty.un.org, parte I, cap. IV, tratado núm 16.

256 *Ibid.*

municaciones individuales, el Comité de Derechos Humanos precisaría que "no serían compatibles con el objeto y fin de éste"[257]. Ahora bien, su postura en el examen de las restricciones formuladas por los Estados a esta competencia, no ha sido tan rotunda. Ello ha sido así porque tales restricciones no han constituido en realidad reservas pues se han limitado a reflejar su competencia normal según lo establecido en el Protocolo Facultativo Primero (artículo 2.a) y su jurisprudencia. Entre estas declaraciones encontramos aquellas que no reconocen la competencia en el contexto de las comunicaciones individuales si el mismo asunto ha sido sometido ya a otro procedimiento de examen o arreglo internacional[258], cuando no se han agotado los recursos internos[259], o cuando los hechos denunciados tuvieron lugar antes de la entrada en vigor del Protocolo para el Estado en cuestión[260]. Tengamos en cuenta respecto a las limitaciones temporales, que el Comité ha afirmado su competencia respecto a "hechos o actos ocurridos antes de la entrada en vigor del Primer Protocolo Facultativo han continuado surtiendo efecto sobre los derechos de una víctima con posterioridad a esa fecha"[261].

---

257 Comité de Derechos Humanos, Observación general número 24 (52) sobre "Cuestiones relacionadas con las reservas formuladas con ocasión de la ratificación del Pacto o de sus Protocolos Facultativos, o de la adhesión a ellos, o en relación con las declaraciones hechas de conformidad con el artículo 41 del Pacto", de 11 de noviembre de 1994, (Doc. CCPR/C21/Rev.1/Add.6, párr. 14).

258 Así, las declaraciones de Croacia, Eslovenia, Francia, Islandia, Italia, Luxemburgo, Malta, Rumanía, Rusia, Sri Lanka o Suecia.

259 Es el caso de Rusia.

260 Se trata de Alemania, Chile, Croacia, El Salvador, Eslovenia, España, Francia, Guatemala, Malta, Rusia y Sri Lanka). *Vid.,* Comité de Derechos Humanos, Observación general número 24 (52) sobre "Cuestiones relacionadas con las reservas formuladas con ocasión de la ratificación del Pacto o de sus Protocolos Facultativos, o de la adhesión a ellos, o en relación con las declaraciones hechas de conformidad con el artículo 41 del Pacto", de 11 de noviembre de 1994, (Doc. CCPR/C21/Rev.1/Add.6, párr. 14).

261 *Ibíd.*

Otras declaraciones, sin embargo, incorporan a la competencia del Comité restricciones adicionales por lo que quedan comprendidas en la noción de reserva. El Comité se refiere en particular a aquellas que restringen su competencia para examinar denuncias que ya han sido examinadas por otro procedimiento de examen o arreglo internacionales[262]. Así, la reserva de España indicando que: "El Gobierno de España se adhiere al Protocolo Facultativo del Pacto Internacional de Derechos Civiles y Políticos en la inteligencia de que las disposiciones del párrafo 2 del artículo 5 del Protocolo significan que el Comité de Derechos Humanos no examinará ninguna comunicación de un individuo, a menos que se haya cerciorado de que el mismo asunto no esté sometido o no haya sido sometido ya a otro procedimiento de examen o arreglo internacional"[263]. Y sobre su validez el Comité señalaría que: "En la medida en que la obligación más fundamental ha sido garantizar el examen por una tercera parte independiente de los derechos humanos de las personas, el Comité ha considerado que, cuando el derecho establecido por ley y la cuestión de fondo sean idénticos en virtud del Pacto y de otro instrumento internacional, esa reserva no viola el objeto y fin del Primer Protocolo Facultativo"[264].

---

262 Es el caso de Alemania, Austria, Croacia, Dinamarca, Eslovenia, España, Francia, Irlanda Islandia, Italia, Luxemburgo, Malta, Noruega, Polonia, Rumanía, Sri Lanka, Suecia y Uganda.

263 *Ibíd.* En el caso *Pallach c. España,* el Comité de Derechos Humanos aplicó una interpretación estricta del término "sometido" en el sentido de "examen concluido" (Decisión de 31 de marzo de 2004, 1074/2002, *Ferragut Pallach c. España,* Doc. CCPR/C/80/D/1074/2002, pár. 6.2)

264 Comité de Derechos Humanos, Observación general número 24 (52) sobre "Cuestiones relacionadas con las reservas formuladas con ocasión de la ratificación del Pacto o de sus Protocolos Facultativos, o de la adhesión a ellos, o en relación con las declaraciones hechas de conformidad con el artículo 41 del Pacto", de 11 de noviembre de 1994, (Doc. CCPR/C21/Rev.1/Add.6, párr. 14).

El Comité de Derechos Humanos se ha ocupado también de las reservas a obligaciones sustantivas del Pacto valiéndose del Protocolo Facultativo, señalando que:

> "Es evidente que el Primer Protocolo Facultativo constituye en sí un tratado internacional, distinto del Pacto, pero estrechamente relacionado con éste. Su objeto y fin es el de reconocer la competencia del Comité para recibir y examinar comunicaciones de particulares que aleguen ser víctimas de la violación por un Estado Parte de cualquiera de los derechos tutelados en el Pacto. Los Estados aceptan los derechos sustantivos de las personas con referencia al Pacto y no al Primer Protocolo Facultativo. El Primer Protocolo Facultativo tiene por función permitir que el Comité compruebe la validez de las reclamaciones concernientes a esos derechos. En consecuencia, la reserva a la obligación de un Estado de respetar y garantizar un derecho contenido en el Pacto, formulada en relación con el Primer Protocolo Facultativo, si no se hubiera formulado previamente respecto de esos mismos derechos en relación con el Pacto, no afecta a la obligación del Estado de cumplir su obligación sustantiva. No puede formularse una reserva al Pacto valiéndose del Protocolo Facultativo, pero tal reserva serviría para garantizar que el Comité no pudiera comprobar el cumplimiento de esa obligación por el Estado con arreglo al Protocolo. Y, dado que el objeto y fin del Primer Protocolo Facultativo es el de permitir que el Comité compruebe si el Estado respeta los derechos por los que se ha comprometido a velar, toda reserva que trate de impedir esto sería contraria al objeto y fin del Primer Protocolo Facultativo, cuando no del Pacto. La reserva a una obligación sustantiva formulada por primera vez en relación con el Primer Protocolo Facultativo parecería reflejar la intención del Estado de impedir que el Comité exprese sus opiniones acerca de un determinado artículo del Pacto en un caso individual"[265].

---

[265] *Ibíd*, párr. 13.

El gobierno de Trinidad y Tobago[266] y el gobierno de Guyana[267] formularían reservas tardías al Pacto internacional de derechos civiles y políticos al adherirse por segunda vez al Protocolo Facultativo Primero, lo que suscitó el rechazo de varios Estados[268]. El Comité de Derechos Humanos también tuvo la oportunidad de

---

266 El Gobierno de Trinidad y Tobago se adhirió al Protocolo Opcional el 14 noviembre de 1980. El 26 de mayo de 1998 el Gobierno de Trinidad y Tobago notificó al Secretario General su decisión de denunciar el Protocolo Facultativo con efecto desde el 26 de agosto de 1998. En esta misma fecha el Gobierno de Trinidad y Tobago se adhirió nuevamente al Protocolo Facultativo con una reserva. El texto de la reserva era el siguiente: "...Trinidad y Tobago se adhiere de nuevo al Protocolo Facultativo al Pacto Internacional de Derechos Civiles y Políticos con una reserva al artículo 1 del mismo, a efectos de que el Comité de Derechos Humanos no sea competente para recibir y considerar las comunicaciones relativas a cualquier preso que se encuentre sentenciado a muerte en relación con cualquier asunto relativo a su proceso, detención, juicio, condena, sentencia o a la ejecución de la sentencia de muerte y a cualquier asunto relacionado con lo anterior. Una vez aceptado el principio de que los Estados no pueden utilizar el Protocolo Facultativo como vehículo para formular reservas al Pacto Internacional de Derechos Civiles y Políticos, el Gobierno de Trinidad y Tobago señala que su reserva al Protocolo Facultativo no le exime de ningún modo de sus obligaciones y responsabilidades en virtud del Pacto, incluido su compromiso de respetar y asegurar a todas las personas que se encuentren dentro del territorio de Trinidad y Tobago, sujetos a su jurisdicción, los derechos reconocidos en el Pacto (mientras no se haya formulado una reserva al respecto), según lo dispuesto en el artículo 2 del mismo, así como su compromiso de informar al Comité de Derechos Humanos, según el mecanismo de control establecido por el artículo 40 del mismo". *Vid.*, http://untreaty.un.org, Parte I, Cap. IV, tratado 6.

267 El Gobierno de Guyana se había adherido inicialmente al Protocolo Facultativo el 10 de mayo de 1993. El 5 de enero de 1999 notificó al Secretario General su decisión de denunciar el Protocolo Facultativo con efecto desde el 5 de abril de 1999. En esta misma fecha el Gobierno de Guyana se adhirió nuevamente al Protocolo Facultativo con una reserva del mismo tenor que la formulada por Trinidad y Tobago. *Ibid.*

268 La reserva de Trinidad y Tobago sería objetada por Alemania, Dinamarca, España, Francia, Noruega, Irlanda, Italia, Países Bajos y Suecia.

aplicar su doctrina en el caso *Rawley Kennedy c. Trinidad y Tobago*[269] sobre la admisibilidad de una comunicación presentada por un condenado a muerte contra este Estado[270].

La Guía de la práctica ha dedicado la directriz 3.1.5.7 a las reservas a las cláusulas convencionales de vigilancia de la aplicación del tratado señalando su incompatibilidad con el objeto y fin del tratado cuando tengan como efecto excluir a su autor de un mecanismo de vigilancia de la aplicación del tratado con respecto a una disposición convencional que haya aceptado anteriormente, si el objeto mismo del tratado es la aplicación de tal mecanismo[271]. La misma prohibición se recoge en la directriz 2.3.3 respecto de los procedimientos de supervisión establecidos en cláusulas facultativas. Efectivamente, y aun no tratándose para la Comisión de Derecho Internacional de verdaderas reservas -ni las cláusulas de este tipo ni las declaraciones formuladas en virtud de ellas-, se recuerda en esta directriz que un Estado no puede excluir ni modificar los efectos jurídicos de ciertas disposiciones del tratado mediante una declaración unilateral hecha ulteriormente en virtud de tales cláusulas[272].

La formulada por Guayana recibió las objeciones de Alemania, España, Finlandia, Francia, Países Bajos Polonia y Suecia. *Ibid.*

269 Comité de Derechos Humanos, Comunicación N° 845/1999, *Rawley Kennedy c. Trinidad y Tobago*, decisión de 2 de noviembre de 1999 (CCPR/C/67/D/845/1999), *vid.*, Informe del Comité de Derechos Humanos en su 67°, 68° y 69° periodo de sesiones, *Documentos Oficiales de la Asamblea General, quincuagésimo quinto período de sesiones suplemento N° 40* (A/55/40), vol. II, anexo XI.A).

270 Efectivamente, el Comité declararía que la reserva por la que se excluía de dicha protección procesal a esta categoría de personas no era válida. *Ibíd.* Las objeciones y la decisión del Comité de Derechos Humanos de 2 de noviembre de 1999, llevaron a Trinidad y Tobago a denunciar nuevamente el Protocolo el 27 de marzo de 2000 (*vid.*, http://untreaty.un.org, Parte I, Cap. IV, tratado 6).

271 *Vid.*, la directriz 3.1.5.7 y su comentario en Doc. A/66/10/Add.1, pp. 399-402.

272 *Vid.*, la directriz 2.3.3 y su comentario en *ibíd.*, pp. 195-197.

De otro lado, hay tratados de derechos humanos que contienen cláusulas sobre solución de controversias[273], siendo autorizadas de forma expresa las reservas, bien mediante la técnica de la cláusula de *opting out* bien por la propia cláusula de reserva que la permite con este carácter. La cláusula de exclusión la encontramos en el artículo 29.2 de la Convención sobre la eliminación de todas las formas de discriminación contra la mujer[274], el artículo 92.2 de la Convención sobre la protección de los trabajadores

---

273 Pocos tratados en este ámbito prohíben las reservas a los medios de solución de controversias. Se trata de la Convención sobre el Estatuto de los refugiados, de 28 de julio de 1951–art. 42.1- y la Convención sobre el Estatuto de los apátridas, de 28 de septiembre de 1954 -art. 38.1-. El artículo VII del Protocolo relativo al Estatuto de los refugiados de 1967, sin embargo, sólo permite de forma expresa las reservas al artículo IV sobre solución de controversias.

274 El texto del artículo 29 es el siguiente: "1. Toda controversia que surja entre dos o más Estados Partes con respecto a la interpretación o aplicación de la presente Convención que no se solucione mediante negociaciones se someterá al arbitraje a petición de uno de ellos. Si en el plazo de seis meses contados a partir de la fecha de presentación de solicitud de arbitraje las Partes no consiguen ponerse de acuerdo sobre la forma del mismo, cualquiera de las Partes podrá someter la controversia a la Corte Internacional de Justicia, mediante una solicitud presentada de conformidad con el Estatuto de la Corte. 2. Todo Estado Parte, en el momento de la firma o ratificación de la presente Convención o de su adhesión a la misma, podrá declarar que no se considera obligado por el párrafo 1 del presente artículo. Los demás Estados Partes no estarán obligados por ese párrafo ante ningún Estado Parte que haya formulado esa reserva. 3. Todo Estado Parte que haya formulado la reserva prevista en el párrafo 2 del presente artículo podrá retirarla en cualquier momento notificándolo al Secretario General de las Naciones Unidas".

migrantes y los miembros de su familia[275] y el artículo 30.2 de la Convención contra la tortura[276].

En otros tratados, las reservas a los medios de arreglo de controversias se someten al criterio de la compatibilidad con el objeto y fin del mismo. Sobre esta cuestión se ha pronunciado la Corte Internacional de Justicia en relación a uno de los tratados que,

---

275 Conforme al artículo 92: "1. Toda controversia que surja entre dos o más Estados Partes con respecto a la interpretación o la aplicación de la presente Convención y no se solucione mediante negociaciones se someterá a arbitraje a petición de uno de ellos. Si en el plazo de seis meses contados a partir de la fecha de presentación de la solicitud de arbitraje las partes no consiguen ponerse de acuerdo sobre la organización del arbitraje, cualquiera de las partes podrá someter la controversia a la Corte Internacional de Justicia mediante una solicitud presentada de conformidad con el Estatuto de la Corte. 2. Todo Estado Parte, en el momento de la firma o la ratificación de la Convención o de su adhesión a ella, podrá declarar que no se considera obligado por el párrafo 1 del presente artículo. Los demás Estados Partes no estarán obligados por ese párrafo ante ningún Estado Parte que haya formulado esa declaración. 3. Todo Estado Parte que haya formulado la declaración prevista en el párrafo 2 del presente artículo podrá retirarla en cualquier momento mediante notificación dirigida al Secretario General de las Naciones Unidas".

276 Dice el artículo 30: "1. Las controversias que surjan entre dos o más Estados Partes con respecto a la interpretación o aplicación de la presente Convención, que no puedan solucionarse mediante negociaciones, se someterán a arbitraje, a petición de uno de ellos. Si en el plazo de seis meses contados a partir de la fecha de presentación de la solicitud de arbitraje las Partes no consiguen ponerse de acuerdo sobre la forma del mismo, cualquiera de las Partes podrá someter la controversia a la Corte Internacional de Justicia, mediante una solicitud presentada de conformidad con el Estatuto de la Corte. 2. Todo Estado, en el momento de la firma o ratificación de la presente Convención o de su adhesión a la misma, podrá declarar que no se considera obligado por el párrafo 1 del presente artículo. Los demás Estados Partes no estarán obligados por dicho párrafo ante ningún Estado Parte que haya formulado dicha reserva. 3. Todo Estado Parte que haya formulado la reserva prevista en el párrafo 2 del presente artículo podrá retirarla en cualquier momento notificándolo al Secretario General de las Naciones Unidas".

conteniendo de cláusula compromisoria, guarda silencio sobre las reservas: el Convención sobre el genocidio de 1948. Así y respecto a las reservas formuladas por España y los Estados Unidos al artículo IX sobre solución de controversias, la Corte afirmaría su validez en sus providencias de 2 de junio de 1999 sobre las demandas de indicación de medidas provisionales presentadas por Yugoslavia contra España y los Estados Unidos en los asuntos relativos a la *Licitud del uso de la fuerza*[277]. La misma posición adoptaría en relación a la reserva formulada por Ruanda en la providencia de indicación de medidas provisionales en el asunto de las *Actividades armadas en el territorio del Congo (Nueva demanda: 2002)*[278] precisando que "dicha reserva no se refiere al fondo del derecho sino únicamente a la competencia de la Corte"[279].

La sentencia de la Corte Internacional de Justicia de 3 de febrero de 2006[280] confirmaría esta posición declarando, que carecía de competencia para conocer de la demanda presentada por la República Democrática del Congo el 28 de mayo de 2002[281]. Si bien, los jueces HIGGINS, KOOIJMANS, ELARABY, OWADA y SIMMA considerarían en su opinión separada conjunta que el principio aplicado por la Corte no podía tener un alcance abso-

---

277 Corte Internacional de Justicia, providencias de 2 de junio de 1999, *Licitud del uso de la fuerza, Recueil* 1999, p. 772, párrs. 29-32 y pp. 923 y 924, párrs. 21-25.

278 Corte Internacional de Justicia, providencia de 10 de julio de 2002, *Actividades armadas en el territorio del Congo (Nueva demanda: 2002), Recueil* 2002.

279 *Ibíd.*, p. 246, párr. 72.

280 *Vid.*, Corte Internacional de Justicia, sentencia de 3 de febrero de 2006, asunto de las *Actividades armadas en el territorio del Congo (Nueva demanda: 2002)* (República Democrática del Congo y Ruanda Congo c. Ruanda), Competencia y admisibilidad, *Recueil* 2006. Sobre la sentencia, *vid.*, CASTRO SÁNCHEZ, C.: "Sobre la jurisdicción del Tribunal Internacional de Justicia y otras cuestiones: comentario de la Sentencia del TIJ de 26 de febrero de 2006, Asunto sobre las actividades armadas en el territorio del Congo", *Revista de Derecho UNED*, nº. 2, 2007, pp. 421-433.

281 *Ibíd.*, p.53, párr. 128.

luto y que en las reservas a las cláusulas de solución de controversias podrían resultar contrarias al objeto y fin del tratado en determinadas situaciones, según las circunstancias de cada caso. En efecto, los magistrados observarían que "en algunos tratados no todas las reservas a cláusulas sustantivas específicas tienen por qué ser contrarias al objeto y fin del tratado (...). *A sensu contrario*, una reserva respecto de un precepto procedimental específico, podría ser contraria al objeto y fin del tratado si ese procedimiento se considera esencial para la eficacia global del instrumento convencional" [282]. Y significativo es que apoyen la afirmación anterior recordando que, para el Comité de Derechos Humanos, el sistema de informes estatales establecido en el Pacto internacional de derechos civiles y políticos se encuentra en el corazón del sistema convencional[283]. Para el juez KOROMA, que formuló su voto en contra de la sentencia (el fallo fue adoptado por quince votos a favor y dos en contra)[284], del artículo I de la Convención y del Décimo Informe sobre Reservas a los Tratados de la Comisión de Derecho Internacional podía concluirse que el artículo IX de la Convención es crucial para el cumplimiento del objeto y fin de la Convención puesto que es la única cláusula relativa a la responsabilidad internacional de los Estados[285].

Esta jurisprudencia matizada de la Corte Internacional de Justicia será recogida por la Guía de la práctica en su directriz 3.1.5.7 que afirma que la reserva a una disposición convencional relativa a la solución de controversias no es en sí misma incompatible con el objeto y fin del tratado, a menos que tenga por objeto excluir o modificar los efectos jurídicos de una disposición del tratado que sea esencial para la razón de ser de este[286].

---

282 *Vid.*, la opinión separada conjunta de los Magistrados Higgins, Kooijmans, Elaraby, Owada y Simma en párr. 21.

283 *Ibíd.*

284 Son los votos disidentes del Magistrado Koroma y el Magistrado ad hoc Mavungu.

285 *Vid.*, opinión disidente del juez Koroma en párr. 24.

286 *Vid.*, la directriz y su comentario en Doc. A/66/10/Add.1, pp. 399-402.

La Comisión de Derecho Internacional apoya también esta conclusión en el amplio número de reservas formuladas a los mecanismos de solución de controversias, aun no estando permitidas de forma expresa en el propio tratado. Y objetadas las reservas en los casos en los que opera el criterio del objeto y fin, a menos que éstas queden incluidas en el supuesto de incompatibilidad previsto en la directriz 3.1.5.7[287], estas objeciones constituyen para la Comisión una práctica errática[288]. Quedaría, no obstante, la posibilidad de rechazarlas por motivos meramente políticos y de oportunidad, aunque la reserva satisfaga los criterios de validez[289].

---

287 Se trata del supuesto ya citado: que las reservas que tienen por objeto excluir o modificar los efectos jurídicos de una disposición del tratado que sea esencial para la razón de ser de éste. La directriz también se refiere al supuesto ya visto para las cláusulas de vigilancia de la aplicación del tratado, esto es, cuando el Estado busca minimizar sus obligaciones convencionales sustantivas anteriores mediante la formulación de una reserva a la cláusula convencional de solución de controversias (o de vigilancia) en el momento en que acepta este. *Vid.*, la directriz 3.1.5.7 y su comentario en Doc. A/66/10/Add.1, pp. 399-402.

288 Tratándose de la Convención sobre el genocidio, varios Estados objetaron las reservas al artículo IX, algunos de ellos fundamentando su rechazo en la incompatibilidad con el objeto y fin del tratado: Brasil, China, Croacia, Grecia, México y los Países Bajos. Los demás Estados no motivaron sus objeciones: Australia, Bélgica, Ecuador, Irlanda y Reino Unido. *Vid.*, http://untreaty.un.org, Parte I, Cap. IV, tratado 1.

289 Efectivamente, la Comisión de Derecho Internacional sostiene que los demás Estados contratantes son libres de rechazar una reserva por el motivo que sea e incluso de no entablar relaciones convencionales con su autor, salvo en el supuesto en que una reserva específica esté expresamente autorizada por el tratado. *Vid.*, la directriz 2.6.2 y su comentario en Doc. A/66/10/Add.1, pp. 256-259. Respecto al importante componente político en las reservas y objeciones a las reservas en la Convención sobre el genocidio, *vid.*, RIQUELME CORTADO, R.: *Las Reservas a los Tratados: Lagunas y ambigüedades del Régimen de Viena, cit.*, pp. 192 y ss.

V.
LA EVALUACIÓN ESTATAL DE LAS RESERVAS

Salvo alguna excepción, los tratados de derechos humanos no establecen mecanismos específicos de evaluación de las reservas ni precisan los efectos jurídicos de las reservas derivados de tal evaluación. El régimen supletorio establecido en la Convención de Viena sobre el Derecho de los Tratados atribuye esta responsabilidad únicamente a los Estados parte, que aceptan u objetan las reservas de forma individual y discrecional. Pero los efectos jurídicos de las reservas combinados con la aceptación y la objeción no quedan claros en este régimen cuando se refieren a las reservas carentes de validez.

Las peculiaridades propias de los tratados protectores de los derechos humanos han tenido reflejo en la reacción de los Estados a las reservas formuladas, caracterizada por la pasividad y la divergencia en sus respuestas. Entre estas respuestas, han surgido nuevas tendencias no contempladas ni en los tratados ni en el régimen general de Viena, pero más idóneas para este tipo de instrumentos.

5.1. ACEPTACIÓN Y OBJECIÓN DE LA RESERVA Y SUS EFECTOS JURÍDICOS

Las normas de la Convención de Viena sobre el Derecho de los Tratados otorgan la evaluación de las reservas a los Estados, de manera individual y discrecional. Formulada una reserva a un tratado, corresponde a cada uno de los demás Estados contratantes apreciar su validez y determinar sus efectos jurídicos mediante la aceptación y la objeción. Únicamente la Convención sobre todas las formas de discriminación racial de 1966 ha establecido una modalidad distinta de la prevista en el régimen general, pues este control sigue siendo estatal pero ejercido de forma colectiva[290]. Dice el artículo 20.2 de la Convención:

> "No se aceptará ninguna reserva incompatible con el objeto y propósito de la presente Convención, ni se permitirá ninguna reserva que pueda inhibir el funcionamiento de cualquiera de los órganos establecidos en virtud de la presente Convención. Se considerará que una reserva es incompatible o inhibitoria si, por lo menos, las dos terceras partes de los Estados partes en la Convención formulan objeciones a la misma".

Esta modalidad, sin embargo, no ha resultado útil puesto que ninguna reserva ha sido objetada por los dos tercios de los Estados parte[291]. Además, la Convención establece un plazo más estricto (de 90 días) del previsto en la Convención de Viena para la obje-

---

290 La posibilidad de la mayoría estatal colectiva fue contemplada, sin ser finalmente incorporada, durante la elaboración el Pacto internacional de derechos civiles y políticos de 1966 o la Convención sobre la nacionalidad de la mujer casada de 1957, *vid.*, CASSESE, A.: "A New Reservations Clause (Article 20) of the United Nations Convention on the Elimination of All Forms of Racial Discrimination", *Recueil d'etudes de droit international en hommage* à *Paul Guggenheim*, Ginebra, Instituto Universitario de Altos Estudios Internacionales, 1968, pp. 226 y ss. También se consideró establecer esta modalidad una vez entrada en vigor la Convención sobre todas las formas de discriminación contra la mujer de 1979, *vid.*, Comité para la Eliminación de la Discriminación contra la Mujer, Recomendación general 20 (1992) sobre "Las reservas formuladas en relación a la Convención" (Recopilación de las observaciones generales o recomendaciones generales adoptadas por órganos creados en virtud de tratados de derechos humanos, publicadas por Naciones Unidas, HRI/GEN/1/Rev.9 (Vol. II), de 27 de mayo de 2008, pp. 80 y 81).

291 Hasta la fecha, ninguna reserva ha sido objetada por los dos tercios de los Estados Partes (182) esto es, por 121. Estados. La reserva formulada por Yemen ha sido la que ha recibido más objeciones no superando la cifra de 15. *Vid.*, en http://unteatry.un.org, Parte I, Cap. IV, tratado 4.

ción[292]. Pero ni en éste ni en otros tratados de derechos humanos se establecen los efectos jurídicos derivados de la objeción[293]. Sólo algunos instrumentos relativos a la mujer, la Convención sobre los derechos políticos de la mujer de 1953 (artículo VII)[294] y la relativa a la nacionalidad de la mujer casada de 1957 (artículo 8.2)[295],

---

292 El artículo 20 de la Convención internacional sobre la eliminación de todas las formas de discriminación racial dispone en su párrafo 1 que "El Secretario General de las Naciones Unidas recibirá y comunicará a todos los Estados que sean o lleguen a ser Partes en la presente Convención los textos de las reservas formuladas por los Estados en el momento de la ratificación o de la adhesión. Todo Estado que tenga objeciones a una reserva notificará al Secretario General que no la acepta, y esta notificación deberá hacerse dentro de los noventa días siguientes a la fecha de la comunicación del Secretario General".

293 Respecto a esta Convención, algunos Estados (Fiji, Tonga y el Reino Unido) han hecho declaraciones precisando que interpretan el artículo 20 en el sentido de que, si una reserva no es aceptada, el Estado autor de la misma no será parte en la Convención (*Vid.*,http://untreaty.un.org, Parte I, Cap. IV, tratado 2).

294 El texto del artículo VII es el siguiente "En el caso de que un Estado formule una reserva a cualquiera de los artículos de la presente Convención en el momento de la firma, la ratificación o la adhesión, el Secretario General comunicará el texto de la reserva a todos los Estados que sean partes en la presente Convención o que puedan llegar a serlo. Cualquier Estado que oponga objeciones a la reserva podrá, dentro un plazo de noventas días contado a partir de la fecha de dicha comunicación (o en la fecha en que llegue a ser parte en la presente Convención), poner en conocimiento del Secretario General que no acepta la reserva. En tal caso, la Convención no entrará en vigor entre tal Estado y el Estado que haya formulado la reserva".

295 El párrafo 2 del artículo 8 establece que: "Toda reserva formulada conforme al párrafo 1 del presente artículo no afectará el carácter obligatorio de la Convención entre el Estado que haya hecho la reserva y los demás Estados Partes, con excepción de la disposición o las disposiciones que hayan sido objeto de la reserva. El Secretario General de las Naciones Unidas comunicará el texto de esa reserva a todos los Estados que sean o lleguen a ser partes en la presente Convención. Todo Estado Parte en la Convención o que llegue a ser parte en la misma podrá notificar al Secretario General que no está dispuesto a considerarse obli-

además de señalar el plazo más breve de 90 días, se precisa como efecto jurídico de la objeción a la reserva la no entrada en vigor del tratado entre el Estado autor de la reserva y el Estado autor de la objeción.

En ausencia de regulación convencional, se aplica el régimen supletorio de la Convención de Viena, que dedica su artículo 20 a la aceptación y la objeción a las reservas y el 21 a los efectos jurídicos de las reservas y de las objeciones a las reservas. El artículo 23 se refiere a aspectos formales, exigiendo la forma escrita a las objeciones y a las aceptaciones expresas, que han de ser depositadas y registradas ante el depositario del tratado y comunicadas a los demás Estados interesados[296].

Conforme a estas normas, hay varias posibilidades de aceptación de una reserva. El párrafo 1 del artículo 20 de la Convención prevé la aceptación "anticipada" de las reservas expresamente autorizadas por el tratado, esto es, cuando el asentimiento de la reserva tiene lugar en el propio texto del tratado y por ello no exige aceptación ulterior de los Estados. El párrafo 1 del artículo 23 se refiere a la aceptación expresa de la reserva, que requiere la formulación en cualquier momento de una declaración unilateral por escrito en tal sentido y su comunicación a los demás Estados

---

gado por la Convención con respecto al Estado que haya formulado la reserva. Esta notificación deberá hacerse, en lo que concierne a los Estados que ya sean partes en la Convención, dentro de los noventa días siguientes a la fecha de la comunicación del Secretario General y, en lo que concierne a los Estados que ulteriormente lleguen a ser partes en la Convención, dentro de los Convención sobre la nacionalidad de la mujer casada noventa días siguientes a la fecha del depósito del instrumento de ratificación o de adhesión. En caso de que se hubiere hecho tal notificación, se considerará que la Convención no es aplicable entre el Estado autor de la notificación y el Estado que haya hecho la reserva".

296 El artículo 23.1 de la Convención de Viena señala que "la reserva, la aceptación expresa de una reserva y la objeción a una reserva habrán de formularse por escrito y comunicarse a los demás Estados contratantes y a los demás Estados facultados para llegar a ser partes en el tratado".

contratantes y facultados para llegar a ser partes en el tratado. El párrafo 2 del artículo 20 establece la aceptación unánime de las reservas a determinados tratados, a saber, cuando del número reducido de Estados negociadores y del objeto y fin del tratado se desprenda que la aplicación del tratado en su integridad entre todas las partes es condición esencial del consentimiento de cada una de ellas en obligarse. El párrafo 3 del mismo artículo señala una forma determinada de aceptación cuando la reserva se formula al instrumento constitutivo de una organización internacional: la reserva exigirá la aceptación del órgano competente de la organización. También y aun tratándose de la retirada de una objeción, cuando ésta se realiza en su totalidad, equivale a la aceptación, en este caso posterior, de la reserva (artículo 22 de la Convención)[297]. Por su parte, el párrafo 5 del artículo 20 prevé la aceptación por falta de objeción:

> "A menos que el tratado disponga otra cosa, se considerará que una reserva ha sido aceptada por un Estado cuando éste no ha formulado ninguna objeción a la reserva dentro de los doce meses siguientes a la fecha en que haya recibido la notificación de la reserva o en la fecha en que haya manifestado su consentimiento en obligarse por el tratado, si esta última es posterior".

---

[297] En la práctica relativa los tratados de derechos humanos, sólo se encuentra un supuesto de retiro completo de una objeción a la reserva presentada. Se trata del llevado a cabo por Cuba a las reservas de los Estados socialistas a los artículos IX y XII de la Convención sobre el genocidio (*Vid.*, http://untreaty.un.org, Parte I, Cap. IV, tratado 1, en la que figura en la nota 7 lo siguiente: "Por notificación recibida por el Secretario General el 29 de enero de 1982, el Gobierno de Cuba retira la declaración hecha en la ratificación de Convenio respecto de las reservas al artículo IX y XII por Bulgaria, la República Socialista Soviética de Bielorrusia, Checoslovaquia, Polonia, Rumania, la República Socialista Soviética de Ucrania y la Unión de Repúblicas Socialistas Soviéticas"). Por su parte, el artículo 22 de la Convención de Viena -reproducido en términos similares en los tratados que contienen una referencia directa al mismo- precisa que: "Salvo que el tratado disponga otra cosa, una reserva podrá ser retirada en cualquier momento y no se exigirá para su retiro el consentimiento del Estado que la haya aceptado".

De este modo, formulada una reserva y en ausencia de objeción en el plazo previsto, se presume su aceptación. Y conforme al artículo 20, párrafo *a)*, la aceptación expresa o tácita de la reserva por al menos otro Estado contratante, convierte al Estado autor de la reserva en "contratante" si el tratado no ha entrado en vigor, o en "parte" en el caso de que esté vigente, en relación al Estado que acepta[298]. La calidad de "contratante" o "parte", por tanto, no es automática requiriéndose el consentimiento de, al menos, otro Estado contratante. Por su parte y según el apartado *c)*, la aceptación es necesaria para que el acto de manifestación del consentimiento acompañado de una reserva sea efectivo[299]. Así, cuando el tratado no ha entrado en vigor, la aceptación permite incluir al Estado autor de la reserva entre el número de Estados contratantes necesarios para la entrada en vigor[300]. Aceptada la

---

298 El texto literal del párrafo a) del artículo 20 es el siguiente: "La aceptación de una reserva por otro Estado contratante constituirá al Estado autor de la reserva en parte en el tratado en relación con ese Estado si el tratado ya está en vigor o cuando entre en vigor para esos Estados".

299 Dice el párrafo c) del artículo 20: "Un acto por el que un Estado manifieste su consentimiento en obligarse por un tratado y que contenga una reserva surtirá efecto en cuanto acepte la reserva al menos otro Estado contratante".

300 Esta regulación se reproduce en la directriz 4.2.1 de la Guía de la práctica, relativa a la "Condición del autor de una reserva establecida" (Informe de la Comisión de Derecho Internacional, 63° periodo de sesiones, *Documentos Oficiales de la Asamblea General, sexagésimo sexto periodo de sesiones, Suplemento N° 10* (A/66/10/Add.1), pp. 460-465), 4.2.2 sobre los "Efectos del establecimiento de la reserva en la entrada en vigor del tratado" (*ibíd.*, pp. 465- 467) y 4.2.3 relativa a los "Efectos del establecimiento de una reserva en la condición de su autor como parte en el tratado" (*ibíd.*, pp. 467-468). En el comentario a la directriz 4.2.2 se advierte del problema que puede plantearse cuando hay que agotar el plazo para considerar aceptada tácitamente la reserva (de 12 meses, si no se establece otro distinto en el tratado) pudiendo exceder éste al previsto para la vigencia del tratado, normalmente de 30 o 90 días en los tratados de derechos humanos. Recogiendo una práctica bien establecida y aceptada por los Estados, se admite que el autor de la reserva pueda ser incluido, en una fecha anterior al establecimiento de la reser-

reserva, ésta produce los efectos buscados de exclusión o modificación de los efectos jurídicos de ciertas disposiciones del tratado o del tratado en su conjunto con respecto a ciertos aspectos específicos. Esto es, coinciden los efectos perseguidos por el autor de la reserva y los efectos reales que ésta produce (artículo 21.1 de la Convención)[301].

Una vez recibida la comunicación de una reserva, los Estados también pueden expresar su rechazo a través de la objeción, disponiendo para ello del plazo de 12 meses, si el tratado no dispone otro distinto. Este rechazo puede tener fines diferentes que se traducen en distintos tipos de objeción y cuya elección corresponde a su autor. Las objeciones previstas en la Convención de Viena, en función de los efectos que persigue el autor son: la objeción simple o de efectos *mínimos* (art. 21.3) y la objeción cualificada o de efectos *máximos* (art. 20.4, *b)*[302], que han de manifestarse en este caso de forma inequívoca. Esta última objeción supone la ruptura de las relaciones convencionales con el Estado que ha formulado la reserva y la objeción simple circunscribe sus efectos a las disposiciones del tratado a las que se refiere la reserva y en la medida determinada por ésta, lo que en la práctica pueden confundirse con los efectos de la aceptación de la reserva[303]. Pero con la objeción hay un desacuerdo o rechazo a la reserva, su autor busca

---

va, en el número de Estados contratantes necesario para la entrada en vigor del tratado, si ningún Estado contratante se opone a ello (*ibíd.*, p. 465).

301 Estos efectos, conforme al texto literal del artículo 2.1 de la Convención son: "a) modificara con respecto al Estado autor de la reserva en sus relaciones con esa otra parte las disposiciones del tratado a que se refiera la reserva en la medida determinada por la misma: b) modificara en la misma medida, esas disposiciones en lo que respecta a esa otra parte en el tratado en sus relaciones con el Estado autor de la reserva". Al respecto, *vid.*, el capítulo III.

302 En la Guía de la práctica se hace uso de esta terminología a efectos de diferenciar los distintos tipos de objeciones: de efecto *mínimo, máximo, medio* y *supermáximo*.

303 *Vid., supra* el capítulo III.

que la reserva no produzca los efectos perseguidos por el Estado que la formula[304], y este desacuerdo es lo que le diferencia de la aceptación que equivale a acuerdo o, al menos, a inexistencia de oposición[305].

Sobre esta regulación, la cuestión crucial que se plantea es si los efectos de las reservas derivados de la aceptación y la objeción establecidos por la Convención de Viena son para todas las reservas, independientemente de su validez o sólo para aquellas que reúnen las condiciones de validez requeridas[306]. Y es que conforme al párrafo 1 del artículo 21, estos efectos (apartados *a* y *b*) están previstos para "una reserva que sea efectiva con respecto a otra parte en el tratado de conformidad con los artículos 19, 20 y 23". Y estos artículos tratan de la validez sustantiva o material (art. 19), la aceptación (art. 20) y la validez formal (art. 23). Sin embargo, el párrafo 3 del artículo 21, que trata de los efectos combinados de una reserva y una objeción, no reitera la precisión de la validez material y formal de la reserva. Dice el tenor literal de este párrafo: "Cuando un Estado que haya hecho una objeción a una reserva no se oponga a la entrada en vigor del tratado entre él y el Estado autor de la reserva, las disposiciones a que se refiera esta no se aplicaran entre los dos Estados en la medida determinada por la reserva".

Puede afirmarse, por tanto, que los efectos jurídicos de la aceptación de la reserva inválida no se regulan al menos de forma expresa por la Convención de Viena, como tampoco los de la obje-

---

304 Y así lo expresa la definición de objeción dada por la directriz 2.6.1 de la Guía de la práctica: "Se entiende por "objeción" una declaración unilateral, cualquiera que sea su enunciado o denominación, hecha por un Estado o por una organización internacional como reacción ante una reserva a un tratado formulada por otro Estado u otra organización internacional, por la que el Estado o la organización se propone impedir que la reserva produzca los efectos jurídicos deseados u oponerse de otro modo a la reserva". *Vid.*, Doc. A/66/10/Add.1., pp.245-256.

305 *Vid.*, el comentario a la directriz 4.3.6, en *ibid.*, pp. 507 y ss.

306 Sobre el debate doctrinal generado al respecto, *vid. supra* el capítulo III.

ción a la reserva inválida. Hay una laguna sobre la que no aportan claridad los trabajos preparatorios de la Convención de Viena, posiblemente querida por los redactores de la Convención[307] y a la que Comisión de Derecho Internacional ha tratado de dar solución para lo que ha tenido en cuenta la práctica estatal e institucional[308] relativa a los tratados de derechos humanos.

5.2. LA INACCIÓN DE LOS ESTADOS Y SU RESPUESTA DIVERGENTE. LA OBJECIÓN MÁS UTILIZADA Y NUEVAS TENDENCIAS

La regulación de los artículos 20 y 21 se hace bajo la reciprocidad y el equilibrio contractual del que está impregnado el Derecho de los tratados. Esta reciprocidad está prácticamente ausente en los tratados de derechos humanos, por lo que, tratándose de obligaciones objetivas, los demás Estados que no son los autores de la reserva, la acepten u objeten, no se liberan de aplicar la obligación en cuestión a los individuos sometidos a su jurisdicción, incluidos a los nacionales del Estado autor de la reserva. Y que los aceptantes u objetantes no estén directamente afectados por la reserva, favorece que la reacción habitual sea la aceptación por falta de objeción o silencio de los Estados prevista en el párrafo 5 del artículo 20 de la Convención de Viena.

Los tratados de derechos humanos, por tanto, no se prestan a la reacción de las reservas pero, además, no hay obligación jurídica de rechazar las reservas invalidas por incompatibilidad con el criterio y fin del tratado[309], ni tampoco la hay de motivar las objeciones, que pueden presentarse también por motivos políticos o

---

307 Al respecto, el comentario a la directriz 4.5 sobre las "Consecuencias de una reserva inválida", en Doc. A/66/10/Add.1, pp. 518 y ss.

308 Sobre esta última práctica, *vid.*, *infra* el capítulo VI.

309 Diferente a la jurídica sería la obligación moral de rechazar las reservas incompatibles con el objeto y fin del tratado. *Vid.*, la opinión al respecto de los Países Bajos en la Sexta Comisión, Acta resumida de la 14ª

de mera oportunidad aunque sean compatibles con el objetivo y fin del tratado. Se aparta, así, la Convención de Viena de la postura adoptada por la Corte Internacional de Justicia en su opinión consultiva de 1951 en la que las objeciones a las reservas sólo eran posibles cuando las reservas eran contrarias a los criterios de validez[310]. La directriz 2.6.2 de la Guía de la práctica, titulada "Derecho a formular objeciones", confirma el derecho positivo actual al establecer que: "Un Estado o una organización internacional podrá formular una objeción a una reserva con independencia de la validez de la reserva"[311], aunque también en su directriz 2.6.9 sugiere que: "En lo posible, una objeción debería indicar los motivos por los cuales se formula"[312]. Y cuando la objeción sea a reservas carentes de validez, el Comité de Asesores Jurídicos sobre Derecho Internacional Público del Consejo de Europa, en calidad de Observatorio europeo de reservas a los tratados internacionales[313] (que se ocupa de elaborar y mantener actualizada una lista de las reservas y declaraciones relativas a los Convenios suscritos tanto dentro como fuera del marco del Consejo de Europa que pueden suscitar objeciones, así como de las reacciones a las reservas) recomienda la utilización por los Estados de "modelos de reacciones a reservas inadmisibles", dando explicación de las razones por las que se objeta[314]. Y es que, efectivamente, la fundamentación de las

---

sesión, *Documentos Oficiales de la Asamblea General, sexagésimo periodo de sesiones* (A/C.6/60/SR.14), párr. 29.

310 *Vid.,* Corte Internacional de Justicia, opinión consultiva de 28 de mayo de 1951, *Réserves à la Convention sur la prévention et la répression du crime de génocide (Reservas a la Convención para la prevención y la sanción del delito de genocidio), Recueil,* 1951, p. 24.

311 *Vid.,* la directriz 2.6.2 de la Guía de la práctica y su comentario en Doc. A/66/10/Add. pp. 256-259.

312 *Vid.,* la directriz 2.6.9 y su comentario en *ibíd.*, pp. 272-274.

313 *Vid.,* la decisión adoptada en su reunión de París de 1998, en la página web del Comité www.coe.int/cadhi.

314 Recomendación 13/1999, adoptada por el Comité de Ministros el 18 de mayo de 1999, durante la 670 reunión de los delegados de los Ministros, *vid.*, en http://cm.coe.int/ta/rec/1999.

objeciones, indicando del motivo por el que se formulan, resulta de utilidad tanto para el autor de la reserva como para los demás Estados parte e incluso para los órganos de control de los tratados, sobre todo teniendo en cuenta los problemas de apreciación que plantea el criterio de validez del objeto y fin del tratado[315].

Estas dificultades que se presentan en la evaluación estatal de las reservas serían reflejadas en la observación general número 24 del Comité de Derechos Humanos respecto a las reservas al Pacto internacional de derechos civiles y políticos, cuando señala que: "los Estados no han considerado con frecuencia interesante o necesario desde el punto de vista jurídico oponerse a las reservas (...). Se han formulado objeciones ocasionalmente, unos Estados sí, pero otros no, y no siempre se han especificado los motivos"[316]. También indicaría el Comité que "no cabe deducir del hecho de que los Estados no formulen una protesta que una reserva sea compatible o incompatible con el objeto y fin del Pacto"[317].

Los mismos Estados, en sus observaciones a los trabajos de la Comisión de Derecho Internacional sobre las reservas, manifestarían sus problemas a la hora de examinar el gran número de reservas formuladas por otros Estados, señalando también que, con frecuencia, eran razones políticas las que impedían a los Estados responder a las reservas, por lo que "no estaba claro qué efecto tendría el silencio de los Estados en esas circunstancias, pero en ningún caso ese silencio podía interpretarse como una "validación tácita" de la reserva"[318]. Y su práctica corrobora esta

---

315 Sobre estos problemas, *vid.*, *supra* el capítulo III.

316 Comité de Derechos Humanos, Observación general número 24 (52) sobre "Cuestiones relacionadas con las reservas formuladas con ocasión de la ratificación del Pacto o de sus Protocolos Facultativos, o de la adhesión a ellos, o en relación con las declaraciones hechas de conformidad con el artículo 41 del Pacto", de 11 de noviembre de 1994 (Doc. CCPR/C.21/Rev./Add.6, párr. 17.

317 *Ibíd.*

318 *Vid.*, Undécimo Informe sobre "Las reservas a los tratados", presentado por el Relator especial Alain Pellet a la Comisión de Derecho Interna-

discrecionalidad, siendo la respuesta de los Estados dispar ante la misma reserva o de tenor similar, que unos la aceptan por silencio[319] y otros la objetan. Incluso un mismo Estado puede objetar reservas a un tratado y no hacerlo respecto a reservas similares formuladas por otro Estado al mismo u otro tratado[320]. De este

---

cional en su 59º periodo de sesiones, 2007 (A/CN.4/574, párr. 38). También, Décimo Informe sobre "Las reservas a los tratados", presentado por el Relator especial Alain Pellet a la Comisión de Derecho Internacional en su 57º periodo de sesiones, 2005 (A/CN.4/558/Add.2, párrs. 204 y 205).

319 En la práctica estudiada no se encuentra la aceptación expresa de las reservas.

320 Entre los numerosos ejemplos, Bélgica ha presentado objeciones a reservas generales formuladas más recientemente a la Convención sobre la eliminación de todas las formas de discriminación contra la mujer, como Catar (formulada el 29 abril de 2009), Omán (el 7 febrero de 2006) y Brunéi (el 27 mayo 2006) y no a otras similares como las formuladas por Emiratos Árabes Unidos (el 6 de octubre de 2004), Siria (el 28 de marzo de 2003), Mauritania (el 10 de mayo de 2001, ni su modificación el 25 de julio de 2014), Arabia Saudí (el 7 de septiembre de 2000), y en fechas más anteriores como Pakistán (el 12 de marzo de 1996), Malasia (el 5 de julio de 1995 ni su modificación el 6 de febrero de 1998), Maldivas (1 julio de 1993 ni a la modificada el 29 de enero 1999), Libia (16 mayo de 1989), Tailandia (9 agosto de 1985) o Bangladés (6 noviembre 1984). Sin embargo, formularía una objeción el 19 de enero de 1996 a la reserva formulada por Kuwait (el 2 de septiembre de 1994), una vez transcurrido el plazo establecido para objetar (vid., en http://untreaty.un.org, Parte I, cap. IV, tratado 8). Asimismo, Estados como Bulgaria, Francia, Hungría, Letonia, Moldavia, Polonia Reino Unido, Rumanía o Suiza formularían objeciones a la reserva formulada por Somalia (el 1 de octubre de 2015) a la Convención sobre los derechos del niño, sin haber presentado anteriormente ninguna otra objeción a reservas similares (*ibid*, tratado 11). También es el caso de Estados Unidos que, habiendo ratificado el Pacto internacional de derechos civiles y políticos el 8 de junio de 1992, sólo ha objetado la reserva formulada por Pakistán el 23 de junio de 2010, o el caso de México que, adherido al Pacto el 23 de marzo de 1981, sólo ha rechazado la reserva que formulara Baréin el 4 de diciembre de 2006 (*ibid*, tratado 4).

modo, hay aceptación por pasividad de reservas con apariencia, si no manifiestamente contrarias, al objeto y fin del tratado y se presentan pocas objeciones, en algunas ocasiones, indicando sólo que formulan una objeción o que no aceptan la reserva[321], aunque también las hay motivadas, justificando la incompatibilidad de la reserva con el objeto y propósito del tratado e incluso llegando a detallar las razones de esta incompatibilidad. Son sobre todo objeciones a las reservas redactadas en forma general supeditando la aplicación del tratado al derecho interno, cuyo rechazo se ha elevado de forma significativa en tiempos recientes[322].

---

321 Así, por ejemplo, la objeción de Italia a las reservas formuladas por Yemen a los artículos 5 c) y d), iv), vi) y vii) de la Convención sobre la eliminación de todas las formas de discriminación racial o la notificación de Pakistán al Secretario General según la cual "ha decidido no aceptar la reserva formulada por el Gobierno de la India en el instrumento de ratificación" a la Convención *(ibid,* tratado 8, nota 25). También la objeción de Alemania a las reservas de Estados Unidos al Pacto internacional de derechos civiles y políticos, o del mismo Estado a las reservas de la Indica al Pacto internacional de derechos económicos, sociales y culturales (*ibid,* tratado 3).

322 A título de ejemplo, en el Pacto internacional de derechos civiles y políticos, son las reservas de este tipo –además de las formuladas por Estados Unidos, objetadas por varios Estados al referirse a derechos esenciales e inderogables- las que más objeciones han recibido y basadas en su carácter general: la reserva de Pakistán recibiría el rechazo de 25 Estados (Alemania, Australia, Austria, Bélgica, Canadá, Dinamarca, Eslovaquia, España, Estados Unidos, Estonia, Finlandia, Francia, Grecia, Hungría, Irlanda, Italia, Letonia, Noruega, Países Bajos, Polonia, Portugal, Reino Unido, República Checa, Suecia y Suiza); la reserva de Maldivas, 19 (Alemania, Australia, Austria, Baréin, Canadá, Eslovaquia, España, Estonia, Finlandia, Francia, Hungría, Irlanda, Italia, Letonia, Países Bajos, Portugal, Reino Unido, República Checa y Suecia; la formulada por Baréin, 15 Estados (Australia, Canadá, Eslovaquia, Estonia, Hungría, Irlanda, Italia, Letonia, México, Países Bajos, Polonia, Portugal, Reino Unido, República Checa y Suecia); la reserva de Botsuana, 10 (Austria, Dinamarca, España, Francia, Italia, Irlanda, Noruega, Países Bajos, Portugal y Suecia); la reserva de Mauritania también ha sido rechazada por 10 Estados (Alemania, Finlandia, Francia, Grecia, Leto-

Pero en esta práctica se observan nuevos enfoques que son más apropiados para la protección de los derechos humanos: los referidos a los efectos jurídicos (o la falta de ellos) de las reservas inválidas, así como a las consecuencias jurídicas a deducir de esta invalidez. Ciertamente, respecto a la falta de efectos jurídicos, los Estados han utilizado en sus objeciones expresiones tales como que las reservas son "nulas"[323], "nulas y sin valor"[324], "no surten efecto jurídico alguno"[325] o son "nulas de pleno derecho"[326]. Asimismo, cuando los Estados, cada vez más frecuentemente, presentan objeciones tardías, fuera del plazo establecido para la objeción pues como justifican: "(...) el plazo de 12 meses establecido en el artículo 20.5 de la Convención de Viena no es aplicable a las reservas que son nulas y carecen de efecto, la objeción (...) a esas reservas no está sujeta a ningún plazo en concreto"[327]. Para

---

nia, Países Bajos, Polonia, Portugal, Reino Unido y Suecia); o la reserva de Lao con 6 rechazos (Austria, Finlandia, Irlanda, Países Bajos, Reino Unido y Suecia). *Ibid*, tratado 4.

323 Así, la objeción de Suecia a la declaración formulada por la República Democrática Alemana a la Convención sobre la tortura y otros tratos o penas crueles, inhumanos o degradantes (*ibid*, tratado 9)

324 Por ejemplo, la objeción de Italia a la reserva formulada por Estados Unidos al artículo 6.5 del Pacto internacional de derechos civiles y políticos (*ibid*, tratado 4).

325 Es el caso de la objeción de Bélgica a la reserva formulada por Singapur a la Convención sobre los derechos del niño (*ibid*, tratado 11).

326 A título de ejemplo, la objeción de Italia a la reserva formulada por Estados Unidos al Pacto internacional de derechos civiles y políticos (*ibid*, tratado 4).

327 Se trata de la objeción Bélgica, con fecha 1 de julio de 1996, a las reservas de Malasia formuladas, el 17 de febrero de 1995, a la Convención sobre los derechos del niño (*ibid*, tratado 11, nota 41). También y en sentido similar, la objeción tardía de Dinamarca a la reserva de Malasia (*ibíd.*, nota 41), o a las reservas formuladas por Yibuti, Irán, Pakistán, Siria, Botsuana o Catar a la Convención sobre los derechos del niño (*ibíd.*, nota 22), las formuladas por Bélgica y Austria a la reserva de Catar (*ibíd.*, notas 50 y 51), las objeciones tardías de los Países Bajos a las reservas de Yibuti, Indonesia, Pakistán o Siria (*ibíd.*, nota 29). También las presentadas por Austria e Italia a las reservas formuladas por Botsua-

estos Estados, por tanto, la objeción se limita a constatar una nulidad preexistente, que resulta del incumplimiento de las condiciones de validez sustantivas y formales requeridas. La invalidez de la reserva no depende de sus reacciones, de que presenten una objeción que no agrega nada a la nulidad de pleno derecho de las reservas inválidas. En otras palabras, la función de la objeción no sería determinar la invalidez de la reserva en sí, sino expresar públicamente el desacuerdo con la misma que estiman inválida, lo que otorgaría elementos a los demás Estados, incluido el autor de la reserva y a los órganos de tratados para valorar y determinar la validez o no de la reserva y entablar un diálogo al respecto.

Recogiendo esta práctica, la Comisión de Derecho Internacional se posiciona a favor de la nulidad de pleno derecho y, por ello, carente de efectos jurídicos de la reserva que no cumple los requisitos de validez[328]. Así, se establece en la directriz 4.5.1 de la Guía

na al Pacto internacional de derechos civiles y políticos (*Ibíd.*, tratado 4, nota 18), o la de Francia y los Países Bajos respecto a las reservas de Níger a la Convención sobre la eliminación de todas las formas de discriminación contra la mujer (*Ibíd.*, tratado 8, nota 50). Dinamarca formularía una objeción en plazo a la reserva de Níger a la citada Convención en la que precisaría la no existencia de plazo para objetar reservas inadmisibles conforme al Derecho internacional (*ibíd.*). También, las objeciones tardías de Suecia a las reservas de Singapur o Pakistán a esta última Convención (*ibíd.* nota 60).

328 No toda la práctica sigue esta tendencia (*vid.*, *infra*). Incluso hay Estados que, en las observaciones a las directrices relativas a la validez de las reservas, han manifestado claramente su desacuerdo con esta posición. Así, Francia señalaría lo siguiente: "en este caso se deben distinguir dos conceptos: validez y oponibilidad. La validez es la calidad de un acto jurídico que reúne todas las condiciones de forma y de fondo para producir efectos jurídicos. La reserva que no se formulara conforme a lo dispuesto en el artículo 19 de las Convenciones de Viena sería, pues, inválida. En el orden jurídico internacional, la validez de una reserva es apreciada subjetivamente por cada Estado por su propia cuenta. De esta particularidad bien conocida del derecho internacional se deriva la consecuencia de que una misma reserva puede ser considerada inválida por determinados Estados y válida por otros. La nulidad, que constituye

de la práctica sobre la "Nulidad de una reserva inválida"[329], precisando en la relativa a las "Reacciones a una reserva considerada inválida", la 4.5.2, que: "La nulidad de una reserva inválida no depende de la objeción o la aceptación por un Estado contratante o una organización contratante"[330] Asimismo, la directriz 3.3.3, titulada "Falta de efecto de la aceptación individual de una reserva en la validez sustantiva de la reserva" señala que: "La aceptación de una reserva sustantivamente inválida por un Estado contratante o por una organización contratante no tendrá por efecto subsanar la invalidez de las reservas"[331]. Por su parte, la definición de objeción aprobada por la Guía de la práctica[332] diferencia entre las dirigidas a reservas válidas e inválidas dando cabida a efectos pretendidos por su autor distintos a los previstos en los artículos 20 y 21 de la Convención de Viena, pero existentes en la práctica

---

la sanción de invalidez en derecho interno, no parece constituir, en estas condiciones, una sanción apropiada, en derecho internacional, de la invalidez de una reserva. El concepto de oponibilidad, y en particular de inoponibilidad, permite calificar de manera más adecuada la sanción de esta invalidez apreciada subjetivamente. En este sentido, la objeción permite que el Estado que juzga inválida una reserva pueda declarar que los efectos de dicha reserva le son inoponibles". *Vid.*, Las reservas a los tratados, Comentarios y observaciones recibidos de los Gobiernos, Comisión de Derecho Internacional 63° período de sesiones, 2011, A/CN.4/639/Add.1, p. 33.

329 *Vid.*, la directriz 4.5.1 y su comentario en Doc. A/66/10/Add.1, pp. 525-536.

330 *Vid.*, la directriz 4.5.2 en *ibíd.*, pp. 536-541.

331 *Vid.*, la directriz 3.3.3 en *ibíd.*, pp. 422-425.

332 La directriz relativa a la definición de la objeción (2.6.1) fue modificada en diversas ocasiones, siendo la crítica fundamental circunscribirse a los efectos previstos en los artículos 20 y 21 de la Convención de Viena. *Vid.*, al respecto y sobre las críticas a esta definición, Octavo Informe sobre "Las reservas a los tratados", presentado por el Relator especial Alain Pellet a la Comisión de Derecho Internacional en su 55° periodo de sesiones, 2003 (A/CN.4/535/Add.1, 73-76 y 98-100) y el Proyecto de informe de la Comisión de Derecho Internacional sobre la labor realizada en su 55° período de sesiones: capítulo VIII (Reservas a los tratados) (A/CN.4/L.640/Add.3), pp. 2 y ss., párrs. 2-12.

internacional. Y también se indica que la nulidad objetiva de la reserva no haría indispensable la formulación de objeciones en el plazo previsto[333], aunque alienta a los Estados a formular lo antes posible las objeciones motivadas a las reservas inválidas[334].

Sobre las consecuencias jurídicas de las reservas inválidas, dos alternativas posibles pueden derivarse de esa nulidad de pleno derecho y carente de efecto jurídico: una, la entrada en vigor del tratado sin el beneficio de la reserva pues ésta no produce efecto jurídico alguno y otra, la no entrada en vigor del tratado por lo que la reserva tampoco produce efectos al no existir relación convencional alguna entre el autor de la reserva y el autor de la objeción. Esta última opción es la objeción cualificada o de efectos *máximos* contemplada en el artículo 20. 4 *b)* de la Convención de Viena. Y respecto a la primera opción, no prevista en la Convención, es la denominada de efecto *supermáximo*, por la que se declara separable la reserva nula y sin efecto jurídico del instrumento de manifestación del consentimiento de su autor, quedando éste vinculado por el tratado en su integridad [335]. La objeción prevista en el artículo 21.3 de la Convención, la de efecto *simple* que se

---

333 Téngase en cuenta que el Secretario General de las Naciones Unidas no rechaza el depósito de las objeciones transcurrido el plazo de 12 meses o el previsto en el tratado pero las distribuye como comunicaciones. En este sentido, el Manual de tratados dice: "Cuando un Estado interesado notifique al Secretario General una objeción a un tratado después del plazo de 12 meses, el Secretario General la distribuirá como "comunicación" (Manual de tratados (última edición revisada en 2013, elaborado por la Sección de Tratados de la Oficina de Asuntos Jurídicos de Naciones Unidas, en la página web https://treaties.un.org, párr. 3.5.6).

334 Dice la directriz 4.5.2 sobre las "Reacciones a una reserva considerada inválida" que "un Estado o una organización internacional que considere que una reserva inválida debería formular lo antes posible una objeción motivada al respecto". *Vid.*, la directriz y su comentario en Doc. A/66/10/Add.1, pp. 526-541.

335 Este tipo de objeción, por tanto, no es para las reservas válidas puesto que, en base al principio del consensualismo, el Estado objetor no puede imponer al Estado que ha formulado válidamente una reserva obligaciones respecto de las cuales no ha manifestado su consentimiento

limita a las disposiciones a que se refiera la reserva y en la medida determinada por ésta, quedaría descartada. Y es que, recuérdese, su elección puede dar al tratado el beneficio de la reserva y, por tanto, equiparar el efecto de las reservas inválidas con el de las reservas válidas.

Ahora bien, en los tratados de derechos humanos las objeciones presentadas por los Estados a las reservas muestran lo siguiente: son excepción los Estados que manifiestan inequívocamente que el tratado no entra en vigor con el autor de la reserva inválida[336]. Los Estados deciden mantener relaciones convencionales con el Estado reservante, lo que advierten habitualmente en la objeción aun siendo presunción, sin más especificación, o incluso indicando de forma expresa los efectos derivados del artículo 21.3 de la Convención[337]. Pero cada vez es más frecuente que se señale que el tratado entra en vigor, pero en su totalidad y sin el

---

en obligarse. En este sentido, *vid.*, la directriz 4.3.7 y su comentario en *ibid.*, pp. 511-512.

336 Se encuentran algunos casos como las objeciones de los Países Bajos a las formuladas por algunos Estados al artículo IX de la Convención sobre la prevención y castigo del delito de genocidio de 1948, relativo a la cláusula compromisoria de solución jurisdiccional de controversias (*vid.*, http://untreaty.un.org, Parte I, Cap. IV, tratado 1). Téngase en cuenta también que algunos tratados relativos a los derechos de la mujer contienen una disposición que establece la objeción cualificada, y que algunos Estados formularían reservas a la disposición en cuestión (Albania, Belarús, Bulgaria, Checoslovaquia, Hungría, Indonesia, Polonia, Rumanía, Rusia, Ucrania y Yemen respecto al artículo VII de la Convención sobre los derechos políticos de la mujer de 1953), objetadas a su vez por otros Estados (Canadá, Dinamarca, República Dominicana, Etiopía, Filipinas, Israel, Noruega, Pakistán y Suecia). Pero incluso algunos Estados parte en esta Convención han optado por la entrada en vigor del tratado, incluso en su totalidad (Noruega y Suecia en relación a la reserva formulada por Bangladés (*ibid,* tratado 1).

337 Un ejemplo es la objeción de los Países Bajos, que menciona expresamente el artículo 21.3 de la Convención de Viena, al objetar la reserva formulada por los Estados Unidos al Pacto internacional de derechos civiles y políticos, *ibid,* tratado 4.

beneficio de la reserva[338], o que "estas reservas no pueden cambiar ni modificar en modo alguno las obligaciones dimanantes de la Convención para cualquier Estado parte"[339], o simplemente, pero con las mismas consecuencias, que la objeción constata sólo su nulidad de pleno derecho, que son nulas y sin valor o no surten efecto jurídico alguno[340].

Esta tendencia, que tiene en cuenta la Comisión de Derecho Internacional en sus trabajos las reservas, se observa fundamentalmente en ciertos Estados (y, particularmente, a reservas redactas de forma general). Efectivamente, los Estados que eligen la solución de aplicar íntegramente el tratado son en su mayoría Estados europeos[341] (también los que más objetan), sobre todo

---

338 Así, la objeción de la República Checa a la reserva de Catar a la Convención sobre la eliminación de todas las formas de discriminación de la mujer, *Ibíd*, tratado 8.

339 *Vid.*, por ejemplo, las objeciones de Austria y Portugal a las reservas de Maldivas o la objeción de España a la formulada por Catar a la Convención sobre la eliminación de todas las formas de discriminación de la mujer, *ibid*, tratado 8. También, la objeción de los Países Bajos a la reserva de El Salvador a la Convención sobre los derechos de las personas con discapacidad, *ibid*, tratado 15.

340 *Vid.*, por ejemplo, la objeción de Finlandia a la reserva de Yemen a la Convención sobre todas las formas de discriminación racial, *ibid*, tratado 2. Las objeciones de Finlandia a las reservas de Malasia y Singapur a la Convención de los derechos del niño o su objeción a las reservas de Maldivas a la Convención sobre la eliminación de todas las formas de discriminación contra la mujer, *ibíd*, tratado 8. También, la objeción de Bélgica a las reservas de Singapur a la Convención sobre los derechos del niño, *ibíd*, tratado 11. Las objeciones de España a Catar a la Convención sobre la eliminación de todas las formas de discriminación contra la mujer y a la reserva de Pakistán al Pacto internacional de derechos civiles y políticos, *ibíd*, tratado 4. Asimismo, la objeción de Portugal a la reserva de Maldivas a la Convención sobre la eliminación de todas las formas de discriminación contra la mujer, *ibíd*, tratado 8. También, los ejemplos señalados *supra*.

341 Fuera del ámbito geográfico, esta objeción es poco utilizada. Puede encontrarse, por ejemplo, en la presentada por Canadá en su objeción a la reserva de Brunéi a la Convención sobre la eliminación de todas las

los nórdicos[342], aunque no lo hacen todos los de este ámbito geo-

---

formas de discriminación contra la mujer, las objeciones a las reservas de Maldivas y Pakistán al Pacto internacional de derechos civiles y políticos (*ibid,* tratado 8) o la de Pakistán a la reserva de la India al Pacto internacional de derechos civiles y políticos señalando la aplicación del tratado en su integridad si el beneficio de la reserva (*ibid,* tratado 4).

342 Así, Suecia (*vid.*, sus objeciones de Suecia a las reservas de El Salvador Tailandia y Malasia a la Convención sobre los derechos de las personas con discapacidad; a las formuladas por Arabia Saudí y Turquía a la Convención todas las formas de discriminación racial; a la reserva de Somalia a la Convención de los derechos del niño; o sus objeciones a las reservas de Arabia Saudí, Brunéi, Emiratos Árabes Unidos, Micronesia, Omán, Catar, Pakistán, Singapur a la Convención sobre la eliminación de todas las formas de discriminación contra la mujer. Sus objeciones a las reservas de Baréin, Kuwait, Botsuana, Lao, Turquía, Mauritania, Maldivas y Pakistán al Pacto internacional de derechos civiles y políticos*)*. Dinamarca (la objeción a la reserva de Yemen a la Convención sobre todas las formas de discriminación racial; a las reservas de Brunéi, Yibuti, Irán, Pakistán, Siria, Catar y Malasia a la Convención de los derechos del niño; las formuladas por Arabia Saudí, Argelia, Baréin, Brunéi, Corea, Emiratos Árabes Unidos, Kuwait, Lesoto, Malasia, Maldivas, Mauritania, Nigeria, Omán, Pakistán, Singapur y Siria a la Convención sobre la eliminación de todas las formas de discriminación contra la mujer; o sus objeciones a las reservas de Botsuana y Pakistán al Pacto internacional de derechos civiles y políticos*)*. Finlandia (la objeción a la reserva de Yemen a la Convención sobre todas las formas de discriminación racial; a las reservas de Malasia, Singapur, Somalia a la Convención de los derechos del niño; a las reservas de Kuwait, Malasia, Níger, Arabia Saudí, Corea; Mauritania, Baréin, Siria, Micronesia, Emiratos Árabes Unidos, Omán, Brunéi a la Convención sobre la eliminación de todas las formas de discriminación contra la mujer; o sus objeciones a las reservas de Kuwait, Lao, Maldivas, Mauritania, Pakistán al Pacto internacional de derechos civiles y políticos*)*. Noruega (las objeciones a las reservas de Nigeria, Arabia Saudí, Corea, Mauritania, Siria, Emiratos Árabes Unidos, Brunéi y Catar a la Convención sobre la eliminación de todas las formas de discriminación contra la mujer; también, a las reservas de Botsuana y Pakistán al Pacto internacional de derechos civiles y políticos*)*. Téngase en cuenta, también, a Austria (las objeciones a las reservas de El Salvador, Malasia y Tailandia a la Convención sobre los derechos de las personas con discapacidad; a las reservas de Malasia a

gráfico (en particular, Alemania, Francia y el Reino Unido)[343]. En los comentarios y observaciones a los trabajos de la Comisión de Derecho Internacional, la justificación dada por algunos Estados para mantener relaciones convencionales con el autor de la reserva aun cuando ésta sea incompatible con el objeto y fin del tratado ha sido tratar de entablar un "diálogo sobre la reserva"[344].

---

la Convención sobre los derechos del niño; a las formuladas por Arabia Saudí, Baréin, Brunéi, Corea, Emiratos Árabes Unidos, Mauritania, Omán, Pakistán, Catar, República Árabe Siria y Maldivas y Malasia a la Convención sobre la eliminación de todas las formas de discriminación contra la mujer; a la reserva de Arabia Saudí a la Convención sobre todas las formas de discriminación racial; también, a la reserva de Baréin al Pacto internacional de derechos civiles y políticos*)*. Y otros Estados la aplican con menor frecuencia, entre ellos España (así, en la Convención sobre la eliminación de todas las formas de discriminación contra la mujer, su objeción a Catar al expresar su nulidad o a la reserva de Pakistán al Pacto internacional de derechos civiles y políticos con la misma precisión), Estonia (a las reservas de Catar y Siria a la Convención sobre la eliminación de todas las formas de discriminación contra la mujer); Grecia (a la reserva de Turquía al Pacto internacional de derechos civiles y políticos), Italia (a la formulada por Estados Unidos al Pacto internacional de derechos civiles y políticos que expresa que no afecta a las obligaciones derivadas del tratado), Moldavia (a la reserva de Somalia a Convención sobre los derechos del niño), los Países Bajos (a la reserva de Mauritania al Pacto internacional de derechos civiles y políticos) o Portugal (a la reserva de Maldivas a la Convención sobre la eliminación de todas las formas de discriminación contra la mujer al expresar que no altera ni modifica las obligaciones derivadas del tratado).

343 En estos Estados no se encuentra esta práctica de la separabilidad de la reserva inválida, como tampoco en Hungría, Irlanda o Polonia, *ibid.*

344 *Vid.*, en este sentido, Francia (Sexta Comisión, Acta resumida de la 14º sesión, *Documentos Oficiales de la Asamblea General,* A/C.6/60/SR.14, párr. 72); Italia (Acta resumida de la 16º sesión, A/C.6/60/SR.16, párr. 20); Portugal (Acta resumida de la 16ª sesión, A/C.6/60/SR.16, párr. 44), España (Acta resumida de la 17º sesión, A/C.6/60/SR.17, párr. 25). *Vid.*, también, en el mismo sentido, Japón (Acta resumida de la 14º sesión, A/C.6/60/SR.14, párr. 57); Bélgica (Acta resumida de la 16º sesión, A/C.6/60/SR.16, párr. 69), y Rumania (A/C.6/60/SR.16, párr. 77). Asimismo, Australia (*Las reservas a los tratados, Comentarios y observa-*

En fin, la reacción de los Estados es divergente respecto a las reservas formuladas. Hay reservas que se aceptan por pasividad, aunque cada vez es más habitual que se presente una objeción por incompatibilidad con el objeto y fin del tratado. En estos casos, los Estados prefieren mantener relaciones convencionales con el autor de la reserva inválida y no su exclusión del tratado. Y aunque va en aumento el deseo de aplicar el tratado en su totalidad, teniendo por no puesta la reserva, son particularmente Estados europeos, y no todos ellos, los que expresan esta consecuencia jurídica de la reserva inválida. Otro grupo de Estados deciden reconocer la existencia del vínculo convencional incluso con la reserva carente de validez, aunque expresando su desacuerdo con la reserva y propiciando con ello un diálogo sobre su necesidad y contenido a fin de modificarla o retirarla[345]. Por lo demás, la práctica en estos tratados confirma numerosos casos de reservas modificadas o retiradas[346].

---

ciones recibidos de los Gobiernos, Comisión de Derecho Internacional 63º período de sesiones, 2011, A/CN.4/639, párrs. 31 y ss.). También se ha justificado en consideraciones de índole política o extrajurídica. *Vid,* por ejemplo, Portugal, Acta resumida de la 16ª sesión, (A/C.6/60/SR.16), párr. 43.

345 Hay Estados que en sus objeciones instan la modificación o retirada de la reserva que estiman inválidas. Así, por ejemplo, la objeción de Dinamarca a la reserva de Arabia Saudí a la Convención sobre la eliminación de todas las formas de discriminación contra la mujer (*vid.,* http://untreaty.un.org, Parte I, Cap. IV, tratado 8). En otros casos, los Estados solicitan aclaraciones o precisiones sobre las reservas, incitando al diálogo con el Estado autor a fin de modificarla o retirarla. Así lo haría Austria respecto a las reservas formuladas por Malasia a la Convención sobre los derechos del niño, que serían parcialmente retiradas (*Ibid,* tratado 11).

346 Tomando como ejemplo la Convención sobre la eliminación de todas las formas de discriminación contra la mujer, entre los Estados que han retirado total o parcialmente reservas u otras declaraciones figuran los siguientes: Alemania (2001), Argelia (2009), Australia (2000), Austria (2000, 2006, 2015), Bahamas (2011), Bangladés (1997), Brasil (1994), Bulgaria (1992), Canadá (1992), Corea (1991, 1999, 2015), Checoslovaquia (1991), Chipre (2000), Egipto (2008), Fiji (2000), Francia (1984, 1986, 2003, 2013), Hungría (1989), Iraq (2014), Irlanda (1986, 2000,

VI.

LA EVALUACIÓN POR LOS ÓRGANOS DE TRATADOS

La evaluación objetiva de la validez de la reserva resulta la vía más adecuada para mantener la integridad esencial de los tratados, permitiendo "dotar de efecto útil al artículo 19 de la Convención de Viena sobre el Derecho de los Tratados"[347], en particular al problemático criterio del objeto y fin. Así lo han entendido los

---

2004), Islas Cook (2007), Jamaica (1985), Jordania (2009), Kuwait (2005), Liechtenstein (1996), Luxemburgo (2008), Malawi (1991), Malasia (1998, 2010), Maldivas (2010 y 2021), Marruecos (2011), Mauritania (1998, 2014), Mongolia (1990), Nueva Zelanda (1989, 2003, 2007), Polonia (1997), Rumania (1997), URSS (1989), Singapur (2007, 2011, 2015), Suiza (2004, 2013), Tailandia (1991, 1992, 1996, 2012), Reino Unido (1995), Túnez (2014), Turquía (1999, 2008) (*ibid,* tratado 8). Asimismo y respecto a la Convención sobre los derechos del niño, Alemania (2010), Andorra (2006), Arabia Saudí (2012), Austria (2015), Bosnia y Herzegovina (2008), Brunéi (2015), Croacia (1998), China (2003), Yibuti (2009), Egipto (2003), Indonesia (2005), Islandia (2009, 2015), Islas Cook (2009), Kiribati (2015), Linchestein (2003, 2009), Malta (2001), Marruecos (2006), Mauritania (2008), Myanmar (1993), Noruega (1995), Omán (2011), Pakistán (1997), Polonia (2013),Catar (2009), Reino Unido (1997, 2008), Suiza (2004),Tailandia (1997, 2010), Túnez (2002, 2008), Yugoslavia (1997) (*Ibid,* tratado 11). Y en relación al Pacto internacional de derechos civiles y políticos, Australia (1984), Bélgica (1991), Belarús (1992), Corea (1991, 1993, 1997, 2007, 2008), Eslovenia (2004), Finlandia (1985, 1990), Francia (1988, 2012), Irlanda (1994, 1998, 2009, 2011), Islandia (1993, 2009), Italia (2005), Kuwait (2005 y 2016), Liechtenstein (2000, 2009), México (2002,2014), Noruega (1979), Países Bajos (1983), Pakistán (2011), Reino Unido (1993, 2015) Suiza (1995, 2004, 2007), Tailandia (2012) (*ibid,* tratado 4).

347 REDGWELL, C.: "Universality or Integrity? Some Reflections on Reservations to General Multilateral Treaties," *cit.*, p. 261.

órganos de tratados de derechos humanos formados por expertos independientes y cuya función principal es la supervisión del cumplimiento de las disposiciones del tratado por los Estados parte. Ahora bien, la Convención sólo establece un control estatal individual y los tratados no prevén de forma expresa el control de las reservas por los órganos de tratados que, tratándose de los del ámbito universal, carecen de poderes de decisión obligatorio. Además, los órganos han deducido consecuencias jurídicas de las reservas que han estimado inválidas que, no sólo no están previstas en la Convención, sino que cuestionan el principio básico del consentimiento.

Estas dificultades han tenido reflejo en la posición de los órganos, que ha discurrido por varias etapas a lo largo del tiempo: desde una actitud cautelosa sobre la forma de actuar sobre las reservas, a posiciones categóricas como la mantenida por el Comité de Derechos Humanos en su observación general número 24 de 1994, desarrollando posteriormente una actitud moderada y matizada, más respetuosa con la voluntad estatal. El control de las reservas por los órganos convencionales requiere, por tanto, el análisis de dos cuestiones esenciales, a saber, el fundamento jurídico y amplitud de su competencia (el valor de sus decisiones y la intervención de los Estados en el control de las reservas) por un lado y, por otro, las consecuencias a deducir cuando han estimado inválidas las reservas.

6.1. REGLAS Y PRÁCTICAS SOBRE LAS RESERVAS

Los órganos de tratados universales han reclamado y puesto en práctica la evaluación de las reservas a través de los mecanismos previstos para el ejercicio de sus funciones generales de supervisión, a saber, el procedimiento obligatorio de los informes de los Estados, el facultativo de las comunicaciones individuales, los pronunciamientos de los órganos sobre la aplicación o interpretación de los respectivos tratados en general y el procedimiento de investigación[348].

Planteada esta competencia ya desde los años 70, su posición ha variado en el tiempo, incluso en el seno de un mismo órgano. En la actualidad, sin embargo, hay un planteamiento común a todos ellos, adoptado bajo la forma de recomendaciones por el Grupo de Trabajo sobre las reservas[349].

6.1.1. Posición inicial de cautela

La formulación de numerosas reservas y las dudas suscitadas respecto a la compatibilidad de algunas de ellas con el objeto y fin del tratado, llevó a que algunos Comités (en particular, el Comité sobre la Eliminación de todas las Formas de Discriminación Racial[350] y el Comité para la Eliminación de la Discriminación contra

---

348 Hasta la fecha, no hay constancia de que se haya aplicado el mecanismo de comunicaciones entre Estados para el control de las reservas.

349 Estas recomendaciones y sus modificaciones figuran en Informe de la reunión del Grupo de Trabajo sobre las reservas, 18ª reunión de los presidentes de los órganos creados en virtud de tratados de derechos humanos, 2006, (HRI/MC/2006/5) y en el Informe de la reunión del Grupo de Trabajo sobre las reservas, 19ª reunión de los presidentes de los órganos creados en virtud de tratados de derechos humanos, 2007, 6ª reunión de los comités que son órganos creados en virtud de tratados de derechos humanos, (HRI/MC/2007/5 y Add.1), respectivamente.

350 *Vid.*, por ejemplo, las dificultades surgidas en algunas reservas y declaraciones a la Convención de 1965 con ocasión del examen de los informes presentados por el Reino Unido (Informe del Comité para la Eliminación de todas las Formas de Discriminación Racial en sus 7° y 8° periodos de sesiones, *Documentos Oficiales de la Asamblea General, vigésimo octavo período de sesiones suplemento N° 18* (A/9018), párr. 292; Informe del Comité para la Eliminación de todas las Formas de Discriminación Racial en sus 11° y 12° periodos de sesiones, *Documentos Oficiales de la Asamblea General, trigésimo período de sesiones suplemento N° 18* (A/10018), párr. 144); Jamaica (Informe del Comité para la Eliminación de todas las Formas de Discriminación Racial en sus 9° y 10° periodos de sesio-

la Mujer[351]) se plantearan la posibilidad de evaluar la validez de las mismas. Formulada esta cuestión en 1976 a la Asesoría Jurídica de las Naciones Unidas, su respuesta sería que la Convención de Viena sobre el Derecho de los Tratados atribuía la responsabilidad exclusiva de tal control a los Estados, por lo que los órganos podían a lo sumo hacer observaciones sobre las reservas y, en caso de discrepancias en la apreciación de su validez, éstas podrían ser resueltas por los mecanismos previstos de solución de diferencias[352].

---

nes, *Documentos Oficiales de la Asamblea General, vigésimo noveno período de sesiones suplemento Nº 18* (A/9618), párrs. 83 y 85 y el Informe del Comité para la Eliminación de todas las Formas de Discriminación Racial en sus 13º y 14º periodos de sesiones, *Documentos Oficiales de la Asamblea General, trigésimo primer período de sesiones suplemento Nº 18* (A/31/18), párrs. 60 y 62), Barbados (A/9618, párr. 195 y A/31/18, párr. k 9), Tonga (A/31/18, párr. 82) y las Bahamas (Informe del Comité para la Eliminación de todas las Formas de Discriminación Racial en sus 15º y 16º periodos de sesiones, *Documentos Oficiales de la Asamblea General, trigésimo segundo período de sesiones suplemento Nº 18* (A/32/18), párr. 310).

351 Así, las reservas de Egipto a los artículos 9 (2), 16 y 2 formuladas a la Convención de 1979, respecto de las cuales algún miembro del Comité para la Eliminación de la Discriminación contra la Mujer afirmó su incompatibilidad con el objeto y fin de la Convención (*Vid.*, Informe del Comité para la Eliminación de la Discriminación contra la Mujer sobre su 2º periodo de sesiones, *Documentos Oficiales de la Asamblea General, trigésimo noveno período de sesiones, Suplemento Nº 45* (A/39/45), pp. 25-32.

352 En efecto, ante las aclaraciones solicitadas por los Comités sobre su competencia en materia de reservas, la Asesoría Jurídica de Naciones Unidas señalaría que: "El Comité -en referencia al Comité sobre la Eliminación de Todas las Formas de Discriminación Racial- no es un órgano representativo de los Estados partes (que son los únicos que disponen de poderes generales con respecto a la aplicación de la Convención de 1966). Cuando se ha aceptado una reserva siguiendo los trámites previstos explícitamente por la Convención (artículo 20), una decisión del Comité –aunque fuera unánime- en el sentido de que esa reserva no es aceptable, no podría tener ningún efecto jurídico" (*vid.*, el Memorando de la Asesoría Jurídica, remitido al director de la División de Derechos Humanos en 1976, en *Anuario Jurídico de UN*, 1976, p. 234, párr. 8). Asimismo, y respecto a la cuestión planteada por el Comité para la Eliminación de la Discriminación contra la Mujer, se indicaría

En consecuencia, las actuaciones posteriores de los órganos se limitarían a tener en cuenta las reservas en el examen de los informes presentados por los Estados solicitando su retirada si las estimaban incompatibles. Así lo convendría el Comité sobre la Eliminación de todas las Formas de Discriminación Racial en su periodo de sesiones de 1978[353], y lo expresaría el Comité para la Eliminación de la Discriminación contra la Mujer en su recomendación general número 4, que dedicada a las reservas, fue aprobada en 1987. Su texto dice lo siguiente:

> "*Habiendo examinado* en sus períodos de sesiones los informes de los Estados Partes,
>
> *Expresando su preocupación* con respecto al considerable número de reservas que parecían incompatibles con el objeto y la finalidad de la Convención,
>
> *Acoge con beneplácito* la decisión de los Estados Partes de examinar las reservas en su próximo período de sesiones que se celebrará en Nueva York en 1988 y, con este fin, sugiere que todos los Estados Partes interesados vuelvan a examinarlas con miras a retirarlas"[354].

---

que: "entre las funciones del Comité no parece figurar la de determinar la incompatibilidad de las reservas, aunque éstas sin duda afectan a la aplicación de la Convención y el Comité tal vez tenga que hacer observaciones al respecto en los informes que presente en este contexto", sugiriendo en caso de diferencias sobre la permisibilidad de la reservas la aplicación de los mecanismos formales de solución de diferencias del artículo 29 (*vid.*, la opinión jurídica acerca de la aplicación del artículo 28 de la Convención sobre la eliminación de todas las formas de discriminación contra la mujer, presentada por la Sección de Tratados de la Oficina de Asuntos Jurídicos de la Secretaría de las Naciones Unidas a solicitud del Comité en *ibíd.* Anexo III, pp. 58-59).

353 *Vid.*, Informe del Comité para la Eliminación de todas las Formas de Discriminación Racial en sus 17º y 18º periodos de sesiones, *Documentos Oficiales de la Asamblea General, trigésimo tercer período de sesiones suplemento Nº 18* (A/33/18), párr. 374.

354 Esta recomendación figura en Informe del Comité para la Eliminación de la Discriminación contra la Mujer sobre su 6º periodo de sesiones, *Documentos Oficiales de la Asamblea General, cuadragésimo segundo período de sesiones, Suplemento Nº 38* (A/42/38), p. 83). También se incluye en la

En este mismo contexto y con la misma cautela actuaría el Comité de Derechos Humanos. Así y aun siendo invitado de forma implícita por algún Estado examinado a pronunciarse con claridad respecto a su jurisdicción sobre las reservas[355], el Comité se mostraría únicamente dispuesto a solicitar el retiro de las reservas estimadas incompatibles[356]. En relación a las comunicaciones individuales, con motivo de las denuncias presentadas por miembros de la minoría lingüística bretona contra Francia en 1989, el Comité se limitaría a recalificar como reserva la declaración invocada por el Estado parte al artículo 27 del Pacto[357] pero sin entrar

---

Recopilación de las observaciones generales o recomendaciones generales adoptadas por órganos creados en virtud de tratados de derechos humanos, publicadas por Naciones Unidas (*vid.,* HRI/GEN/1/Rev.9 (Vol. II), de 27 de mayo de 2008, pp. 62-63).

355 En efecto, en el examen, en 1986, del segundo informe presentado por Austria, el representante del gobierno requeriría al Comité a que le diera garantías de que su legislación en lo ateniente al párrafo 5 del artículo 14 era compatible con el Pacto para poder así retirar su reserva estimada innecesaria. *Vid,* Informe del Comité de Derechos Humanos en su 43°, 44° y 45° periodo de sesiones, *Documentos Oficiales de la Asamblea General, cuadragésimo tercer período de sesiones suplemento N° 40* (A/47/40), párrs. 80 a 124.

356 *Vid.,* esta llamada de atención a Francia en Informe del Comité de Derechos Humanos en su 17°, 18° y 19° periodo de sesiones, *Documentos Oficiales de la Asamblea General, trigésimo octavoperíodo de sesiones suplemento N° 40* (A/38/40), párr. 315. En el mismo periodo y con igual sentido, respecto a las reservas formuladas por Finlandia (Informe del Comité de Derechos Humanos en su 6° y 7° periodo de sesiones, *Documentos Oficiales de la Asamblea General, trigésimo cuarto período de sesiones suplemento N° 40* (A/34/40), párr. 394), Australia (A/38/40, párr. 138), Austria (A/47/40, párr. 121), Bélgica (A/47/40, párr. 430), Dinamarca (A/47/40, párr. 518), Islandia (Informe del Comité de Derechos Humanos en su 49° y 51° periodo de sesiones, *Documentos Oficiales de la Asamblea General, cuadragésimo noveno período de sesiones suplemento N° 40* (A/49/40), párr. 81), India (A/49/40, párr. 96), Italia (A/49/40, párr. 129) o la República de Corea (A/49/40, párr. 282).

357 El texto de la reserva formulada por Francia al artículo 27 del Pacto internacional de derechos civiles y políticos, relativo al derecho a em-

a cuestionar su ilicitud, lo que llevó a excluir su competencia para el examen de las comunicaciones presentadas que declararía inadmisibles[358]. La falta de consenso entre sus miembros también impediría en 1992 la adopción de un comentario general sobre las reservas[359]. Pero uno de estos miembros, R. HIGGINS[360], observaría lo siguiente:

---

plear su propio idioma, es el siguiente: "A la luz del artículo 2 de la Constitución de la República Francesa, el Gobierno de Francia declara que el artículo 27 no es aplicable en lo que concierne a la República".

358 *Vid.*, las comunicaciones presentadas por *T.K. c. Francia* (Comité de Derechos Humanos, Comunicación, Nº 220/1987, *T.K. c. Francia*, decisión de 8 de noviembre de 1989) y *M.K. c. Francia* (Comité de Derechos Humanos, Comunicación, Nº 222/1987, *M.K. c. Francia*, decisión de 8 de noviembre de 1989), ambas en Informe del Comité de Derechos Humanos en su 37º, 38º y 39º periodo de sesiones, *Documentos Oficiales de la Asamblea General, cuadragésimo quinto período de sesiones suplemento Nº 40* (A/45/40), vol. II, pp. 127-142. Asimismo, las planteadas por *S.G. c. Francia* (Comunicación Nº 347/1988, *S. G. c. Francia*, decisión de 1° de noviembre de 1991), *G.B. c. Francia* (Comunicación Nº 348/1989, *G. B. c. Francia*, decisión de 1° de noviembre de 1991), *R.L.M c. Francia* (Comunicación Nº 363/1989, *R.L.M c. Francia*, decisión de 6 de abril de 1992) y *C.L.D. c. Francia* (Comunicación Nº 439/1990, *C. L. D. c. Francia*, decisión de 8 de noviembre de 1991y que figuran en, Informe del Comité de Derechos Humanos en su 43º, 44º y 45º periodo de sesiones, *Documentos Oficiales de la Asamblea General, cuadragésimo tercer período de sesiones suplemento Nº 40* (A/47/40), pp. 340 y ss.

359 Esta posibilidad se presentó ya en la sesión celebrada en julio de 1992, tras el debate sobre las competencias del Comité en materia de reservas, pero no se alcanzó un acuerdo general. *Vid.*, Comité de Derechos Humanos, *Acta resumida de la 1167ª sesión, 45º período de sesiones* (CCPR/C/SR/1167), párrs. 49-89.

360 Su defensa por la competencia del Comité en materia de reservas ya sería puesta de manifiesto en sus opiniones individuales a las decisiones adoptadas por el Comité en las comunicaciones individuales citadas. *Vid.*, Apéndice II de dichas decisiones. También los comentarios al respecto de RIQUELME CORTADO, R.: *Las Reservas a los Tratados: Lagunas y ambigüedades del Régimen de Viena, cit.*, p. 339; SCHABAS, W.: "Reservations to Human Rights Treaties: Time for Innovation and Reform", *Annuaire canadien de droit international* (1994, pp. 69-70.

> "La clásica posición de que las reservas a los tratados son una cuestión de soberanía del Estado no tiene validez en los tratados sobre derechos humanos, en que los Estados acuerdan mutuamente reconocer ciertos derechos a los individuos. La realidad es que en general los Estados no reconocen sus intereses mutuos en la esfera de los derechos humanos y no vigilan las reservas. Sin duda el Comité no debería adoptar la opinión conservadora de que un Estado Parte puede hacer las reservas que quiera y que el Comité no debe hacer nada al respecto. Sólo el Comité puede abordar la cuestión general de las reservas al Pacto"[361].

En su segundo periodo de sesiones celebrado en 1992, tras el planteamiento sobre sus competencias en esta materia e influido asimismo por el memorándum de la Asesoría jurídica de las Naciones Unidas, el Comité de los Derechos del Niño trasladó la cuestión de las reservas a los Presidentes de los órganos creados en virtud de los tratados de derechos humanos[362]. Pero éstos, en su cuarta reunión celebrada ese mismo año, insistirían en la línea de urgir a los Estados autores al retiro de las reservas estimadas incompatibles y alentar a los demás a expresar su rechazo[363].

En el marco de los preparativos de la II Conferencia Mundial sobre Derechos Humanos celebrada en 1993, estos órganos plantearían otras opciones para la determinación de la validez de las reservas. Una de ellas, contemplada por el Comité para la Eliminación de la Discriminación contra la Mujer en su recomenda-

---

361 *Vid.*, Comité de Derechos Humanos, *Acta resumida de la 1167ª sesión, 45º período de sesiones* (CCPR/C/SR/1167), párr. 67.

362 *Vid.*, Informe del Comité de los Derechos del Niño en sus 2º a 5º periodo de sesiones, *Documentos Oficiales de la Asamblea General, cuadragésimo noveno período de sesiones suplemento Nº 41* (A/49/41), párr. 525-534.

363 Informe de la Cuarta Reunión de Presidentes de los órganos creados en tratados sobre derechos humanos, 10 de noviembre de 1992, (A/47/628), párrs. 36 y 60-65.

ción general número 20 sobre las reservas de 1992[364], se refería a la posibilidad de incorporar un procedimiento sobre formulación de reservas, como el previsto en el artículo 20 de la Convención sobre la eliminación de todas las formas de discriminación racial. También sugeriría, al igual que el Comité de Derechos Humanos[365], la posibilidad de solicitar a la Corte Internacional de Justicia una opinión consultiva sobre la validez y las consecuencias jurídicas de las reservas formuladas a los tratados de derechos humanos. Esta propuesta contaría también con el apoyo de los Presidentes de los órganos de tratados[366], que ya en su reunión de 1994 recomendarían a los Comités que señalaran a la atención de los Estados partes la incompatibilidad de algunas reservas[367]. Pero ese mismo año, uno de los órganos, el Comité de Derechos Humanos, daría un giro importante sobre su competencia sobre las reservas.

---

364 Comité para la Eliminación de la Discriminación contra la Mujer, Recomendación general 20 (1992) sobre "Las reservas formuladas en relación a la Convención" (Recopilación de las observaciones generales o recomendaciones generales adoptadas por órganos creados en virtud de tratados de derechos humanos, publicadas por Naciones Unidas, HRI/GEN/1/Rev.9 (Vol. II), de 27 de mayo de 2008, pp. 80 y 81).

365 *Vid.*, la sugerencia en tal sentido del Comité de Derechos Humanos en CCPR/C/SR.1228, de 12 de mayo de 1993, párr. 22 y del Comité contra la Eliminación de la Discriminación contra la Mujer en Informe del Comité para la Eliminación de la Discriminación contra la Mujer sobre su 12° periodo de sesiones, *Documentos Oficiales de la Asamblea General, cuadragésimo octavo período de sesiones, Suplemento N° 38* (A/48/38), párrs. 3 y 5.

366 Los Presidentes de los órganos creados en tratados de derechos humanos contemplaron dicha posibilidad en su Cuarta Reunión. *Vid.*, Informe de la Cuarta Reunión de Presidentes de los órganos creados en tratados sobre derechos humanos, 10 de noviembre de 1992 (A/47/628), párrs. 61-64.

367 Informe de la Quinta Reunión de Presidentes de los órganos creados en tratados sobre derechos humanos, 19 de octubre de 1994 (A/49/537), párr. 30.

6.1.2. La posición "categórica" de la Observación General 24 del Comité de Derechos Humanos

El Comité de Derechos Humanos adoptó en 1994 la observación general número 24, titulada "Cuestiones relacionadas con las reservas formuladas con ocasión de la ratificación del Pacto o de sus Protocolos Facultativos, o de la adhesión a ellos, o en relación con las declaraciones hechas de conformidad con el artículo 41 del Pacto[368]. En esta observación, por primera vez un órgano de tratado universal se declara competente para determinar la validez de las reservas y lo hará en términos rotundos. Estimada la reserva inválida, anuncia su propia doctrina de la "separabilidad".

El inadecuado e insatisfactorio funcionamiento del control estatal para los tratados de derechos humanos, que "no son una red de intercambios y obligaciones entre los Estados. Se refieren al otorgamiento de derechos a las personas. No ha lugar al principio de reciprocidad (...)"[369], y el ejercicio de sus funciones de supervisión, serán los argumentos que llevaran al órgano a afirmar que "por necesidad ha de ser el Comité quien decida si una determinada reserva es compatible con el objeto y el fin del Pacto"[370].

Efectivamente, la inadecuación para esta categoría de tratados de las normas clásicas sobre las reservas la expresa el Comité refiriéndose a la práctica de los Estados que "no han considerado con frecuencia interesante o necesario desde el punto de vista jurídico oponerse a las reservas. No cabe deducir del hecho de que los Estados no formulen una propuesta que una reserva sea compatible o incompatible con el objeto y fin del Pacto. Se han

---

368 Comité de Derechos Humanos, Observación general número 24 (52) sobre "Cuestiones relacionadas con las reservas formuladas con ocasión de la ratificación del Pacto o de sus Protocolos Facultativos, o de la adhesión a ellos, o en relación con las declaraciones hechas de conformidad con el artículo 41 del Pacto", de 11 de noviembre de 1994, (Doc. CCPR/C21/Rev.1/Add.6).

369 *Ibíd.*, párr. 17.

370 *Ibíd.*, párr. 18.

formulado objeciones ocasionalmente, unos Estados sí, pero otros no, y no siempre se han especificado sus motivos; cuando se hace una objeción, no se suele especificar una consecuencia jurídica y, en ocasiones, incluso se indica que la Parte que hace la objeción no considera que el Pacto no esté en vigor entre las Partes interesadas"[371].

A su vez, el Comité señalará que esta competencia es una tarea que "que el Comité no puede eludir en el desempeño de sus funciones. A fin de conocer el alcance de su deber de examinar el cumplimiento del Pacto por un Estado en virtud de lo dispuesto en el artículo 40 o una comunicación presentada con arreglo al Primer Protocolo Facultativo, el Comité ha de adoptar necesariamente una opinión sobre la compatibilidad de la reserva con el objeto y fin del Pacto y con el derecho internacional en general"[372].

Constatada la incompatibilidad de una reserva, el Comité anunciará la solución de la separabilidad de la reserva, al afirmar que: "La consecuencia normal de una reserva inaceptable no es la de que el Pacto carezca de todo vigor para la parte que formula la reserva. Antes bien, será posible considerar independientemente esa reserva, en el sentido de que el Pacto será aplicable para la parte que formule la reserva sin que la reserva se tenga en cuenta"[373].

Cuatro años después, el Comité aplicará la doctrina expresada en su observación general número 24. Sería en su decisión de 31 de diciembre de 1999 en el caso *Rawley Kennedy c. Trinidad y Tobago*[374] sobre la admisibilidad de una comunicación presentada por un condenado a muerte contra este Estado. Efectivamente, Trinidad y Tobago al adherirse por segundo vez al Primer Protocolo Facultativo al Pacto, formuló una reserva por la que excluía de

---

371 *Ibíd.*, párr. 17.

372 *Ibíd.*, párr. 18.

373 *Ibíd.*, párr. 18.

374 Comité de Derechos Humanos, Comunicación Nº 845/1999, *Rawley Kennedy c. Trinidad y Tobago*, decisión de 2 de noviembre de 1999 (CCPR/C/67/D/845/1999).

dicha protección procesal a esta categoría de personas. Invocada la reserva por el Estado demandado, el Comité afirmaría que: "le incumbe en su calidad de órgano encargado de la aplicación del Pacto Internacional de Derechos Civiles y Políticos y sus Protocolos Facultativos, interpretar y determinar la validez de las reservas formuladas a estos tratados"[375].

Luego de examinar su validez según los criterios indicados en la observación general número 24[376], consideraría que: "no puede aceptar una reserva que en virtud de la cual se conceda a un determinado grupo de personas menor protección procesal que al resto de la población. A juicio del Comité, ello es discriminatorio e incompatible con algunos de los principios básicos del Pacto y sus Protocolos y, por esa razón, la reserva no puede considerarse compatible con el objeto y el propósito del Protocolo Facultativo"[377]. Tras concluir que la reserva carecía de validez, el Comité se limitaría a constatar que: "La consecuencia es que el Comité no tiene impedimentos para examinar la presente comunicación con arreglo al Protocolo Facultativo"[378].

Con esta decisión, el Estado demandado seguiría obligado por el Protocolo y no podría beneficiarse de la reserva formulada. Pero esta decisión se adoptaría con la opinión disidente de algunos de sus miembros[379], para los que el hecho de que Trinidad y

---

375 *Ibíd.* párr. 6.4

376 *Vid.*, Comité de Derechos Humanos, Observación general número 24 (52) sobre "Cuestiones relacionadas con las reservas formuladas con ocasión de la ratificación del Pacto o de sus Protocolos Facultativos, o de la adhesión a ellos, o en relación con las declaraciones hechas de conformidad con el artículo 41 del Pacto", de 11 de noviembre de 1994, (Doc. CCPR/C21/Rev.1/Add.6, párr. 13).

377 Comité de Derechos Humanos, Comunicación Nº 845/1999, *Rawley Kennedy c. Trinidad y Tobago*, decisión de 2 de noviembre de 1999 (CCPR/C/67/D/845/1999), párr. 6.7.

378 *Ibíd.*

379 *Vid.*, el voto disidente a la decisión en el caso *Kenedy*, párrs. 16 y 17. Unos meses antes el Comité resolvió sobre la inadmisibilidad de una comunicación presentada contra este mismo Estado que invocaría la

Tobago, que en 1980 se adhirió al Primer Protocolo Facultativo al Pacto, denunciara el mismo el 26 de mayo de 1998 para adherirse ese mismo día con la reserva, constituía, una clara evidencia de que la misma era un elemento esencial en la adhesión al Pacto. "En estas circunstancias particulares -señalarían- resulta evidente que Trinidad y Tobago no estaba dispuesta a ser Parte en el Protocolo Facultativo sin la reserva específica y que su re-adhesión dependía de que se aceptara la reserva" [380]. Su segunda denuncia, el 27 de marzo de 2000, del Protocolo Facultativo, vendría a confirmar esta opinión[381].

Como era de esperar, la competencia declarada y puesta en práctica por el Comité daría lugar a un importante debate y a respuestas muy críticas por aquellos cuya voluntad soberana entendían que era reemplazada, los Estados[382]. Y aun cuando los Presidentes de los órganos creados en virtud de tratados de derechos humanos expresarían en 1998 su "firme apoyo al criterio reflejado en la Observación general 24"[383], los órganos no quedarían indiferentes a este debate, cuyos desarrollos posteriores serían más

---

reserva en cuestión. *Vid.*, Comité de Derechos Humanos, Comunicación, N° 830/1998, *Christopher Bethel c. Trinidad y Tobago,* decisión de 30 de abril de 1999 (CCPR/C/65/D/830/1998) y la opinión individual conjunta contraria de Crawford, Simma y Szekely.

380 *Ibíd.*

381 *Vid.,* el texto de la denuncia en http://untreaty.un.org, Parte I, cap. IV, tratado núm. 5.

382 *Vid.,* en particular, las críticas formuladas por Estados Unidos (Informe del Comité de Derechos Humanos a la Asamblea General, 1995 (Informe del Comité de Derechos Humanos en su 52°, 53° y 54° periodo de sesiones, *Documentos Oficiales de la Asamblea General, quincuagésimo período de sesiones suplemento N° 40* (A/50/40), vol. I, pp. 130 y ss.), el Reino Unido (*ibíd.*, pp. 134 y ss.) y Francia Informe del Comité de Derechos Humanos en su 55°, 56° y 57° periodo de sesiones, *Documentos Oficiales de la Asamblea General, quincuagésimo primer período de sesiones suplemento N° 40* (A/51/40), vol. I, pp. 111 a 113).

383 Informe de la Novena reunión de Presidentes de órganos creados en virtud de tratados de derechos humanos, 14 de mayo de 1998, (A/53/125), párr. 18.

respetuosos con la voluntad estatal: más que a imposiciones jurídicas, sus posiciones y práctica irá dirigida al diálogo y persuasión con los Estados autores de las reservas estimadas inválidas.

6.1.3. Desarrollos posteriores

Los desarrollos posteriores de los órganos universales de tratados muestran más moderación y pragmatismo respecto a las reservas formuladas por los Estados. Efectivamente, en el contexto de los informes presentados por los Estados se observa que cuando los Comités han entrado a valorar la validez de las reservas y han estimado su incompatibilidad con el objeto y fin del tratado, los pronunciamientos oficiales sobre su invalidez y efectos jurídicos han sido excepcionales evitando incluso conclusiones explícitas sobre la incompatibilidad. Los órganos, en general, han mantenido una actitud de diálogo constructivo con los Estados autores sobre la validez de la reserva, solicitando información sobre su significado y mantenimiento, encaminada a su modificación o retirada. Así resulta de la práctica del Comité contra la Tortura[384]

---

[384] Su práctica, efectivamente, no ha registrado pronunciamientos acerca de la admisibilidad de las reservas sino que se ha limitado esencialmente a pedir a los Estados Partes mayor precisión en la formulación de sus reservas o que contemplen la posibilidad de retirarlas (*vid.*, por ejemplo, esta recomendación respecto a la reserva general de Catar (Informe del Comité contra la Tortura sobre su 35º periodo de sesiones, *Documentos Oficiales de la Asamblea General, sexagésimo tercer período de sesiones, Suplemento Nº 44* (A/61/44), párr. 34). En alguna ocasión, no obstante, ha realizado afirmaciones sobre la incompatibilidad con el objeto y fin de las reservas formuladas. Es el caso de la reserva formulada por Nueva Zelanda al artículo 14 de la Convención, relativo a la reparación para las víctimas de tortura, instando por ello a su retiro. (*vid.*, Informe del Comité contra la Tortura sobre su 42º periodo de sesiones, *Documentos Oficiales de la Asamblea General, sexagésimo cuarto período de sesiones, Suplemento Nº 44* (A/64/44), párr. 50). También puede encontrarse una actitud más enérgica respecto de la reserva formulada por Estados Unidos al artículo 16 y al significado del concepto de trato

o el Comité para la Eliminación de todas las Formas de Discriminación Racial[385], como también es la seguida por el Comité de los Derechos del Niño[386], el Comité de Derechos Económicos y

---

o pena cruel, inhumano o degradante que estimó estaba "en violación de la Convención" y su efecto (era) limitar la aplicación de ésta", por lo que recomendó su retirada. (*vid.*, Informe del Comité contra la Tortura sobre sus 23º y 24º periodos de sesiones, *Documentos Oficiales de la Asamblea General, quincuagésimo quinto período de sesiones, Suplemento Nº 44* (A/55/44), párrs. 179 y 180).

385 Este Comité, pese a verse condicionado por el procedimiento estatal colegiado del articulo 20, ha alentado a los Estados a reconsiderar sus reservas, sobre todo a aquellas formuladas a disposiciones esenciales de la Convención, como el artículo 4 -así respecto a la reserva de Japón (*vid.*, Informe del Comité para la Eliminación de todas las Formas de Discriminación Racial en sus 76º y 77º periodos de sesiones, *Documentos Oficiales de la Asamblea General, sexagésimo quinto período de sesiones suplemento Nº 18* (A/65/18), párr. 43). También, Informe del Comité para la Eliminación de todas las Formas de Discriminación Racial en sus 58º y 59º periodos de sesiones, *Documentos Oficiales de la Asamblea General, quincuagésimo sexto período de sesiones suplemento Nº 18* (A/56/18), párr. 169), o a los artículos 2 y 14 -en el caso de la reserva de Estados Unidos (*vid.*, Informe del Comité para la eliminación de todas las formas de discriminación racial a la Asamblea). Incluso ha adoptado una posición más crítica sobre la compatibilidad con el objeto y fin, como en el caso de la reserva general formulada por Arabia Saudí, invitando al Estado a su revisión con miras a retirarla (*vid.*, Informe del Comité para la Eliminación de todas las Formas de Discriminación Racial en sus 62º y 63º periodos de sesiones, *Documentos Oficiales de la Asamblea General, quincuagésimo octavo período de sesiones suplemento Nº 18* (A/58/18), párr. 209). También respecto a la reserva de Suiza al artículo 2, 1), a) (Comité para la Eliminación de todas las Formas de Discriminación Racial, *Acta resumida de la 1165ª sesión, 49º período de sesiones*, (CERD/C/SR.1165), o la formulada por Fiji al artículo 5 de la Convención (*vid* Informe del Comité para la Eliminación de todas las Formas de Discriminación Racial en sus 72º y 73º periodos de sesiones, *Documentos Oficiales de la Asamblea General, sexagésimo tercer período de sesiones suplemento Nº 18* (A/63/18), párr. 164).

386 Poco inclinado se ha mostrado también este Comité a conclusiones explícitas sobre la incompatibilidad de las reservas. Por ejemplo, respecto a reservas con alcance general se ha manifestado con expresiones tales

Sociales[387], el Comité de Protección de los Derechos de todos los

---

como "parece incompatible con el objeto y fin de la Convención (caso de la reserva de Yibuti a la Convención de 1989) o "suscitan dudas sobre su compatibilidad con el objeto y la finalidad del Protocolo Facultativo" (en referencia a la reserva de Catar al Protocolo facultativo de la Convención sobre los derechos del niño relativo a la venta de niños, la prostitución infantil y la utilización de niños en la pornografía). En ambos casos instaría a los Estados a retirarlas. *Vid.*, Comité de los Derechos del Niño, Informe sobre el 42º periodo de sesiones (CRC/C/42/3), párrs. 581 y 582.

387 En el diálogo mantenido con los Estados partes, el Comité ha manifestado su preocupación por las reservas formuladas, particularmente a disposiciones esenciales del Pacto internacional de derechos económicos, sociales y culturales, instando a su retirada. Así la ha hecho, por ejemplo, con Kuwait, que formularía reservas y declaraciones interpretativas las disposiciones del artículo 2, párrafo 2; el artículo 3; el artículo 8, párrafo 1 d); y el artículo 9 del Pacto, señalando ya, en el examen al primer informe, su incompatibilidad con el objeto y el fin de dicho Pacto (Comité de Derechos Económicos, Sociales y Culturales, Observaciones finales, E/C.12/1/Add.98, de 7 de junio de 2004, párrs. 9 y 28), lo que volvería a reiterar en el examen del segundo informe presentado por el Estado (E/C.12/KWT/CO/2, de 19 de diciembre de 2013, par. 6). Y nuevamente, en las Observaciones finales al tercer examen, manifestando lo siguiente: "Al Comité le preocupa que la reserva del Estado parte al artículo 8 1) d) aumente la incertidumbre relativa a la restricción del derecho de huelga. También preocupa al Comité que el Estado parte mantenga su declaración interpretativa con respecto al párrafo 2 del artículo 2 y al artículo 3 del Pacto, en relación con la no discriminación y la igualdad entre hombres y mujeres, lo que equivale a una reserva incompatible con el objeto y el propósito del Pacto. Teniendo en cuenta que alrededor del 70 % de la población del Estado parte es de origen no kuwaití, el Comité también está preocupado por el impacto perjudicial que la declaración del Estado parte con respecto al artículo 9 del Pacto tiene sobre el disfrute de los derechos económicos, sociales y culturales de una gran parte de su población (art. 2, párr. 1). 7. El Comité recomienda que el Estado parte revise las reservas y declaraciones interpretativas que formuló al ratificar el Pacto, y proporcione a los no nacionales accesos al régimen contributivo de seguridad social a fin de recibir pensiones de vejez y desempleo. El Comité recuerda al Estado parte que las prácticas culturales y otras prácticas locales no

Trabajadores Migratorios y de sus Familiares[388], el Comité sobre los Derechos de la Persona con Discapacidad,[389] el Comité contra

---

justifican ninguna forma de discriminación. El Comité también remite al Estado parte a su observación general núm. 19 (2008), relativa al derecho a la seguridad social" (E/C.12/KWT/CO/3, de 3 de noviembre de 2021, par. 6).

388 También este Comité ha mantenido un diálogo con los Estados, planteando los motivos de su mantenimiento e instando a su retirada. Es el caso de la reserva de México al artículo 22.4) (Comité de Protección de los Derechos de Todos los Trabajadores Migratorios y de sus Familiares, Observaciones finales, 14º período de sesiones, CMW/C/MEX/CO/2) o el de las reservas de Chile a los artículos 22.5) y 48.2) (Comité de Protección de los Derechos de Todos los Trabajadores Migratorios y de sus Familiares, Observaciones finales, 15º período de sesiones, CMW/C/CHL/CO/1) o de Colombia a los artículos 15, 46 y 47 de la Convención de 1990 (Comité de Protección de los Derechos de Todos los Trabajadores Migratorios y de sus Familiares, Observaciones finales, décimo período de sesiones, CMW/C/COL/CO/1).

389 En esta línea más moderada se sitúa también este Comité puesto que en el examen de los informes presentados por los Estados, cuando ha entrado a valorar la validez de las declaraciones formuladas, ha sido excepcional su pronunciamiento sobre la incompatibilidad de la reserva. Lo haría, por ejemplo, respecto a la declaración formulada por Canadá al artículo 12 de la Convención, recomendándole su retirada (Observaciones finales sobre el informe inicial de Canadá en Doc. CRPD/C/CAN/CO/1 (8 mayo 2017), párrs. 7 y 8). Por su parte, en las observaciones finales al primer informe presentado por Australia, el Comité le recomendaría la revisión de la declaración formulada con vistas a retirarlas (*vid.* CRPD/C/AUS/CO/1 (24 octubre 2013), párr. 8). También, en las observaciones finales al primer informe presentado por Polonia, el Comité mostraría su preocupación por la declaración interpretativa sobre el artículo 12 exhortándole a su retirada (*vid.* CRPD/C/POL/CO/1 (24 septiembre 2018), párrs. 5 (f), 6 (g) y 20). Asimismo, en las Observaciones finales a los informes presentados por los Estados, expresando el Comité su preocupación por la formulación de reservas vagas o generales y recomendando su retirada (el Comité afirmaría respecto a la reserva de Irán que: "toma nota con preocupación de la reserva general formulada por el Estado parte en el momento de su adhesión a la Convención y del desconocimiento de las autoridades públicas y la sociedad con respecto a los principios y obligaciones con-

la Desaparición Forzada[390], o el Comité sobre la Eliminación de Todas las Formas de Discriminación contra la Mujer[391]. Las obser-

templados en la Convención" y recomendaría su retirada (*vid.* las Observaciones finales sobre el informe inicial de la República Islámica de Irán en CRPD/C/IRN/CO/1, párrs. 6 y 7). También, en relación a las reservas formuladas por la República de Mauricio, el Comité señalaría que: "toma nota del compromiso del Estado parte de retirar sus reservas a los artículos 9 (párr. 2), 11 y 24 (párr. 2) de la Convención (A/HRC/25/8, párrs. 129.10, 129.11 y 129.12), pero le preocupa que ese proceso todavía no haya dado comienzo" y le recomendaría también su retirada (*vid.* las Observaciones finales sobre el informe inicial de Mauricio en CRPD/C/MUS/CO/1, párrs. 7 y 8 y CRPD/C/MUS/CO/1/Add.1, párrs. 7 y ss.).

390 Así, por ejemplo, respecto de la declaración formulada por Alemania en relación con el artículo 16 de la Convención según la cual "La prohibición de retorno sólo se aplicará si el interesado se encuentra en riesgo real de ser sometido a desaparición forzada", en las observaciones finales sobre el informe inicial, se indicaría que: "preocupa al Comité la posibilidad de que esa declaración tenga el efecto de establecer una norma para el cumplimiento de la obligación de no devolución que tal vez sea incompatible con la norma prevista en el artículo 16"(...). "El Comité invita asimismo al Estado parte a que se plantee la posibilidad de retirar su declaración relativa al artículo 16 de la Convención y le recomienda que vele por que, en la práctica, la obligación de no devolución se cumpla respetando las normas establecidas en la mencionada disposición y de la manera más propicia a la protección de la persona contra la desaparición forzada" (*vid.* las Observaciones finales sobre el informe inicial de Alemania en CED/C/DEU/CO/1, párrs. 14 y 15).

391 Este Comité, sin embargo, en el examen de los informes estatales realiza de ordinario conclusiones explícitas sobre la incompatibilidad cuando estima que las reservas son contrarias al objeto y fin e incluso alienta a los Estados a presentar objeciones. Se trata fundamentalmente de reservas dirigidas a disposiciones esenciales de la Convención como el artículo 2 y 16 o las redactadas de forma general Así lo ha hecho, entre otros Estados Partes, con los Países Bajos (Informe del Comité para la Eliminación de la Discriminación contra la Mujer en sus 37°, 28° y 39° periodo de sesiones, *Documentos Oficiales de la Asamblea General, sexagésimo segundo período de sesiones suplemento N° 18* (A/62/38), párr. 328), Austria (*ibíd.*, párr. 484), Alemania (Informe del Comité para la Eliminación de la Discriminación contra la Mujer en sus 32 y 33° pe-

vaciones o recomendaciones generales sobre temas específicos o disposiciones concretas de los tratados también son reflejo de esta opción, instando al examen de las reservas con vistas a su retiro[392].

---

riodo de sesiones, *Documentos Oficiales de la Asamblea General, sexagésimo período de sesiones suplemento Nº 18* (A/60/38), párr. 377). Sin embargo, sus observaciones no se acompañan de pronunciamientos sobre la invalidez y falta de efectos jurídicos de las reservas. En estos casos, el Comité opta por entablar un diálogo con el autor de la reserva con vistas a su modificación o retirada Es el caso de la reserva general de Arabia Saudí o de las declaraciones y reservas formuladas por Marruecos a los artículos 2 y 16 de la Convención (Informe del Comité para la Eliminación de la Discriminación contra la Mujer sobre su 41° periodo de sesiones, *Documentos Oficiales de la Asamblea General, sexagésimo tercer período de sesiones, Suplemento Nº 38* (A/63/38), Capítulo I, Segunda Parte, párrs. 24-25 y 226, respectivamente). También de las formuladas por la India al apartado a) del artículo 5 y al párrafo 1 del artículo 16 (Informe del Comité para la Eliminación de la Discriminación contra la Mujer en sus 37°, 28° y 39° periodo de sesiones, *Documentos Oficiales de la Asamblea General, sexagésimo segundo período de sesiones suplemento Nº 18* (A/62/38), párrs. 146-147), Maldivas al párrafo a) del artículo 7 y artículo 16 (*ibíd.*, párrs. 216-217), la República Árabe Siria a los artículos 9 y 16 (*ibíd.*, párrs. 121-122), Níger a los apartados d) y f) del artículo 2 y apartados c), d) y g) del artículo 16 (*ibíd.*, párrs. 215-216), Singapur a los artículos 2 y 16 (*ibíd.*, párrs. 105-106) o Mauritania respecto de su reserva general a la Convención (*ibíd.*, párrs. 24-25).

392 Éste es el sentido dado por el Comité sobre los Derechos del Niño en las siguientes Observaciones generales: Comité sobre los Derechos del Niño, Observación general número 5 (2003), sobre "Medidas generales de aplicación de la Convención sobre los derechos del niño (artículos 4 y 42, y párrafo 6 del artículo 14)" (CRC/GC/2003/5, párrs. 13-16); Observación general número 6 (2005) sobre el "Trato a menores no acompañados y separados de sus familias fuera de su país de origen" *(ibíd.* párr. 17, p. 205.); Observación general número 6 (2005) sobre el trato a menores no acompañados y separados de sus familias fuera de su país de origen (CRC/GC/2005/6, párr. 17); Observación general número 10 (2007) sobre "Los derechos del niño en la justicia de menores" (CRC/GC/10 párr. 50 y párr. 61); Observación general número 12 (2009) sobre el "Derecho del niño a ser escuchado" (CRC/GC/12) y Observación general número 13 (2011) sobre los "Derechos del niño a no ser objeto de ninguna forma de violencia" (CRC/C/GC/13, párr.

Esta actitud se constata también en el Comité de Derechos Humanos que, cuando examina los informes estatales, su posición es más explícita respecto a algunas reservas que estima inválidas[393],

41). Por su parte, el Comité para la Eliminación de la Discriminación Racial, contempla la retirada de las reservas por los Estados autores entre las medidas necesarias para fortalecer la aplicación de la Convención en su recomendación general número XXVIII, (2002), relativa al seguimiento de la Conferencia Mundial contra el Racismo, la Discriminación Racial, la Xenofobia y las Formas Conexas de Intolerancia (*vid.,* Recopilación de las observaciones generales o recomendaciones generales adoptadas por órganos creados en virtud de derechos humanos (HRI/GEN/1/Rev.9 (Vol. II), p. 36). Asimismo, las Recomendaciones generales a artículos esenciales de la Convención sobre la Eliminación de Todas las Formas de Discriminación contra la Mujer o a temas específicos, además de las dedicadas específicamente a las reservas, expresan asimismo este enfoque (Así, en su Recomendación general 21 (1994) sobre "La igualdad en el matrimonio y en las relaciones familiares" *(Vid.,* Recopilación de las Observaciones generales o Recomendaciones generales adoptadas por órganos creados en virtud de tratados de derechos humanos publicadas por Naciones Unidas, de 27 de mayo de 2008, HRI/GEN/1/Rev.9 (Vol. II), párrs. 43, 44 y 48, pp. 89 y 90); Recomendación general 23 (1997) relativa a "La vida política y pública" (*Ibíd.* párr. 44. p. 101); y su Recomendación general 28 (2010), sobre "Las obligaciones básicas de los Estados Partes con arreglo al artículo 2 de la Convención" (*vid.,* Informe del Comité para la Eliminación de la Discriminación contra la Mujer en sus 46°, 47° y 48° periodo de sesiones, *Documentos Oficiales de la Asamblea General, sexagésimo sextoperíodo de sesiones suplemento N° 18* (A/66/38), Anexo III de la Segunda Parte y Capítulo VII de la Segunda Parte, párrs. 41 y 42).

393 Así lo haría en 2008 en sus observaciones finales al informe inicial de Botsuana, al afirmar con claridad la incompatibilidad con el objeto y fin del Pacto de las reservas formuladas con carácter ambiguo y extremadamente amplio, así como de aquellas que vulneran normas imperativas de Derecho internacional, incluida la prohibición de la tortura. El Comité instaría al Estado examinado a su retiro (*vid.,* el examen de las reservas formuladas por Botsuana a los artículos 7 y 12 del Pacto internacional de derechos civiles y políticos en Informe del Comité de Derechos Humanos en su 91°, 92° y 93° periodo de sesiones, *Documentos Oficiales de la Asamblea General, sexagésimo tercer período de sesiones suplemento N° 40* (A/63/40), párr. 78).

pero en contadas ocasiones advierte de las consecuencias de nulidad y separabilidad de la reserva que anunció en la observación general 24[394], optando por el diálogo y persuasión[395]. Incluso en el contexto de las comunicaciones individuales, el órgano no ha cuestionado en general su ilicitud fundamental, limitándose a

---

394 Fue con ocasión del examen del informe inicial presentado por Kuwait en el año 2000. Recalificadas como reservas las declaraciones interpretativas a los artículos 2 y 3 del Pacto –cuyo texto indica que los derechos a que se refieren estos artículos se ejercen dentro de los límites establecidos por la legislación de Kuwait- y observando el Comité que los mismos constituyen "derechos básicos y principios generales del derecho internacional", afirmará que estas reservas plantean la grave cuestión de su "compatibilidad con el objeto y propósito del Pacto" y, en consecuencia, advertirá "no (tienen) efecto legal ni afecta(n) a las facultades del Comité". El Comité instará formalmente al Estado parte a su retirada. (*Vid.,* Informe del Comité de Derechos Humanos en su 67°, 68° y 69° periodo de sesiones, Documentos Oficiales de la Asamblea General, *quincuagésimo quinto período de sesiones suplemento N° 40* (A/55/40), Vol. I, párrs. 456 y 457

395 Un ejemplo claro de esta posición lo constituye su respuesta a las reservas de Estados Unidos los artículos 6, 5) y 7 del Pacto internacional de derechos civiles y políticos. Efectivamente, si en sus observaciones finales de 1995 al informe inicial del Estado afirmaría que estas reservas eran "incompatibles con el objetivo y la finalidad de éste", instándole a su retirada (*vid.,* Informe del Comité de Derechos Humanos en su 52°, 53° y 54° periodo de sesiones, *Documentos Oficiales de la Asamblea General, quincuagésimo período de sesiones suplemento N° 40* (A/50/40), párr. 279), en el examen realizado de informes posteriores se limitaría a reiterar dicha recomendación sin siquiera pedir explicaciones sobre el mantenimiento de las reservas (*vid.,* Informe del Comité de Derechos Humanos en su 85°, 86° y 87° periodo de sesiones, *Documentos Oficiales de la Asamblea General, sexagésimo primer período de sesiones suplemento N° 40* (A/61/40), vol. I, párr. 84). *Vid.,* también, Informe del Comité de Derechos Humanos en su 94°, 95° y 96° periodo de sesiones, *Documentos Oficiales de la Asamblea General, sexagésimo cuarto período de sesiones suplemento N° 40* (A/64/40), respecto a las reservas formuladas por Dinamarca al ratificar la Convención al párrafo 5 del artículo 14 (*ibíd.,* párr. 83) o las declaraciones interpretativas y reservas formuladas por Mónaco y ya obsoletas.

reducir el efecto excluyente de la reserva[396]. Los demás Comités también han evitado pronunciarse sobre la validez de las reservas en este procedimiento[397], aun cuando haya querido dejarse claro su competencia al respeto. Se trata, en concreto, de la decisión 4/41 adoptada en 2008 por el Comité para la Eliminación de la Discriminación contra la Mujer, conforme a la cual "la función de determinar la compatibilidad de las reservas con el objeto y fin de la Convención y, por tanto, la admisibilidad de las reservas, le corresponde no sólo en relación con el procedimiento de presentación de informes establecido en el artículo 18 de la Convención, sino también con los procedimientos de comunicación individual y de investigación establecidos en el Protocolo Facultativo"[398].

---

396 *Vid.*, Comité de Derechos Humanos, Comunicación Nº 808/1998, *Rogl c. Alemania,* decisión de 25 de octubre de 2000 (CCPR/C/70/D/808/1998); Comunicación Nº 1002/2001, *Wallman c. Austria,* decisión de 1 de abril de 2004 (CCPR/C/80/D/1002), Comunicación Nº 965/2000, *Karakurt c. Austria,* decisión de 4 de abril de 2002 (CCPR/C/74/D/965/2000); Comunicación Nº 1074/2002, *Pallach c. España,* decisión de 31 de marzo de 2004 (CCPR/C/80/D/1074/2002); Comunicación Nº 1086/2002, *Weis c. Austria,* decisión de 3 de abril de 2003 (*CCPR/C/*77/D/*1086/2002*). Más recientemente, la Comunicación 1536/ 2006, decisión de 28 de julio de 2009, *Cifuentes Elgueta c. Chile,* y los dos votos particulares disidente de los miembros del Comité Rajsoomer Lallah y Zonke Majodina, y de Helen Keller y Fabián Salvioli, (Comunicación Nº 1536/2006, *Cifuentes Elgueta c. Chile,* decisión de 28 de julio de 2009 (CCPR/C/96/D/1536/2006).

397 Así, el Comité para la Eliminación de la Discriminación Racial en el caso *Stephen Hagan c. Australia* (Comité para la Eliminación de la Discriminación Racial, Comunicación Nº 26/2002, *Stephen Hagan c. Australia,* decisión de 20 de marzo de 2003 (CERD/C/62/D/26/72002), o el Comité para la Eliminación de la Discriminación contra la Mujer en el caso *Constance Ragan Salgado c. Reino Unido* (Comité para la Eliminación de la Discriminación contra la Mujer, Comunicación Nº *Constance Ragan Salgado c. Reino Unido,* decisión de 22 de enero de 2007 (CEDAW/*C/37/D/*11/2006).

398 *Vid.*, Informe del Comité para la Eliminación de la Discriminación contra la Mujer sobre su 41º periodo de sesiones, *Documentos Oficiales de*

Esta decisión se enmarca en el enfoque común a todos los órganos de tratados universales, adoptado en 2006 bajo la forma de recomendaciones, por el Grupo de Trabajo sobre las reservas[399]. También, en el intercambio de opiniones sobre la problemática de las reservas a los tratados de derechos humanos entre estos órganos –y los de tratados regionales- y la Comisión de Derecho Internacional con su Relator ALAIN PELLET, así como con la Relatora especial sobre esta cuestión designada por Subcomisión de Promoción y Protección de los Derechos Humanos de las Naciones Unidas. La Relatora, FRANÇOISE HAMPSON presentaría ya en 2004 un documento de trabajo definitivo sobre las reservas a los tratados de derechos humanos[400]. Como se comprobará en los apartados siguientes, ha sido posible la aproximación de posturas

---

la Asamblea General, sexagésimo tercer período de sesiones, Suplemento Nº 38 (A/63/38), Capítulo I, Segunda Parte, p. 94.

399 Efectivamente, en la 3ª reunión de los Comités y 16ª de los Presidentes de estos órganos de 2004 se decidió la puesta en común del enfoque sobre las reservas (*vid.*, Informe de los presidentes de los órganos creados en virtud de tratados de derechos humanos sobre su 16ª reunión, 2004, (A/59/254), Anexo, párr. 18 y punto de acuerdo XVI). Solicitada en la 4ª reunión de los Comités la creación del Grupo de Trabajo sobre las reservas, encargado de examinar el informe de la práctica elaborado por la Secretaria (*vid.*, Informe de los presidentes de los órganos creados en virtud de tratados de derechos humanos sobre su 17ª reunión, 2005, (A/60/278), Anexo, párr. 14 y párr. 35, apartado 6), se adoptó en junio de 2006 un planteamiento común bajo la forma de recomendaciones (Informe de la reunión del Grupo de Trabajo sobre las reservas, 18ª reunión de los presidentes de los órganos creados en virtud de tratados de derechos humanos, 2006, (HRI/MC/2006/5), que serían modificadas en junio de 2007 (Informe de la reunión del Grupo de Trabajo sobre las reservas, 19ª reunión de los presidentes de los órganos creados en virtud de tratados de derechos humanos, 2007, 6ª reunión de los comités que son órganos creados en virtud de tratados de derechos humanos, (HRI/MC/2007/5 y Add.1). *Vid.*, Informe de los presidentes de los órganos creados en virtud de tratados de derechos humanos sobre su 19ª reunión, 2007, (A/62/224), párr. 48 v).

400 *Vid.*, Subcomisión de Promoción y Protección de los Derechos Humanos, Reservas a los tratados de derechos humanos, documento de tra-

y el consenso sobre aspectos principales relativos a las reservas a estos tratados.

6.2. LA COMPETENCIA DE LOS ÓRGANOS (EL VALOR JURÍDICO DE SUS DECISIONES Y LA INTERVENCIÓN DE LOS ESTADOS EN EL CONTROL DE LAS RESERVAS)

El Comité de Derechos Humanos, en su observación general número 24, se declaró competente para apreciar la validez de las reservas y deducir las consecuencias jurídicas en caso de invalidez. Este control no está previsto de forma expresa en el Pacto internacional de derechos civiles y políticos y la Convención de Viena sobre el Derecho de los Tratados atribuye tal responsabilidad exclusivamente a los Estados mediante el mecanismo de la aceptación y objeción. Además, esta declaración de competencia la haría en términos de obligatoriedad y exclusividad[401]. Tres cuestiones esenciales, por tanto, plantea la evaluación de los órganos de tratados universales sobre las reservas, a saber, su fundamento jurídico, el valor de las constataciones de validez o no de la reserva y la intervención de los demás Estados parte.

Sobre su fundamento jurídico, hoy no se cuestiona la competencia de los órganos para el control de las reservas. Resulta suficiente invocar el principio elemental de Derecho internacional general de la "competencia de la competencia", que otorga el poder inherente a los órganos, jurisdiccionales o no, para determinar el alcance de su propia competencia. Y encomendándoles los tratados la función de supervisar la aplicación de las disposiciones del tratado por los Estados, implícitamente ostentan el control de las reservas que éstos puedan formular a su articulado.

---

bajo definitivo presentado por la Relatora especial Francoise Hampson, 56º periodo de sesiones (E/CN.4/Sub.2/2004/42).

401 *Vid., supra.*

Así lo indicaría el Comité en 1994[402] y se recoge en el planteamiento común a todos los órganos de tratados universales[403]. Por su parte, esta evaluación de los órganos, que sería ya expresada

---

402 *Vid.*, la observación general número 24 (CCPR/C21/Rev.1/Add.6, párr. 18). Respecto al Tribunal Europeo de Derechos Humanos, *vid.*, las sentencias analizadas, en particular, las emitidas en los asuntos *Belilos c. Suiza,* (Tribunal Europeo de Derechos Humanos, sentencia de 29 de abril de 1988, asunto *Belilos c. Suiza,* demanda nº 10328/83, *Recueil des arrêts et décisions de la Cour européenne des droits de l'homme,* Serie A, vol. 132, párr. 50) y *Loizdou c. Turquía* (Tribunal Europeo de Derechos Humanos, sentencia de 23 de marzo de 1995 (Excepciones Preliminares), asunto *Loizidou c. Turquía,* nº 15318/89, *Recueil des arrêts et décisions de la Cour européenne des droits de l'homme,* Serie A, vol. 310, párr. 93), y en cuanto a la Corte Interamericana de Derechos Humanos, las relativas a los casos *Hilarie c. Trinidad y Tobago,* (sentencia de 1 de septiembre de 2001 (Excepciones Preliminares), *Hilaire c. Trinidad y Tobago,* Serie C, nº 80, párrs. 78 y 80) y *Benjamin y otros c. Trinidad y Tobago* (sentencia de 1 de septiembre de 2001 (Excepciones Preliminares), *Benjamin y otros c. Trinidad y Tobago,* Serie C, nº 81). Respecto al principio *compétence de la compétence/Kompetenz-Kompetenz, vid.,* también, las sentencias en los casos del *Tribunal Constitucional* e *Ivcher Bronstein,* relativos al Perú (*Caso del Tribunal Constitucional. Competencia.* Sentencia de 24 de septiembre de 1999. Serie C nº 55, párr. 33 y *Caso Ivcher Bronstein. Competencia.* Sentencia de 24 de septiembre de 1999. Serie C nº 54, párr. 34).

403 Recomendación Nº 5 del Grupo de Trabajo sobre las reservas, según la cual "El Grupo de Trabajo estima que, a fin de desempeñar sus funciones, los órganos creados en virtud de tratados son competentes para evaluar la validez de las reservas y eventualmente las consecuencias de la verificación de la invalidez de una reserva, en particular en el examen de comunicaciones individuales o en el ejercicio de otras funciones de investigación en el caso de los órganos creados en virtud de tratados dotados de esta competencia" (*Vid.*, Informe de la reunión del Grupo de Trabajo sobre las reservas, 18ª reunión de los presidentes de los órganos creados en virtud de tratados de derechos humanos, 2006, (HRI/MC/2006/5) y el Informe de la reunión del Grupo de Trabajo sobre las reservas, 19ª reunión de los presidentes de los órganos creados en virtud de tratados de derechos humanos, 2007, 6ª reunión de los comités que son órganos creados en virtud de tratados de derechos humanos, (HRI/MC/2007/5).

en la conclusión preliminar 5ª sobre las reservas a los tratados normativos de 1997[404], es tratada en la directriz 3.2.1 de la Guía de la práctica, que titulada "La competencia de los órganos de vigilancia de la aplicación de tratados en materia de evaluación de la validez sustantiva de una reserva", dice lo siguiente: "1. Un órgano de vigilancia de la aplicación de un tratado, a los efectos de cumplir las funciones que tenga asignadas, podrá evaluar la validez sustantiva de las reservas formuladas por un Estado o una organización internacional"[405].

Otras razones como la naturaleza objetiva de los tratados de derechos humanos, el difícil criterio del objeto y fin y el insatisfactorio funcionamiento del control estatal refuerza, sin duda, que estos órganos formados por expertos que actúan a título individual, ejerzan el control objetivo sobre ellas[406]. Por lo demás, la fal-

---

404 Dice la conclusión preliminar 5ª:"La Comisión considera también que, cuando esos tratados guardan silencio al respecto, los órganos de vigilancia establecidos en ellos son competentes para formular comentarios y recomendaciones con respecto a, entre otras cosas, la admisibilidad de las reservas hechas por los Estados, a fin de cumplir las funciones que tienen asignadas" (*vid.*, las Conclusiones preliminares en Informe de la Comisión de Derecho Internacional, 49º periodo de sesiones, *Documentos Oficiales de la Asamblea General, quincuagésimo segundo período de sesiones, Suplemento Nº 10* (A/52/10), párr. 157). Sobre esta competencia ya se manifestaría el Relator Especial sobre las reservas a los tratados en el Segundo Informe sobre reservas a los tratados (1996), *vid,* Segundo Informe sobre "Las reservas a los tratados", presentado por el Relator especial Alain Pellet a la Comisión de Derecho Internacional en su 48º periodo de sesiones, 1996 (A/CN.4/477/Add.1, párrs. 206 y 208- 209).

405 *Vid.*, la directriz en Informe de la Comisión de Derecho Internacional, 63º periodo de sesiones, *Documentos Oficiales de la Asamblea General, sexagésimo sexto periodo de sesiones, Suplemento Nº 10* (A/66/10/Add.1), p. 412.

406 Sobre estos argumentos *vid.*, entre otra doctrina: CANÇADO TRINDADE, A.A.: "The Internacional Law of Human Rights at the dawn of the XXI Century", *Cursos Euromediterráneos Bancaja de Derecho Internacional,* vol. III, 1999, pp. 178-186; también, en su voto razonado a la Sentencia de la Corte Interamericana de Derechos Humanos de 22 de

ta de previsión de esta función en la Convención de Viena sobre el Derecho de los Tratados se debe a la progresiva aparición de los mismos que, en todo caso, no dio un tratamiento particular a los tratados de derechos humanos.

Los Estados también ha reconocido esta competencia ineludible de los órganos de supervisión, incluso aquellos que se opusieron firmemente a la observación general número 24 del Comité de Derechos Humanos, salvo en el caso de Francia que ha negado esta función a menos que el tratado la confiera de forma expresa[407]. En sus observaciones y comentarios a la aprobación provisional del conjunto de directrices que integran la Guía de la práctica lo manifiesta de la siguiente manera:

---

enero de 1999, asunto *Blake c. Guatemala,* Reparaciones, Serie C, nº 48; COHEN-JONATHAN, G.: "Les réserves à la Convention européenne des droits de l'homme (à propos de l'arrêt Belilos du 29 avril 1988)", *cit.*, p. 293; HIGGINS, R.: "Introduction", *Human Rights as General Norms and a State's Right to opt out Reservations and Objections to Human Rights Conventions* (Ed J.P. Gadner), The British Institute of International and Comparative Law, 1997, pp. xxii y xxiv; McBRIDE, J.: "Reservations and the Capacity to Implement Human Rights Treaties", *Human Rights as General Norms and a State's Right to opt out Reservations and Objections to Human Rights Conventions* (Ed J.P. Gadner), Londres, British Institute of International and Comparative Law, 1997, pp. 173; RIQUELME CORTADO, R.: *Las Reservas a los Tratados: Lagunas y ambigüedades del Régimen de Viena, cit.*, pp. 313 y *ss;*; SCHABAS, W. A. "Reservations to Human Rights Treaties: Time for Innovation and Reform", *cit.*, p. 68.

407 Debatiéndose las directrices de la Guía de la práctica relativa a la competencia de los órganos de supervisión sobre las reservas, otros Estados mostrarían su desacuerdo con tal atribución. Así, Etiopia advertiría "que es a los Estados Partes interesados a quien compete determinar la validez de las reservas" (Sexta Comisión, Acta resumida de la 14ª sesión, *Documentos Oficiales de la Asamblea General, sexagésimo primer periodo de sesiones* (A/C.6/61/SR.14), párr. 94) o China señalaría que "los órganos de vigilancia de la aplicación de tratados no deben tener competencia para determinar la validez de las reservas" Sexta Comisión, Acta resumida de la 16ª sesión, *Documentos Oficiales de la Asamblea General, sexagésimo primer periodo de sesiones* (A/C.6/61/SR.16), párr. 63).

"El órgano de supervisión es un órgano jurisdiccional o asimilado que debe su existencia al tratado. No puede arrogarse otras competencias que las que le hayan conferido explícitamente los Estados partes. Si los Estados desean conferir a un órgano de supervisión ciertas competencias para apreciar o establecer la "validez" de una reserva, es indispensable que se consignen en cláusulas expresas en los tratados multilaterales, en particular en los tratados relativos a los derechos humanos. Cuando en los tratados no se prevean esos mecanismos, corresponde a los Estados, y exclusivamente a ellos modificar el tratado, completarlo si es necesario mediante un protocolo, para instituir un mecanismo de supervisión apropiado y muchas veces útil y eficaz, o reaccionar ante una reserva que consideren incompatible con el objeto y el fin del tratado"[408].

El Reino Unido, sin embargo, aun con reticencias acepta: "que un órgano de vigilancia de la aplicación de tratados acaso tenga que expresar una opinión sobre la condición y el efecto de una reserva cuando ello sea necesario para que dicho órgano pueda

408 *Vid.*, Las reservas a los tratados, Comentarios y observaciones recibidos de los Gobiernos, Comisión de Derecho Internacional 63° período de sesiones, 2011, A/CN.4/639/Add.1, pp. 38 y ss. Estas observaciones recuerdan sus posiciones anteriores como la realizada en 2006 en la que afirmaría "el proyecto de directriz 3.2.1 (competencia de los órganos de vigilancia creados por el tratado) parece otorgar competencia para evaluar la validez de las reservas como resultado directo de la competencia para vigilar el cumplimiento del tratado. Aunque, como el Relator Especial insistió en destacar, el texto no tiene como finalidad otorgar competencia a esos órganos sin una disposición que lo establezca, sería preferible encontrar una redacción que evitara esa vinculación automática y, en lugar de ello, hiciera hincapié en la necesidad de incorporar en los tratados cláusulas que especificaran la competencia de los órganos de vigilancia para apreciar la validez de las reservas, como se establece en el proyecto de directriz 3.2.2. *Vid.*, Sexta Comisión, Acta resumida de la 17ª sesión, *Documentos Oficiales de la Asamblea General, sexagésimo primer periodo de sesiones* (A/C.6/61/SR.17), párr. 2.

cumplir así sus funciones sustantivas"[409]. Los Estados Unidos, que en su día tuvo una respuesta excesiva a la adopción de la observación general número 24 –el Senado trató de paralizar todos los mecanismos de control del Comité de Derechos Humanos[410] y sólo hasta 2005 ha cumplido con su obligación de presentar informes para su examen por el Comité-[411], ha puesto el acento en el

---

409 *Vid.,* Las reservas a los tratados, Comentarios y observaciones recibidos de los Gobiernos, Comisión de Derecho Internacional 63° período de sesiones, 2011, A/CN.4/639/Add.1, p. 39.

410 Se trató, en concreto, del proyecto de ley presentado por el Senador Jessie Helms el 9 de junio de 1995, por el que los fondos autorizados por ésta u otra ley no podían ser afectados o desembolsados en beneficio de cualquier actividad cuyo objeto y fin fuera: A) presentar informes al Comité de Derechos Humanos de conformidad con el artículo 40 del Pacto internacional de derechos civiles y políticos o B) responder a una tentativa del Comité de Derechos Humanos de utilizar los procedimientos de los artículos 41 y 42 del Pacto internacional de derechos civiles y políticos para dar curso a denuncias de otras partes en el Pacto de que los Estados Unidos no cumplen sus obligaciones en virtud del Pacto. Prohibición ésta que persistiría hasta que el Presidente hubiese presentado al Congreso una certificación manifestando que el Comité había revocado su observación general número 24, y había reconocido expresamente la validez en cuanto al Derecho internacional de las reservas, *understandings* y declaraciones contenidos en el instrumento de ratificación por los Estados Unidos del Pacto internacional de derechos civiles y políticos. *Vid.,* Segundo Informe sobre "Las reservas a los tratados", presentado por el Relator especial Alain Pellet a la Comisión de Derecho Internacional en su 48° periodo de sesiones, 1996 (A/CN.4/477/Add.1, párr. 215, nota 389).

411 Efectivamente, hasta el 21 de octubre de 2005, Estados Unidos no presentaría el segundo y tercer informe para su examen por el Comité de Derechos Humanos, siendo la fecha inicialmente prevista para su presentación el 7 de septiembre de 1998. *Vid.,* Informe del Comité de Derechos Humanos en su 85°, 86° y 87° periodo de sesiones, *Documentos Oficiales de la Asamblea General, sexagésimo primer período de sesiones suplemento N° 40* (A/61/40), Anexo IV. En 2009, Estados Unidos se comprometería a cumplir con las obligaciones que les imponen los tratados de derechos humanos de las Naciones Unidas y a participar en un diálogo significativo con los miembros de los órganos creados en virtud de tra-

alcance de la competencia, esto es, en el valor jurídico de las conclusiones sobre la validez o no de las reservas y en la intervención de los demás Estados parte en el tratado. Y es que, recuérdese que la pretensión del Comité era que "Por necesidad ha de ser (...) quien decida si una determinada reserva es compatible con el objeto y fin del Pacto"[412]. Y la observación de Estados Unidos sería que esta pretensión "es contraria al régimen del Pacto y al Derecho internacional". En efecto, el Estado indicaría que el Pacto "no impone a los Estados Partes la obligación de hacer efectivas las interpretaciones del Comité ni confiere al Comité la facultad de emitir interpretaciones definitivas u obligatorias del Pacto". Además, señalaría que "el Comité parece hacer caso omiso de los procedimientos establecidos para determinar la permisibilidad de las reservas y despojar a los Estados Partes de toda participación"[413].

Por tanto, la posición del Comité de Derechos Humanos en su observación general 24 pareciera no sólo apartarse del régimen general sobre reservas previsto en la Convención de Viena sino

---

tados (*Vid.*, la Carta de fecha 22 de abril de 2009 dirigida al Presidente de la Asamblea General por la Representante Permanente de los Estados Unidos ante las Naciones Unidas, en la que expresa sus promesas y sus compromisos en relación con la promoción y protección de los derechos humanos, de conformidad con lo dispuesto en la resolución 60/251 de la Asamblea General, en Doc. A/63/831, Anexo). No obstante, el diálogo con el Comité de Derechos Humanos no ha tenido resultados hasta el momento pues no han sido retiradas las reservas a los artículos 6.5 y 7 del Pacto internacional de derechos civiles y políticos, pese a las recomendaciones del Comité (*vid.*, en http://treaties.un.org, tratado 4).

412 *Vid.*, Comité de Derechos Humanos, Observación general número 24 (52) sobre "Cuestiones relacionadas con las reservas formuladas con ocasión de la ratificación del Pacto o de sus Protocolos Facultativos, o de la adhesión a ellos, o en relación con las declaraciones hechas de conformidad con el artículo 41 del Pacto", de 11 de noviembre de 1994, (Doc. CCPR/C21/Rev.1/Add.6, párr. 18). También, la aplicación de su doctrina en el caso *Rawley Kennedy c. Trinidad y Tobago* de 1999 (*vid., supra*).

413 *Ibíd.*

también estar poniendo en juego el principio consensual. Y a la necesaria conciliación de las competencias de los órganos de supervisión con este principio se dedican las directrices de la Guía de la práctica relativas a la relativas a la evaluación sustantiva de las reservas[414].

Así, la directriz 3.2.1 precisa que: "2. La evaluación hecha por tal órgano en el ejercicio de esta competencia no tendrá más efectos jurídicos que los del acto que la contiene"[415]. Sobre ello, ya advertiría el Relator especial que los órganos creados en virtud de tratados "reciben su competencia de esos instrumentos convencionales y deben velar por la amplitud de esa competencia en función del consentimiento de los Estados partes y de las reglas generales del Derecho de los tratados"[416]. Y así se expresaría en la conclusión preliminar 8ª de 1997[417]. El límite a las competencias de estos órganos sobre las reservas, por tanto, lo pone el propio tratado. Y cuando los tratados no les otorgan potestad general

---

414 Las directrices relativas a la competencia de los órganos de supervisión en materia de reservas y sus respectivos comentarios figuran en la sección 3 de la Guía "Validez sustantiva de las reservas y declaraciones interpretativas", en particular en la parte 2 de dicha sección relativa a la evaluación sustantiva de las reservas, *Vid.*, Doc. A/66/10/Add.1, pp. 412-415.

415 La directriz y su respectivo comentario en *ibíd.* p. 412.

416 *Vid.*, Segundo Informe sobre "Las reservas a los tratados", presentado por el Relator especial Alain Pellet a la Comisión de Derecho Internacional en su 48º periodo de sesiones, 1996 (A/CN.4/477/Add.1, párrs. 209 y 234); Décimo Informe sobre "Las reservas a los tratados", presentado por el Relator especial Alain Pellet a la Comisión de Derecho Internacional en su 57º periodo de sesiones, 2005 (A/CN.4/558/Add.2, párrs. 169-171); Doc. A/61/10/Add.1, párr. 111.

417 El texto de la conclusión 8ª sería el siguiente: "La Comisión observa que el valor jurídico de las conclusiones las reservas no podrán exceder del que resulte de las facultades que se les hayan dado para cumplir su función general de vigilancia". *Vid.*, Informe de la Comisión de Derecho Internacional, 49º periodo de sesiones, *Documentos Oficiales de la Asamblea General, quincuagésimo segundo período de sesiones, Suplemento Nº 10* (A/52/10), párr. 157.

de decisión vinculante, sus comentarios y conclusiones sobre las reservas carecen también de ese valor[418]. Por ello, tratándose de tribunales de derechos humanos y otros órganos de solución de controversias, que sí ostentan poder de decisión obligatorio, la directriz 3.2.5 precisa: "Cuando un órgano de solución de controversias sea competente para adoptar decisiones que obliguen a las partes en una controversia, y la evaluación de la validez sustantiva de una reserva sea necesaria para que pueda ejercer esa competencia, esta evaluación será jurídicamente vinculante para las partes como elemento de la decisión"[419].

El consenso general en torno a estas conclusiones se evidenciaría ya en los sucesivos debates sobre el tema en la Sexta Comisión de la Asamblea General[420], y entre los miembros de la Comisión de Derecho Internacional[421], así como en la reunión celebrada en

---

418 La Comisión de Derecho Internacional invita a precisar en los tratados competencia de los órganos, su naturaleza y límites, sobre las reservas, en la directriz 3.2.2 (*vid.*, la directriz 3.2.2 y su respectivo comentario en *Doc.* A/66/10/Add.1, p. 413), lo que sería ya sugerido en la conclusión preliminar 7 de 1997 (*vid.*, Doc. A/52/10, párr. 157).

419 Se refiere a aquellos casos en los que la validez de la reserva debe resolverse con carácter preliminar a la solución de una controversia más amplia, como a aquellos en los que la controversia se refiere directamente a esta cuestión. *Vid.*, la directriz y su respectivo comentario en Doc. A/66/10/Add.1, pp. 41-416.

420 *Vid.*, el *Resumen por temas, preparado por la Secretaría, de los debates de la Sexta Comisión de la Asamblea General en su sexagésimo cuarto periodo de sesiones,* (A/CN.4/620), párrs. 24-25. También, anteriormente el *Resumen por temas, preparado por la Secretaría, de los debates de la Sexta Comisión de la Asamblea General en su sexagésimo primer periodo de sesiones,* (A/CN.4/577), párrs. 56 y ss. y el *Resumen por temas, preparado por la Secretaría, de los debates de la Sexta Comisión de la Asamblea General en su quincuagésimo segundo periodo de sesiones,* (A/CN.4/483), párrs. 64 y ss.

421 *Vid.*, el debate por la Comisión de Derecho Internacional del Décimo Informe, en Doc. A/61/10/Add.1, párrs. 119-143. También, el debate del Segundo Informe del Relator en Informe de la Comisión de Derecho Internacional, 49º periodo de sesiones, *Documentos Oficiales de la*

2007 entre los representantes de estos órganos de tratados universales y regionales y los miembros de la Comisión[422].

Otro punto de acuerdo será la participación de los Estados en el control de las reservas, al que éstos no han estado dispuestos a renunciar[423] y que tendría en cuenta ya la conclusión preliminar 6ª[424]. Y así lo incorpora la directriz 3.2.4, titulada "Organismos competentes para evaluar la validez sustantiva de las reservas en caso de creación de un órgano de vigilancia de la aplicación de un tratado": "Cuando un tratado cree un órgano de vigilancia de su aplicación, la competencia de ese órgano se entenderá sin perjuicio de la competencia de los Estados contratantes y las organizaciones contratantes para evaluar la validez sustantiva de reservas

---

Asamblea General, quincuagésimo segundo período de sesiones, Suplemento Nº 10 (A/52/10), párrs. 133 y ss.

422 *Vid.*, Decimocuarto Informe sobre "Las reservas a los tratados", presentado por el Relator especial Alain Pellet a la Comisión de Derecho Internacional en su 61º periodo de sesiones, 2009 (A/CN.4/614, Anexo).

423 *Vid.*, entre otros, los siguientes documentos: *Resumen por temas, preparado por la Secretaría, de los debates de la Sexta Comisión de la Asamblea General en su sexagésimo cuarto periodo de sesiones,* (A/CN.4/620), párrs. 24-25. También, anteriormente el *Resumen por temas, preparado por la Secretaría, de los debates de la Sexta Comisión de la Asamblea General en su sexagésimo primer periodo de sesiones,* (A/CN.4/577), párr. 56 y ss. y el *Resumen por temas, preparado por la Secretaría, de los debates de la Sexta Comisión de la Asamblea General en su quincuagésimo segundo periodo de sesiones,* (A/CN.4/483), párrs. 64 y ss.

424 La conclusión preliminar 6ª precisaría que la competencia de los órganos de vigilancia para apreciar la validez de las reservas "no excluye ni afecta de ninguna manera las modalidades tradicionales de control ejercidas que, de un lado, pueden aplicar las Partes Contratantes de conformidad con las disposiciones citadas de las Convenciones de Viena de 1969 y 1986, y, según el caso, los órganos de solución de cualquier controversia que pueda surgir en cuanto a la interpretación o aplicación de los tratados", Informe de la Comisión de Derecho Internacional, 49º periodo de sesiones, *Documentos Oficiales de la Asamblea General, quincuagésimo segundo período de sesiones, Suplemento Nº 10* (A/52/10), párr. 157.

a un tratado, y de la de los órganos de solución de controversias competentes para interpretar o aplicar el tratado"[425].

De esta manera, hay una convivencia de evaluaciones que puede mejorar el control sobre las reservas, pero también puede dar lugar a evaluaciones divergentes y contradictorias, sobre todo cuando la evaluación no es realizada por un órgano jurisdiccional que dicta una resolución vinculante para los Estados contratantes[426], pero aun en estos casos, sus decisiones son de autoridad relativa de la cosa juzgada, esto es, circunscritas a las partes en litigio y para el caso decidido. Además, el recurso al control del órgano jurisdiccional o cuasi jurisdiccional es aleatorio y, en cualquier caso, la reserva (su validez o no) quedaría en situación de indefinición en el periodo que comprende desde la formulación de la reserva hasta la evaluación del órgano.

Ciertamente, los pronunciamientos sobre las reservas de los Comités, ya sean en respuesta a los informes estatales (las "observaciones finales"), a comunicaciones individuales (los "dictámenes"), en relación con la aplicación o interpretación de los respectivos tratados en general (las "observaciones generales") o de otro tipo, no tienen carácter jurídicamente vinculante u obligatorio. Pero esta faltad de obligatoriedad, como señala la profesora ESCOBAR HERNÁNDEZ, no conlleva la ausencia de todo valor y efecto jurídico de estos pronunciamientos[427]. En efecto, son los

---

425 *Vid.*, Doc. A/66/10/Add.1, p. 414.

426 Téngase en cuenta que hay tratados que insertan cláusulas de solución de controversias que permiten que los desacuerdos sean resueltos por árbitros internacionales o por la Corte Internacional de Justicia, pero hasta el momento no se ha sometido una controversia que se refiera específica o directamente a las reservas.

427 *Vid.*, ESCOBAR HERNÁNDEZ, C.: "Sobre la problemática determinación de los efectos jurídicos internos de los "Dictámenes" adoptados por Comités de Derechos Humanos. Algunas reflexiones a la luz de la STS 1263/2018, de 17 de julio", *Revista Española de Derecho Internacional*, vol. 71, 1, 2019, pp. 241-250. Sobre esta cuestión y su tratamiento en la doctrina española, *vid.* también, CARDONA LLORENS, J.: "The legal

Estados los que voluntariamente forman parte de los tratados y otorgan competencias a estos órganos, expertos independientes, cuya función es, precisamente, controlar la aplicación del tratado por dichos Estados. Las interpretaciones dadas por los Comités, aun no teniendo obligación estricta de tenerlas en cuenta, no pueden se desconocidas por los Estados, debiendo considerarlas de buena fe. La misma Corte Internacional de Justicia señalaría en el asunto *Ahmadou Sadio Diallo* la importancia que ha de darse a estas interpretaciones[428].

Asimismo, la directriz 3.2.3 de la Guía de la práctica hace un llamamiento a la cooperación de los Estados con los órganos de control, tal y como lo exige el principio de buena fe que rige todas

---

value of the views and interim measures adopted by united nations treaty bodies (a response to the opinions of E. Jiménez Pineda, C. Jiménez Sánchez and B. Vázquez Rodríguez)", *Spanish Yearbook of International Law*, vol. 23, 2019, pp. 146-163; FERNÁNDEZ CASADEVANTE ROMANÍ, C.: "La obligación del Estado de reconocer y aceptar los efectos jurídicos de las decisiones de los órganos internacionales de control en materia de Derechos Humanos", *Los efectos jurídicos en España de las decisiones de los órganos internacionales de control en materia de Derechos Humanos de naturaleza no jurisdiccional*, Madrid, Dykinson, 2019, pp. 237-277; GUTIÉRREZ ESPADA, C.: "Reflexiones sobre la ejecución en España de los dictámenes de los Comités de control creados por los tratados sobre Derechos Humanos", *Ibid.*, pp. 279-297; VILLÁN DURÁN, C.: "El valor jurídico de las decisiones de los órganos establecidos en tratados de Naciones Unidas en materia de Derechos Humanos", *Ibid.*, pp. 99-124.

428 Corte Internacional de Justicia, *Ahmadou Sadio Diallo (República de Guinea c. República Democrática del Congo)*, sentencia de 30 de noviembre de 2010, *Recueil* 2010, párr. 66, pp. 663-664 (*vid.*, en www.icj-cij.org). Sobre el valor interpretativo de los pronunciamientos de órganos de expertos creados en virtud de un tratado, *vid.*, el proyecto de conclusiones y sus comentarios sobre los acuerdos ulteriores y la práctica ulterior en relación con la interpretación de los tratados de la Comisión de Derecho Internacional, 2018, (Informe de la Comisión de Derecho Internacional, 70º periodo de sesiones, *Documentos oficiales de la Asamblea General de las Naciones Unidas, Septuagésimo tercer período de sesiones, Suplemento Nº 10* (A/73/10), Conclusión 13, pp. 114-125.

las actuaciones de los Estados partes respecto del tratado[429]. Ahora bien, es deseable también que los órganos de vigilancia tengan en cuenta las reacciones de los Estados, sobre todo cuando rechazan la reserva y este rechazo es motivado[430]. En este sentido, señalaría el Comité de Derechos Humanos en su observación general número 24 sobre las reservas que las objeciones de los Estados podían ofrecer "ofrecer cierta orientación al Comité para interpretar su compatibilidad con el objeto y fin del Pacto" [431].

Otras propuestas dirigidas a prevenir diferencias en la evaluación de las reservas tienen que ver básicamente con evitar la sucesión temporal de los controles entre los órganos y los Estados. Así, se ha valorado la posibilidad de ampliar a los Estados el plazo de las objeciones[432], o empezar a contar el plazo desde que se ha notificado la invalidez de la reserva[433], así como la posible retroactividad de la sentencia declarando la incompatibilidad de la reser-

---

429 *Vid.*, la directriz y su comentario en Doc. A/66/10/Add.1, p. 414. Esta directriz retoma el espíritu de la Conclusión Preliminar número 9, según la cual: "La Comisión pide a los Estados que cooperen con los órganos de vigilancia y consideren debidamente las recomendaciones que estos formulen, o se atengan a la evaluación de esos órganos si se les confirieran facultades al respecto". *Vid.*, Informe de la Comisión de Derecho Internacional, 49° periodo de sesiones, *Documentos Oficiales de la Asamblea General, quincuagésimo segundo período de sesiones, Suplemento Nº 10* (A/52/10), párr. 157.

430 No se recoge en la Guía de la práctica una directriz específica al respecto si bien esta toma en cuenta de la práctica estatal es propuesta en los comentarios a la directriz 3.2 (*ibid.*, párr. 15, p. 411).

431 Comité de Derechos Humanos, Observación general número 24 (52) sobre "Cuestiones relacionadas con las reservas formuladas con ocasión de la ratificación del Pacto o de sus Protocolos Facultativos, o de la adhesión a ellos, o en relación con las declaraciones hechas de conformidad con el artículo 41 del Pacto", de 11 de noviembre de 1994, (Doc. CCPR/C21/Rev.1/Add.6, párr. 17.

432 *Vid.*, la directriz 2.6.12 y su comentario en Doc. A/66/10/Add.1, pp. 279-281.

433 *Vid.*, Subcomisión de Promoción y Protección de los Derechos Humanos, Reservas a los tratados de derechos humanos, documento de

va[434] o la limitación de los pronunciamientos de los órganos de control al plazo de doce meses[435]. Pero razones fundamentalmente de estabilidad y certidumbre jurídica, así como el fundamento mismo de la intervención del órgano de supervisión, esto es, la vigilancia continua del cumplimiento del tratado, han llevado a rechazar estas propuestas[436].

6.3. LAS CONSECUENCIAS JURÍDICAS DE LAS CONSTATACIONES DE INVALIDEZ

Aceptada la competencia de los órganos de tratados sobre las reservas dentro de los límites atribuidos por los mismos y sin exclusión del control de los Estados, se llegará también a una aproximación de posturas en lo relativo a las consecuencias jurídicas de las reservas estimadas inválidas. Así se desprende de los nuevos enfoques más moderados de los órganos de supervisión (desde que se adoptó la observación general 24) y del giro dado en el tratamiento a las reservas por la Comisión de Derecho Internacional. Efectivamente, las directrices relativas a la evaluación de la validez sustantiva de las reservas definitivamente incluidas en la Guía de la práctica se han limitado a precisar y reformular las Conclusiones preliminares sobre las reservas a los tratados multilaterales normativos, incluidos los tratados de derechos humanos aprobadas en 1997[437]. Sin embargo, las dedicadas a las consecuencias de la falta de validez sustantiva de las reservas han modificado la posición inicial expresada en la décima Conclusión preliminar.

---

trabajo presentado por la Relatora especial Francoise Hampson, 51° periodo de sesiones (E/CN.4/Sub.2/1999/28), párr. 29.

434 *Vid.*, al respecto, RIQUELME CORTADO, R.: *Las Reservas a los Tratados: Lagunas y ambigüedades del Régimen de Viena, cit.*, p. 327.

435 *Vid.*, en el comentario a la directriz 3.2 en Doc. A/66/10/Add.1, párrs. 12 y ss, pp. 410 y ss.

436 *Ibíd.*

437 Vid., supra.

Constatada la invalidez de una reserva, los órganos convencionales de derechos humanos han considerado que la reserva es nula y carente de efecto jurídico. El Grupo de Trabajo de los representantes de los órganos de supervisión manifestaría que: "En cuanto a las consecuencias de la invalidez, el Grupo de Trabajo está de acuerdo con la propuesta del Relator Especial de la Comisión de Derecho Internacional según la cual una reserva inválida debe considerarse nula y sin valor" [438]. Y la Guía de la práctica contiene la directriz 4.5.1 que, titulada "Nulidad de una reserva inválida", afirma: "Una reserva que no cumpla las condiciones de validez formal y sustantiva enunciadas en las partes 2 y 3 de la Guía de la Práctica es nula de pleno derecho y, por lo tanto, carece de todo efecto jurídico"[439]

Pero esta nulidad de la reserva inválida no resuelve las consecuencias concretas a deducir, que pueden ser la no entrada en vigor del tratado o la separabilidad de la reserva. Y es que la aproximación de enfoques entre la Comisión y los órganos de tratados ha sido contestada por algunos Estados. Hay una profunda división reflejada en las observaciones y comentarios estatales a las posturas adoptadas, y corroborada por su práctica. Por ello, se ha optado también por el diálogo sobre las reservas.

6.3.1. La separabilidad de la reserva inválida como solución más adecuada para los tratados de derechos humanos

Las dos consecuencias posibles a la reserva nula y carente de todo efecto jurídico son la separabilidad de la reserva del instrumento de manifestación del consentimiento quedando su autor

---

438 Vid., la recomendación número 7 del Grupo de Trabajo en Informe de la reunión del Grupo de Trabajo sobre las reservas, 19ª reunión de los presidentes de los órganos creados en virtud de tratados de derechos humanos, 2007, 6ª reunión de los comités que son órganos creados en virtud de tratados de derechos humanos, (HRI/MC/2007/5), p. 7.

439 Vid., la directriz y su comentario en Doc. A/66/10/Add.1, pp. 525-536.

vinculado por el tratado sin el beneficio de la reserva, o la no entrada en vigor del tratado. Quedaría descartado el efecto del artículo 21.3 de la Convención de Viena puesto que su aplicación puede dar al tratado el beneficio de la reserva que es inválida[440]. Así lo han entendido los órganos de tratados[441] y la Comisión de Derecho Internacional en las directrices sobre el tema[442].

Entre estas dos opciones, la más conveniente para los tratados cuyo beneficiario último es el ser humano es la separabilidad de la reserva puesto que la no aplicación del tratado no ayuda al objetivo de la universalidad. Por ello, el Comité de Derechos Humanos señalaría en la observación general 24 que: "La consecuencia normal de una reserva inaceptable no es la de que el Pacto carezca de todo vigor para la parte que formula la reserva. Antes bien, será posible considerar independientemente esa reserva, en el sentido de que el Pacto será aplicable para la parte que formule la reserva sin que la reserva se tenga en cuenta"[443]. ROSALYN HIGGINS, entonces experta del Comité de Derechos Humanos, indicaría que: "el carácter especial de los tratados de derechos

---

440 Vid., supra capítulo V.

441 El Grupo de Trabajo sobre las reservas, en su reunión de junio de 2007, contempló en la recomendación número 7 esta posibilidad, pero revisadas en diciembre de ese mismo año la descartará como consecuencia de la nulidad y falta de efecto jurídico de la reserva inválida. Vid., Informe de la reunión del Grupo de Trabajo sobre las reservas, 18ª reunión de los presidentes de los órganos creados en virtud de tratados de derechos humanos, 2006, (HRI/MC/2006/5), párr. 16, e Informe de la reunión del Grupo de Trabajo sobre las reservas, 19ª reunión de los presidentes de los órganos creados en virtud de tratados de derechos humanos, 2007, 6ª reunión de los comités que son órganos creados en virtud de tratados de derechos humanos, (HRI/MC/2007/5), p. 7.

442 Vid., la directriz 4.5.3 en Doc. A/66/10/Add.1, pp. 540-541.

443 CCPR/C21/Rev.1/Add.6, de 11 de noviembre de 1994, reproducido en Informe del Comité de Derechos Humanos a la Asamblea General, Actas Oficiales de la Asamblea General, 50va sesión, Suplemento 40 (A/50/49), párr.18.

humanos milita en favor de la posibilidad de separar una reserva del consentimiento"[444].

Ahora bien, la posición adoptada en la observación general 24 pareciera no contemplar otra voluntad del autor de la reserva que no fuera la de quedar obligado por el tratado sin el beneficio de la reserva. Y en su aplicación en el asunto *Kenedy*, para los miembros disientes del Comité las actuaciones realizadas por Trinidad y Tobago eran muestra clara de que su intención era no ser parte en el tratado sin su reserva, al constituir ésta una condición *sine qua non* de su consentimiento en obligarse por el tratado[445]. Estaba en juego, por tanto, el principio esencial del consentimiento. Y así lo expresarían algunos Estados en sus observaciones al comentario general 24. Francia señalaría que los tratados "se fundamentan en el consentimiento de los Estados y que las reservas son las condiciones que los Estados incluyen para ese consentimiento; por ello se deduce necesariamente que, si se considera que esas reservas son incompatibles con el objeto y fin del tratado, sólo se puede concluir que se debe declarar que ese consentimiento no es válido y decidir que esos Estados no se pueden considerar partes en el instrumento del caso"[446]. Estados Unidos, por su parte, observaría que las reservas "son parte integrante de su consentimiento y no son separables", y que no se podía suponer "que un Estado que expresamente deja de consentir en una obligación esté obligado por ésta sobre la base de una ficción jurídica"[447]. También el Rei-

---

444 HIGGINS, R.: "Introduction," Human Rights as General Norms and a State's Right to opt out Reservations and Objections to Human Rights Conventions, cit., p. xxvii.

445 Comité de Derechos Humanos, Comunicación Nº 845/1999, *Rawley Kennedy c. Trinidad y Tobago*, decisión de 2 de noviembre de 1999 (CCPR/C/67/D/845/1999), párr. 15.

446 Informe del Comité de Derechos Humanos en su 55º, 56º y 57º periodo de sesiones, *Documentos Oficiales de la Asamblea General, quincuagésimo primer período de sesiones suplemento Nº 40* (A/51/40), vol. I, párrs. 12 y 13.

447 Informe del Comité de Derechos Humanos en su 52º, 53º y 54º periodo de sesiones, *Documentos Oficiales de la Asamblea General, quincuagésimo período de sesiones suplemento Nº 40* (A/50/40), Cap. VI, Parte 5.

no Unido señalaría que "no se puede considerar que un Estado que da a entender que ratifica un tratado de derechos humanos con sujeción a una reserva que es fundamentalmente incompatible con la participación en el régimen del tratado ha pasado a ser parte en modo alguno, a menos que retire la reserva"[448].

Por su parte, en la presentación del segundo informe sobre las reservas a los tratados, el Relator especial afirmaría que: "Los tratados de derechos humanos no escapan a la ley común: su objeto y fin no dan lugar a ninguna "transubstanciación" y no los transforman en una "legislación internacional" que se pueda imponer a los Estados contra su voluntad"[449]. Y también advertiría que "son los propios Estados, y no los órganos externos, por más bien intencionados y técnicamente irreprochables que sean, los que se encuentran en condiciones especialmente adecuadas para realizar esta tarea, es difícil admitir que dichos órganos puedan ponerse en el lugar de los Estados a fin de realizar esta determinación"[450]. Concluiría, por ello, que no correspondía a estos órganos "ponerse en el lugar del Estado para determinar si éste pensaba o no estar vinculado al tratado a pesar de la ilicitud de la reserva a la que había incluido su expresión de consentimiento a considerarse vinculado"[451]. La confirmación de este punto de vista tendría lugar con la inclusión de la décima Conclusión preliminar cuyo texto sería: "En caso de inadmisibilidad de una reserva, incumbirá al Estado que formula la reserva adoptar medidas. Estas medidas podrán consistir, por ejemplo, en que el Estado modifique su reserva para la eliminar la inadmisibilidad, retire su reserva o renuncie a ser Parte en el tratado"[452].

---

448 *Ibíd.*, párr. 14.

449 Segundo Informe sobre "Las reservas a los tratados", presentado por el Relator especial Alain Pellet a la Comisión de Derecho Internacional en su 48º periodo de sesiones, 1996 (A/CN.4/477/Add.1, párr. 229).

450 *Ibíd.*, párr. 226.

451 *Ibíd.*, párr. 231.

452 Informe de la Comisión de Derecho Internacional, 49º periodo de sesiones, *Documentos Oficiales de la Asamblea General, quincuagésimo segundo*

Y la aproximación de posturas, con el objetivo de conciliación de la solución de la separabilidad de la reserva inválida con el principio consensual, se evidenciaría en las reuniones posteriores entre la Comisión de Derecho Internacional y los órganos de tratado. Así, en 2003 el Comité de Derechos Humanos descartaría ya un enfoque puro y simple de la separabilidad de la reserva inválida: la divisibilidad no era ya una conclusión automática sino únicamente una presunción[453]. Un año después, en la reunión entre el Comité para la Eliminación de la Discriminación Racial y la Comisión, el Relator reconocería que tal vez la posición de la décima conclusión preliminar fuese demasiado rígida y sugeriría un planteamiento intermedio entre ésta y la adoptada por el Comité de Derechos Humanos con el cometario general número 24[454]. Asimismo, en el planteamiento común del Grupo de Trabajo de 2006, la recomendación 7, relativa a las consecuencias de la invalidez, aun barajadas varias opciones[455], daría prioridad a la

---

período de sesiones, Suplemento Nº 10 (A/52/10), párr. 157.

453 Informe sobre la práctica de los órganos creados en virtud de tratados de derechos humanos respecto de las reservas a los tratados internacionales en la materia, 2005, (HRI/MC/2005/5), párr. 37.

454 Reunión celebrada el 4 de agosto de 2004, extraído de HRI/MC/2005/5, párr. 38.

455 En efecto, en el planteamiento común adoptado por el Grupo de Trabajo en junio de 2006, la recomendación número 7 sugeriría lo siguiente: "En cuanto a las consecuencias de la invalidez, las únicas previsibles son que podría considerarse que el Estado no era parte en el tratado, o que el Estado era parte en el tratado pero que no se aplicaba la disposición a la que se refería la reserva, o que el Estado era parte en el tratado sin el beneficio de la reserva. La determinación de esas consecuencias depende de la intención del Estado en el momento de formular la reserva. Dicha intención debe determinarse mediante un examen serio de la información disponible, partiendo del supuesto, que puede ser desmentido, de que el Estado preferiría seguir siendo parte en el tratado sin el beneficio de la reserva que ser excluido de él". *Vid.*, Informe de la reunión del Grupo de Trabajo sobre las reservas, 18ª reunión de los presidentes de los órganos creados en virtud de tratados de derechos humanos, 2006, (HRI/MC/2006/5), párr. 16.

aplicación del tratado sin el beneficio de la reserva inválida, subrayando la importancia en esta decisión de la intención del Estado autor de la reserva[456]. Revisada esta recomendación y considerando únicamente las dos posibles opciones a reservas carentes de efecto jurídico resultante de su invalidez[457], la presunción sería de nuevo a favor de la separabilidad de la reserva inválida. El texto de la recomendación es el siguiente: "En cuanto a las consecuencias de la invalidez, el Grupo de Trabajo está de acuerdo con la propuesta del Relator Especial de la Comisión de Derecho Internacional según la cual una reserva invalidada debe considerarse nula y sin valor. De ello se desprende que un Estado no podrá basarse en dicha reserva y, a menos que su intención en contrario quede establecida de forma indisputable, seguirá siendo parte en el tratado sin el beneficio de la reserva"[458].

El consenso alcanzado en torno a las consecuencias jurídicas de las reservas inválidas quedaría plasmado en la reunión celebrada en 2007 entre los miembros de la Comisión de Derecho Internacional y los representantes de los órganos de derechos humanos: es la intención del Estado el criterio en función del cual debe determinarse la condición o no de parte en el tratado[459].

---

456 *Ibíd.*

457 Se descartaría, por tanto, la posibilidad prevista en el artículo 21.3 de la Convención de Viena. La explicación se daría de la siguiente manera: "no puede contemplarse la posibilidad de que el Estado que formula reservas siga siendo parte [en el] tratado que cuenta con la disposición en relación con la cual se ha declarado que la reserva no se aplica", *vid.,* Informe de la reunión del Grupo de Trabajo sobre las reservas, 19ª reunión de los presidentes de los órganos creados en virtud de tratados de derechos humanos, 2007, 6ª reunión de los comités que son órganos creados en virtud de tratados de derechos humanos, (HRI/MC/2007/5), párr.18.

458 *Ibíd.,* p. 7.

459 *Vid.,* Decimocuarto Informe sobre "Las reservas a los tratados", presentado por el Relator especial Alain Pellet a la Comisión de Derecho Internacional en su 61° periodo de sesiones, 2009 (A/CN.4/614, Anexo).

Al retomar la Comisión esta cuestión en sus trabajos sobre las reservas, apoyada también por las reacciones de algunos Estados en los debates de la Sexta Comisión de la Asamblea General[460] y por cierta práctica estatal[461], aprobaría la directriz 4.5.3, titulada "Condición del autor de una reserva inválida con respecto al tratado", cuyo tenor literal es el siguiente:

> "1. La condición del autor de una reserva inválida con respecto al tratado depende de la intención manifestada por el Estado o la organización internacional que ha formulado la reserva sobre si se propone quedar obligado por el tratado sin el beneficio de la reserva o si considera que no queda obligado por el tratado.
>
> 2. A menos que el autor de la reserva inválida haya manifestado la intención contraria o que tal intención se determine de otra forma, será considerado como Estado contratante u organización contratante sin el beneficio de la reserva.
>
> 3. No obstante lo dispuesto en los párrafos 1 y 2, el autor de una reserva inválida podrá manifestar en todo momento su intención de no obligarse por el tratado sin el beneficio de la reserva.
>
> 4. Si un órgano de vigilancia de la aplicación del tratado expresa la opinión de que una reserva no es válida, y si el Estado o la organización internacional autor de la reserva no se propone quedar obligado por el tratado sin el beneficio de la reserva, ese Estado o esa organización debería manifestar tal intención dentro de los doce meses siguientes a la fecha en que el órgano de vigilancia se haya pronunciado"[462].

Con esta toma de posición, la intención del Estado autor de la reserva sigue siendo el factor clave a la hora de determinar la con-

---

460 *Vid.*, el Resumen por temas, preparado por la Secretaría, del debate en la Sexta Comisión de la Asamblea General en su sexagésimo sexto período de sesiones, Doc. A/CN.4/650, párrs. 1-9. También, Las reservas a los tratados, Comentarios y observaciones recibidos de los Gobiernos, Comisión de Derecho Internacional 63° período de sesiones, 2011 (A/CN.4/639 y A/CN.4/639/Add.1)

461 *Vid.*, *supra* capítulo V.

462 *Vid.*, la directriz 4.5.3. y su comentario en Doc. A/66/10/Add.1, pp. 540-541.

secuencia jurídica de la reserva inválida, de si el autor considera que la reserva es o no una condición esencial de su consentimiento para obligarse por el tratado. Pero cuando la intención del Estado no es clara y evidente, se presume la opción de la separabilidad. Su refutación conllevaría que el Estado no pasa a ser parte en el tratado. La Comisión de Derecho Internacional, consciente de la dificultad que puede conllevar determinar esta intención contraria[463], apunta como elementos a considerar la redacción de la reserva, las declaraciones del autor de la reserva en el momento en que consiente en obligarse, la conducta posterior del Estado autor de la reserva, las reacciones de otros Estados contratantes, las disposiciones a que se refiere la reserva o el objeto y fin del tratado. Ahora bien, el autor de la reserva puede manifestar su intención contraria a la separabilidad en cualquier momento. Tratándose de órganos con potestad para decidir, lo conveniente sería no retrasar tal manifestación después de los doce meses siguientes a la fecha en que dicho órgano se ha pronunciado[464].

Y es, precisamente, la refutabilidad de la presunción, que sólo se aplica cuando no es posible determinar la intención del autor de la reserva o si éste se abstiene de dar a conocer su voluntad, lo que permite salvar el obstáculo de la no conciliación de la separabilidad de la reserva con el principio consensual[465].

---

463 Los asuntos *Loizidou c. Turquía* y *Chrysostomos c.Turquía* son un buen reflejo de esta dificultad al dar prioridad en el primer caso a las declaraciones iniciales de manifestación del consentimiento y en el segundo caso, a las declaraciones posteriores realizadas en el procedimiento juridicial. *Vid., supra* capítulo III.

464 *Vid.,* la directriz 4.5.3 en Doc. A/66/10/Add.1, párrs. 43 y ss., pp. 556 y ss.

465 Y así lo han expresado algunos Estados (*vid.,* en las observaciones y comentarios al conjunto de directrices aprobadas provisionalmente por la Comisión de Derecho Internacional las realizadas a la directriz que trata esta cuestión por Austria, El Salvador, Finlandia o Noruega, en A/CN.4/639, pp. 34 y ss).

Sin embargo, no todos los Estados están conformes con la elección de la presunción jurídica. Para la Comisión y ciertos Estados, es la separabilidad de la reserva puesto que el Estado autor de la reserva ha querido ser parte en el tratado[466]. Sin embargo, para otros, la presunción más respetuosa con el principio consensual es la no participación en el tratado puesto que las reservas son a menudo esenciales para el consentimiento de los Estados[467]. Entre estos Estados[468], están algunos de los que se opusieron de forma contundente a la observación general 24. Estados Unidos lo expresará de la siguiente manera: "cuando el principio del consentimiento se combina con la presunción de buena fe de que los Estados no formulan reservas a la ligera y supuestamente sólo lo hacen cuando esas reservas son una condición esencial del consentimiento del Estado autor de la reserva en obligarse por el tratado, la presunción incluida en las directrices propuestas debería apuntar a la dirección contraria. En otras palabras, cuando se ha formulado una reserva inválida, al Estado autor solamente se le debería considerar parte en el tratado sin el beneficio de la reserva si ese Estado ha indicado expresamente que, si se presentase una objeción, retiraría efectivamente su reserva y, por tanto, pasaría a ser parte sin el beneficio de ésta"[469]. En una línea similar, Francia observará que le es "inconcebible que un Estado distinto del Estado autor de la reserva esté en condiciones de apreciar el alcance de su consentimiento"[470]. El Reino Unido, sin embargo,

---

466 *Vid.*, la directriz 4.5.3 en Doc. A/66/10/Add.1, párr. 37 y ss. p. 555 y las observaciones de Austria, El Salvador, Finlandia, Noruega (*Ibíd.*)

467 *Vid.*, las observaciones de Francia, Estados Unidos y Australia (*Ibíd.*).

468 *Vid.*, las observaciones y comentarios al conjunto de directrices aprobadas provisionalmente por la Comisión de Derecho Internacional, las de Francia, Reino Unido (A/CN.4/639, Add.1, pp. 47 y ss.) y Estados Unidos (A/CN.4/639, pp. 42 y ss.). También, las observaciones y comentarios al conjunto de directrices aprobadas provisionalmente por la Comisión de Derecho Internacional, las de Alemania, Portugal o Suiza. *Ibíd.*

469 *Ibíd.*, pp. 42 y ss.

470 *Ibíd.*, p. 49.

aceptará la solución de la separabilidad de la reserva inválida aun con matizaciones. Su propuesta es la siguiente: "El Estado o la organización internacional autor de la reserva debe, dentro del plazo de 12 meses a partir de la formulación de una objeción a una reserva por motivos de invalidez, indicar expresamente si desea retirar la reserva o si consiente en obligarse. A falta de respuesta expresa, se considerará que el Estado o la organización internacional autor de la reserva es un Estado u organización contratante sin el beneficio de la reserva"[471].

En consecuencia, no hay certidumbre ni seguridad jurídica respecto a las consecuencias jurídicas a deducir de una reserva inválida, ya sea con la propuesta de presunción de la Comisión o invirtiendo esta propuesta. Las divergencias de la práctica y *opinio iuris* entre los Estados no hacen posible la aplicación de la propuesta de la Comisión de Derecho Internacional–ni la contraria-, al menos no por todos los Estados y para todos los tratados. Y es que esta solución se ha justificado con exceso de confianza en cierta práctica estatal, la de los Estados europeos, y en las decisiones de los órganos y tribunales de derechos humanos. Pero ni siquiera en este ámbito hay consenso entre los Estados. La misma Comisión reconoce esta situación al afirmar que la directriz 4.5.3 "corresponde en gran parte a la esfera del desarrollo progresivo del derecho internacional"[472]. Y al añadir, a continuación, que lo oportuno es "dejar que vaya desarrollándose la práctica, sin que se pueda excluir que circunstancias diversas exijan soluciones diferentes"[473]. Transcurridos varios años desde la aprobación de la Guía de la práctica, sin embargo, la práctica no parece confirmar este desarrollo. El Estado autor de la reserva y el Estado que objeta siguen manteniendo relaciones convencionales aun con la reserva que se estima inválida y sólo algunos de los objetantes indican la entrada en vigor del tratado sin el beneficio de la reserva[474].

---

471 *Ibíd.*, pp. 49 y 50.

472 *Vid.*, la directriz 4.5.3 en Doc. A/66/10/Add.1, párr. 55.

473 *Ibíd.*

474 *Vid.*, *supra* capítulo V.

La solución de la separabilidad no es una norma prevista en la Convención de Viena sobre el Derecho de los Tratados ni de Derecho internacional consuetudinario general. Y en el ámbito de los derechos humanos, en el momento actual, sólo es posible hablar en el ámbito europeo de una costumbre ya consolidada, y en el universal de una norma consuetudinaria en formación.

6.3.2. El diálogo relativo a las reservas

La posición de los órganos universales de derechos humanos ante las reservas inválidas se ha caracterizado esencialmente por entablar un diálogo que permita entender y reconsiderar la necesidad de la reserva, así como convencer al Estado autor de la misma de su retirada o modificación. Esta apuesta, que el Relator especial ha venido a denominar el "diálogo sobre las reservas"[475] y ha tenido lugar fundamentalmente en el marco del examen de los informes estatales, permite preservar la integridad esencial del tratado sin menoscabar la universalidad de su participación. Y es que, uno de los riesgos posibles de la solución de la separabilidad de la reserva inválida, no admitida por todos los Estados, consiste en la denuncia[476] o reparos de los Estados en ser parte en los tratados.

---

475 Término no técnico acuñado por el Relator especial en una adición a su octavo informe (Octavo Informe sobre "Las reservas a los tratados", presentado por el Relator especial Alain Pellet a la Comisión de Derecho Internacional en su 55° periodo de sesiones, 2003 (A/CN.4/535/Add.1). El 17° informe del Relator trata de la cuestión del diálogo sobre las reservas (*vid.*, Decimoséptimo Informe sobre "Las reservas a los tratados", presentado por el Relator especial Alain Pellet a la Comisión de Derecho Internacional en su 63° periodo de sesiones, 2011, (A/CN.4/647 y Add 1).

476 Téngase en cuenta que hay tratados que no contienen cláusulas expresas sobre denuncia, entre los que se encuentra el Pacto internacional de derechos civiles y políticos de 1966. El Comité de Derechos Humanos, en su observación general 26, señalaría que: "el Pacto no es un tratado que, por su naturaleza, entrañe un derecho de denuncia.

A preservar mejor el espacio de "diálogo sobre las reservas" va dirigida la recomendación 9 adoptada en 2007 por el Grupo de Trabajo sobre las reservas en su planteamiento común sobre el tema[477]; recomendación que ha ido acompañada por la adopción de directrices armonizadas para la presentación de informes a los órganos internacionales de derechos humanos[478]. La naturaleza y alcance de las reservas o declaraciones interpretativas, las

---

Junto con el Pacto Internacional de Derechos Económicos, Sociales y Culturales, que fue preparado y aprobado al mismo tiempo que él, el Pacto codifica en forma de tratado los derechos humanos universales consagrados en la Declaración Universal de Derechos Humanos, instrumento éste que, juntamente con los otros dos, configura lo que se denomina "Carta Internacional de Derechos Humanos". Por ello, el Pacto carece del carácter temporal propio de los tratados en que se considera admisible el derecho de denuncia, pese a que carezca de disposiciones concretas al respecto. Los derechos consagrados en el Pacto corresponden a quienes viven en el territorio del Estado Parte de que se trate. El Comité de Derechos Humanos, tal como muestra su arraigada práctica, ha considerado sistemáticamente que, una vez que las personas tienen reconocida la protección de los derechos que les confiere el Pacto, esa protección pasa a ser subsumida por el territorio y siguen siendo beneficiarias de ella las personas, con independencia de los cambios que experimente la gobernación del Estado Parte, lo que incluye la desmembración en más de un Estado, la sucesión de Estados o cualquiera otra medida posterior que adopte el Estado Parte con objeto de despojar a esas personas de los derechos que les garantiza el Pacto. En consecuencia, el Comité tiene el firme convencimiento de que el derecho internacional no permite que un Estado que haya ratificado el Pacto o se haya adherido a él originariamente o a título de sucesión lo denuncie ni se retire de él" (*Vid.*, Observación General 26, *Continuidad de las obligaciones en* Doc. HRI/GEN/1/Rev.7, párrs. 3-5.

477 *Vid.*, Informe de la reunión del Grupo de Trabajo sobre las reservas, 19ª reunión de los presidentes de los órganos creados en virtud de tratados de derechos humanos, 2007, (HRI/MC/2007/5), recomendaciones, apartado 9. También, *vid.*, Informe de los presidentes de los órganos creados en virtud de tratados de derechos humanos sobre su 19ª reunión, 2007, (A/62/224), párr. 48 v.

478 Estas directrices armonizadas fueron adoptadas en la 5° reunión de los Comités y en la 18° reunión de los Presidentes de órganos creados

razones para formularlas y mantenerlas, así como sus intenciones para modificarlas y/o retirarlas constituyen, entre otras, las explicaciones que los Estados han de proporcionar en los documentos que forman parte de los informes estatales (el documento básico común y el informe específico para el tratado concreto)[479]. Con arreglo al sistema revisado de presentación de informes, los Comités han modificado sus directrices relativas a los informes sobre tratados específicos.

No cabe duda que la información proporcionada sobre las reservas formuladas permite a los órganos de vigilancia examinar la reserva, no en abstracto, sino tomar en cuenta las consideraciones políticas y el derecho interno que sirve de base a las reservas. A su vez, en este proceso de debate los órganos pueden explicar a los Estados autores la naturaleza de sus inquietudes en relación con los efectos de las reservas en el tratado. Y esta mejor comprensión entre las partes interesadas posibilita un diálogo constructivo que no trata sólo de una llamada de atención crítica a los autores de la reserva inválida u obsoleta o inoportuna, sino también de alentar y felicitar a aquellos que han expresado su intención de retirar o modificar sus reservas o así lo han hecho.

Pues bien, a este planteamiento más moderado y pragmático se han mostrado dispuestos los Estados[480], incluso los más reticentes con las competencias de los órganos de supervisión en materia de reservas[481]. Su utilidad, además, ha quedado demostrada pues no

---

en virtud de tratados de derechos humanos y figuran en el Doc. HRI/MC/2006/3, de 10 de mayo de 2006 y en Doc. HRI/GEN/2/Rev. 6.

479 *Ibíd.*, Sección III, párr. 40 b) y capítulo I, párr. 40 b, respectivamente.

480 Vid., el Resumen por temas, preparado por la Secretaría, de los debates de la Sexta Comisión de la Asamblea General en su sexagésimo sexto periodo de sesiones, (A/CN.4/650), párr. 6.

481 Vid., la intervención de la representante de Francia en la Sexta Comisión durante el sexagésimo sexto periodo de sesiones de la Asamblea General, en Acta resumida de la 20ª sesión, Documentos Oficiales de la Asamblea General, sexagésimo sexto periodo de sesiones (A/C.6/66/SR.20), párrs. 50 y 51.

son pocos los Estados que, tras entablar este diálogo informal y constructivo con el órgano de control en cuestión, han reconsiderado sus reservas retirándolas o modificándolas.

No hay que olvidar, no obstante, que en esta reacción positiva de los Estados también puede resultar esencial la participación de otros elementos de dialogo como las objeciones –sobre todo si están motivadas- de otros Estados partes, o el diálogo enmarcado en otros contextos como el que tiene lugar en el Consejo de Derechos Humanos o en el marco de organizaciones regionales europeas, como la Unión Europea y el Consejo de Europea. Efectivamente, en el Consejo de Derechos Humanos es principalmente a través del procedimiento del examen periódico universal[482] donde tiene lugar un diálogo oficioso entre el Grupo de Trabajo y el Estado examinado[483]. En el marco de las organizaciones regionales citadas, tanto el Grupo de Trabajo de la Unión Europea sobre Derecho Internacional Público -integrado por los asesores jurídicos de los Estados miembros en Derecho internacional-[484], como el Observatorio europeo creado en el seno del Comité de Asesores Jurídicos sobre Derecho Internacional Público del Consejo de Europa[485] se configuran como instancias en las que no sólo se intercambian puntos de vista sobre la validez de determinadas

482 Vid., la resolución 5/1 del Consejo de Derechos Humanos, de 18 de junio de 2007 (Resolución 5/1 "Construcción institucional del Consejo de Derechos Humanos" (2007), quinto periodo de sesiones, A/HRC/5/21, anexo), aprobada por la resolución 62/219 de la Asamblea General (Resolución el 22 de diciembre de 2007, sexagésimo segundo periodo de sesiones, A/RES/62/219).

483 Los informes del Grupo de Trabajo sobre el Examen Periódico Universal pueden consultarse en http://www.ohchr.org/EN/HRBodies/UPR/Pages/UPRMain.aspx

484 Vid., CEDE, F.: "European Responses to Questionable Reservations", en BENEDEK. W., ISAK. H. and KICKER. R., eds., Development and Developing International and European Law: Essays in Honour of Konrad Ginther on the Occasion of His 65th Birthday, 1999, p. 30.

485 Vid., SPILIOPOULOU ÅKERMARK, S: "Reservation Clauses in Treaties Concluded Within the Council of Europe", International and Com-

reservas y coordinan sus reacciones a las mismas, sino también alientan al diálogo constructivo con los autores de las reservas.

Estos elementos y formas de diálogo que se refuerzan y complementan han sido considerados por la Comisión de Derecho Internacional en sus trabajos sobre las reservas. Así, lo ha hecho con la adopción de directrices que recomiendan a los Estados ciertas prácticas que posibilitan el intercambio de opiniones entre los actores implicados, esto es, el autor de la reserva, por un lado, y los demás Estados partes y los órganos de control instituidos en su caso, por otro. Se trata fundamentalmente de las relativas a la motivación de las reservas[486] y de las objeciones[487]. Asimismo, la directriz 2.5.3., que alienta al reexamen periódico de la utilidad de las reservas, toma en cuenta los llamamientos reiterados a reconsiderarlas y en su caso retirarlas de los órganos de control de derechos humanos[488] así como de los órganos políticos de organizaciones internacionales, como la Asamblea General de las Naciones Unidas[489] o el Comité de Ministros del Consejo de Europa[490].

---

parative LawQuaterly, vol. 48, 1999, pp. 511-515. También, página web: http://www.coe.int/t/dlapil/cahdi/overview_en.asp

486 Vid., la directriz y 2.1.2 y su comentario en Doc. A/66/10/Add.1, pp. 141-143.

487 La directriz 2.6.9 y su comentario en ibíd., pp. 272-273.

488 Vid., supra.

489 Vid., la resolución 65/200, de 21 de diciembre de 2010, relativa a la Convención internacional sobre la eliminación de todas las formas de discriminación racial (A/RES/65/200, párr. 27); la resolución 65/197, de 21 de diciembre de 2010, sobre los derechos del niño (A/RES/65/197, párr. 3), la resolución 64/152 de 18 de diciembre de 2009, sobre los Pactos Internacionales de Derechos Humanos (A/RES/64/152, párr. 8); y la resolución 64/138, de 18 de diciembre de 2009, relativa a la Convención sobre la eliminación de todas las formas de discriminación contra la mujer (A/RES/64/138, párr. 6), en http://www.un.org/es/documents/ag/resga.shtml.

490 *Vid.,* la Declaración del Comité de Ministros del Consejo de Europa adoptada el 10 de diciembre de 1998 con ocasión del 50° aniversario de la Declaración Universal de Derechos Humanos (https://wcd.coe.int/ViewDoc.jsp?id=514271&Site=CM&BackColorInternet=C3C3C3

Ahora bien y sin perjuicio de lo anterior, como señalara el Relator especial sobre el diálogo relativo a las reservas, cuestión sobre la que la Convención de Viena guarda silencio, no se trata de establecer "un régimen jurídico específico para el diálogo sobre las reservas, ni siquiera en el marco de un instrumento jurídico no vinculante como es la Guía de la práctica"[491]. Por ello, la Comisión de Derecho Internacional tratando de alentar esta práctica, en lugar de directrices, ha adoptado unas conclusiones acerca del diálogo sobre las reservas, que figura en un anexo al texto de la Guía de la práctica. Y aun referido este diálogo a todos los tratados cualquiera que sea su naturaleza y objeto, los principios básicos en los que se basa se han inspirado en las reglas y prácticas de los órganos convencionales de derechos humanos –en particular en las recomendaciones adoptadas en 2006 por el Grupo de Trabajo sobre las reservas anteriormente mencionadas -.[492]

De nuevo, la Comisión de Derecho Internacional no deja pasar por alto la práctica relativa al diálogo de los órganos convencionales de derechos humanos para abordar la cuestión de las reservas

---

&BackColorIntrane =EDB021&BackColorLogged=F5D383) y la recomendación 1671 (2004), adoptada el 7 de septiembre de 2004 por la Asamblea Parlamentaria del Consejo de Europa, sobre la ratificación de los protocolos y el retiro de las reservas y excepciones al Convenio europeo de derechos humanos (http://assembly.coe.int/ASP/Doc/ATListingDetails_E.asp?ATID=10556); la resolución 1391 (2004), adoptada el mismo día, sobre la ratificación de los protocolos y el retiro de las reservas y las excepciones al Convenio europeo de derechos humanos (http://assembly.coe.int/ASP/Doc/ATListingDetails_E.asp?ATID=10562) y, de forma más general (al no limitarse a los tratados sobre los derechos humanos), el párrafo 7 de la recomendación 1223 (1993) de la Asamblea Parlamentaria del Consejo de Europa, de fecha 1º de octubre de 1993 (http://assembly.coe.int/ASP/Doc/ATListingDetails_E.asp?ATID=2174).

491 Décimo séptimo Informe sobre "Las reservas a los tratados", presentado por el Relator especial Alain Pellet a la Comisión de Derecho Internacional en su 63º periodo de sesiones, 2011, (A/CN.4/647, párr. 62).

492 *Vid.*, las "Conclusiones acerca del diálogo sobre las reservas" en un anexo al informe, en Doc. A/66/10/Add.1, pp. 620-621.

inválidas. Y como en el caso de la opción de la separabilidad, no ha limitado el diálogo sobre las reservas a estos instrumentos que considera no constituyen una categoría específica de tratados a efectos de la aplicación de las normas relativas a las reservas. Las posiciones de los órganos de control creados por estos tratados, que han puesto en tela de juicio lagunas y ambigüedades del régimen general enunciado en la Convención de Viena sobre el Derecho de los Tratados, han guiado e inspirado los trabajos de la Comisión en esta materia introduciendo elementos de desarrollo progresivo. Pero el debate sobre las consecuencias jurídicas derivadas de la invalidez de una reserva, también de las formuladas a los tratados de derechos humanos, sigue abierto.

REFLEXIONES FINALES

En la opinión consultiva emitida en 1951 sobre *las reservas a la Convención sobre el genocidio*[493], la Corte Internacional de Justicia manifestaría ya la singularidad de los tratados de derechos humanos:

> "Los principios en que se basa son reconocidos por las naciones civilizadas como obligatorios por todos los Estados, incluso sin ninguna relación convencional; se ha querido que sea una convención de alcance universal; su finalidad es puramente humanitaria y civilizadora; los Estados contratantes no obtienen ninguna ventaja o desventaja, ni tienen intereses propios, sino un interés común"[494].

Asimismo, conciliaría las dos exigencias de la universalidad en la participación de los Estados y la integridad esencial del tratado mediante el criterio de la compatibilidad de la reserva con el objeto y fin de la Convención:

> "el objeto y fin de la Convención implican, por parte de la Asamblea General y de los Estados que la aprobaron la intención de reunir al mayor número posible de participantes. Esta intención quedaría frustrada si una objeción a una reserva de menor importancia entrañara una exclusión completa. Por otra parte, no se puede pensar que las otras partes contratantes estuvieran dispuestas a sacrificar el objeto mismo de la Convención a favor de un vago deseo de obtener tantos participantes como fuera posible"[495].

Y también advertiría sobre los problemas de imprecisión y apreciación del criterio del objeto y fin del tratado:

---

493 *Vid.*, Corte Internacional de Justicia, opinión consultiva de 28 de mayo de 1951, *Réserves à la Convention sur la prévention et la répression du crime de génocide* (Reservas a la Convención para la Prevención y la Sanción del Delito de Genocidio), *Recueil* 1951.

494 *Ibíd.*, p 23.

495 *Ibíd.*, p 24.

> "Los inconvenientes que entraña esta posible divergencia de opiniones [en cuanto a la validez de la reserva] son reales, pero resultan atenuados por la obligación común de los Estados contratantes de fundar su opinión en la compatibilidad o incompatibilidad de la reserva con el objeto y el fin de la Convención. Evidentemente, hay que suponer en los contratantes la voluntad de preservar al menos lo que es esencial para los fines de la Convención; si faltara esta voluntad, es obvio que la Convención misma resultaría menoscabada en su principio y en su aplicación"[496].

Este dictamen marcaría la pauta a seguir en el régimen jurídico de las reservas a los tratados internacionales, enunciado en los artículos 19 a 23 de la Convención de Viena sobre el Derecho de los Tratados de 1969, que es fiel al principio de reciprocidad y deja en exclusiva a los Estados el control individual de las reservas. Sin embargo, no daría un trato singular a las reservas formuladas a los protectores de los derechos humanos, en los que la reciprocidad pierde peso y cuentan con órganos de supervisión de la aplicación de sus normas por los Estados. En el momento de elaboración de los tratados tampoco se optó por un régimen distinto al general, que es el aplicable a título subsidiario. Ciertamente, muchos tratados no contienen cláusulas sobre las reservas y cuando disponen de ellas, apenas hay reglas propias, siendo escasas las referencias a su régimen jurídico.

Formulada una reserva, es el criterio de su compatibilidad con el objeto y fin del tratado el que actúa, incluso en el silencio del tratado. Pero su apreciación puede resultar problemática, dificultándose cuando los tratados contienen numerosos derechos y obligaciones interdependientes. Además, la pérdida de reciprocidad favorece la pasividad en las reacciones de los demás Estados ya que, acepten u objeten la reserva, no se liberan de aplicar la obligación en cuestión a los individuos sometidos a su jurisdicción, incluidos a los nacionales del Estado autor de la reserva, con la consiguiente desigualdad en la protección de los derechos, menor en la jurisdicción del Estado reservante. Y esta inacción y

---

496 *Ibíd.*, pp. 26 y 27.

respuesta divergente tiene lugar ante reservas de manifiesta o al menos dudosa incompatibilidad.

Transcurrido más de medio siglo, en la opinión separada conjunta al fallo de 2006 en el caso relativo a las *actividades armadas en el territorio del Congo (Nueva aplicación: 2002) (República Democrática del Congo c. Ruanda)*[497], los magistrados HIGGINS, KOOIJMANS, ELARABY, OWADA y SIMMA propondrán una interpretación más adecuada de la opinión consultiva de 1951, que no dio o no pudo dar solución a todas las cuestiones relativas a las reservas; tampoco los redactores de Viena. En efecto, nuevas tendencias han surgido desde entonces en la práctica de las reservas entre las que se encuentran el papel de los tribunales y órganos convencionales de control de derechos humanos en la apreciación de la compatibilidad de una reserva con el objeto y fin del tratado, su fundamento jurídico y alcance. La Corte tampoco tuvo la ocasión de tratar en 1951 la aplicación de la separabilidad de las reservas inválidas. En su opinión coincidente, los cinco magistrados se referirán también a los trabajos de la Comisión de Derecho Internacional en relación a las reservas a los tratados, que tratan de clarificar las normas generales sobre reservas, incompletas y a veces oscuras, enunciadas en la Convención de Viena sobre el Derecho de los Tratados[498].

---

497 Corte Internacional de Justicia, competencia y admisibilidad, sentencia de 3 de febrero de 2006, *Activités armées sur le territoire du Congo (Nouvelle requête: 2002) (République démocratique du Congo c. Rwanda)*, *Recueil* 2006.

498 Párr. 12 de la opinión separada conjunta. En particular, se remite a los informes del Relator especial, ALAIN PELLET, relacionados con los temas examinados en esta opinión, a saber, el capítulo II de segundo informe titulado "Unidad o diversidad del régimen jurídico de las reservas a los tratados multilaterales", con el subtítulo "Reservas a los tratados de derechos humanos" (A/CN.4/477/Add.1), al décimo informe relativo a la validez de las reservas (A/CN.4/558), las reservas incompatibles con el objeto y fin del tratado (A/CN.4/558, Add.1) y la determinación de la validez de las reservas y sus consecuencias (A/CN.4/558, Add.2).

Concluidos en 2011 los trabajos de la Comisión con la aprobación definitiva de la Guía de la práctica sobre las Reservas a los tratados, no se da tampoco a los relativos a los derechos humanos un tratamiento diferenciado, ni siquiera hay una directriz en la Guía que los singularice. La Comisión afirma la unidad de régimen jurídico, aplicable también a los instrumentos de este ámbito cuya verdadera particularidad en materia de reservas reside, a su juicio, en que cuentan con órganos de supervisión del tratado. Pero son las posiciones de estos órganos de tratados y de cierta práctica estatal desarrollada fundamentalmente en el ámbito de los derechos humanos, las que inspiran las propuestas de la Comisión para dar respuesta a los silencios e incertidumbres del régimen de Viena.

Así y a falta de previsión expresa en los tratados, hoy no se discute que, en el ejercicio de sus funciones de supervisión, estos órganos pueden evaluar las reservas, pero en convivencia con el realizado por los propios Estados y en el marco de sus competencias. Así lo impone el principio consensual. Y aun cuando los órganos universales carecen de poder de decisión jurídicamente vinculante u obligatorio, sus evaluaciones sobre la validez o no de una reserva no carecen de todo valor y efecto jurídico, no pueden ser ignoradas por los Estados, debiendo considerarlas de buena fe. Menciónese al efecto el fallo de la Corte Internacional de Justicia de 30 de noviembre de 2010 en la causa *Ahmadou Sadio Diallo (República de Guinea c. República Democrática del Congo)*[499]. La razón de ello es el reconocimiento de la Corte a la importante labor de los órganos de supervisión creados por los tratados de derechos humanos –en este caso, al Comité de Derechos Humanos-. Dirá la Corte:

> "Desde su creación, el Comité de Derechos Humanos ha venido desarrollando una importante jurisprudencia interpretativa, especialmente en lo referente a las constataciones que realiza en res-

---

499 Corte Internacional de Justicia, sentencia de 30 de noviembre de 2010, *Ahmadou Sadio Diallo (República de Guinea c. República Democrática del Congo), Recueil* 2010.

> puesta a las comunicaciones individuales que puede recibir respecto a los Estados partes en el primer Protocolo Facultativo, así como en el marco de sus 'Observaciones generales'. Aunque en el ejercicio de sus funciones judiciales la Corte no tiene la obligación de conciliar su propia interpretación del Pacto con la interpretación del Comité, considera que debe tenerse muy en cuenta la interpretación adoptada por este órgano independiente, establecido especialmente para supervisar la aplicación de este tratado. Se trata de garantizar la claridad necesaria y la coherencia indispensable del derecho internacional, así como la seguridad jurídica, a la cual tienen derecho tanto los particulares titulares de derechos tutelados como los Estados obligados a cumplir sus obligaciones convencionales"[500].

Sin duda, estos órganos de expertos independientes se encuentran particularmente bien posicionados para la evaluación objetiva de la reserva, permitiendo mantener la integridad esencial de los tratados. Constatada la invalidez de una reserva, las consecuencias jurídicas a deducir han sido tenidas en cuenta por la Comisión. Y es que la cuestión de las reservas inválidas y sus efectos jurídicos (o la falta de ellos) no es tratada, al menos de forma expresa, por la Convención de Viena sobre el Derecho de los Tratados. En efecto, el párrafo 1 del artículo 21 en sus apartados *a* y *b* indica los efectos jurídicos de la reserva. Pero los efectos previstos son para "una reserva que sea efectiva con respecto a otra parte en el tratado de conformidad con los artículos 19, 20 y 23". Y estos artículos tratan de la validez sustantiva o material (art. 19), la aceptación (art. 20) y la validez formal (art. 23). Sólo la reserva válida y aceptada sería capaz de producir los efectos jurídicos queridos por su autor. Sin embargo, el párrafo 3 del artículo 21, que trata de los efectos combinados de una reserva y una objeción, no reitera el requisito de la validez material y formal de la reserva.

Las propuestas en torno a este aspecto esencial e incierto del régimen jurídico sobre las reservas consisten en que las reglas de Viena sobre la aceptación y objeción y los efectos jurídicos de las

---

500 *Ibíd.*, párr. 66.

reservas son para las reservas válidas. Las que no cumplen con los requisitos de validez son nulas de pleno derecho y, por tanto, carecen de efectos jurídicos. Su nulidad es una cuestión objetiva e independiente de las reacciones individuales de los Estados, de que la aceptan o la objeten. Y las dos consecuencias posibles a la reserva nula y carente de todo efecto jurídico son la entrada en vigor del tratado sin el beneficio de la reserva, pues ésta no produce efecto jurídico, o la prevista en el artículo 20.4 de la Convención de Viena, esto es, la no entrada en vigor, por lo que la reserva tampoco produce efectos. Quedaría descartado el efecto del artículo 21.3 puesto que su aplicación puede dar al tratado el beneficio de la reserva que es inválida. Así lo han entendido los órganos de tratados, la Comisión de Derecho Internacional y cierta práctica estatal.

Pero esta posición no ha estado exenta de dificultades. Y es que el principio del consentimiento es, como en todo el Derecho de los tratados, la piedra angular en la cuestión de las reservas. Y el respeto a este principio llevaría a una aproximación de posturas entre la Comisión y los órganos de tratados. Desde el enfoque puro y simple de la separabilidad de la reserva adoptado en 1994 en la observación general número 24 del Comité de Derechos Humanos o su exclusión en las Conclusiones preliminares (Conclusión décima) de 1997 aprobadas por la Comisión de Derecho Internacional, se ha llegado a posturas intermedias, más matizadas. Es la intención del Estado autor de la reserva el elemento clave en la determinación de las consecuencias jurídicas de la reserva inválida. Y sólo cuando su intención no es clara y evidente, entraría en juego la opción de la separabilidad como presunción. Así lo recoge la aprobación definitiva en 2011 de la Guía de la práctica. Pero esta propuesta no ha convencido a todos los Estados. Para algunos, la no participación en el tratado del autor de la reserva, como presunción positiva, sería la opción más respetuosa con el principio consensual. Pero esta solución ni es la más conveniente para la causa de los derechos humanos, puesto que no favorece al objetivo de la participación universal, ni tiene apoyo suficiente en la práctica. A su vez, que las reservas se tengan por no puestas puede conllevar reparos de los Estados en ser parte en los tratados o la denuncia en su caso.

Indicaría la Comisión de Derecho Internacional que esta cuestión corresponde en gran parte a la esfera del desarrollo progresivo del derecho internacional, siendo lo oportuno "dejar que vaya desarrollándose la práctica, sin que se pueda excluir que circunstancias diversas exijan soluciones diferentes"[501]. Pero la práctica no parece confirmar este desarrollo. La solución de la separabilidad no es una norma prevista en la Convención de Viena sobre el Derecho de los Tratados ni de Derecho internacional consuetudinario general. En el ámbito de los derechos humanos, en el momento actual, sólo es posible hablar en el ámbito europeo de una costumbre ya consolidada, y en el universal de una norma consuetudinaria en formación.

La práctica estatal mayoritaria, en vigor y más actual, tiende a otra dirección, a saber, mantener las relaciones convencionales entre el autor de la reserva y el autor de la objeción con la reserva inválida. Y aunque esta solución pueda resultar poco satisfactoria para los tratados cuyo objeto y fin es la protección de los derechos humanos, puesto que no se conjuga con el objetivo de la integridad, es la opción que mejor respeta el ordenamiento jurídico internacional actual y que permite también iniciar el diálogo sobre las reservas a fin de incitar a su autor a reconsiderar su modificación o retirada. Conseguida la modificación o retirada de la reserva inválida, se llegaría a la participación universal y el mantenimiento de la integridad esencial de los tratados. En la conveniencia de favorecer este espacio de diálogo coinciden todos los Estados, los órganos de tratados y la Comisión de Derecho Internacional.

---

501 *Vid.*, la directriz 4.5.3 en Informe de la Comisión de Derecho Internacional, 63° periodo de sesiones, *Documentos Oficiales de la Asamblea General, sexagésimo sexto periodo de sesiones, Suplemento N° 10* (A/66/10/Add.1), párr. 55

Ya advertiría el que fuera eminente miembro de la Comisión de Derecho Internacional y juez de la Corte Internacional de Justicia, SIR HERSCH LAUTERPACHT, en su primer informe sobre el Derecho de los tratados que: "el tema de las reservas a los tratados multilaterales es un problema de una complejidad poco común -verdaderamente desconcertante- y de nada serviría simplificar artificialmente un problema esencialmente complejo"[502]. La Convención de Viena sobre el Derecho de los Tratados no puso fin a estas dificultades y la Comisión, en sus trabajos recientes en la materia, tampoco ha dado respuesta satisfactoria a todas ellas, en particular a la cuestión esencial de la reserva inválida y las consecuencias jurídicas a deducir de esta invalidez, confiando posiblemente en exceso en cierta práctica estatal, la de los Estados europeos, y en las decisiones de los órganos y tribunales de derechos humanos. Pero ni siquiera en este ámbito hay consenso entre los Estados. Y fuera de este ámbito, las propuestas de la Comisión, referidas a todos los tratados, sea cual sea su objeto y naturaleza, son de difícil realización.

502 *Vid.*, Primer Informe sobre el Derecho de los tratados, *Documents of the fifth session including the report of the Commission to the General Assembly, Yearbook of the International Law Commission*, 1953, vol. II, p. 90, (A/CN.4/63), p. 124.

BIBLIOGRAFÍA

Obras generales y monografías

CHUECA. A.: *Las reservas a los tratados de derechos humanos,* Serie Documentación Jurídica, t. 19, nº. 72, 1992.

DECAUX, E.: *La réciprocité en Droit International,* Paris, 1980.

GONZÁLEZ CAMPOS, J.D., SÁNCHEZ RODRÍGUEZ, L.I., ANDRÉS, P.: *Curso de Derecho Internacional Público,* 3ª ed., THOMSON CIVITAS, Madrid, 2002.

HORN, F.: *Reservations and Interpretative Declarations to Multilateral Treaties,* Amsterdam, North-Holland, 1988.

IMBERT, P.H.: *Les réserves aux traités multilatéraux: évolution du droit et de la pratique depuis l'avis consultatif donné par la Cour internationale de Justice le 28 mai 1951,* París, Pedone, 1978.

LIJNZAAD, L.: *Reservations to U.N. Human Rights Treaties: Ratify and Ruin,* Martinus Nijhoff Publishers, Dordrecht, 1995.

MARTÍN RODRÍGUEZ, J.P.: *Flexibilidad y tratados internacionales,* Tecnos, Madrid, 2003.

QUEL LÓPEZ, J.: *Las reservas a los tratados internacionales (Un examen de la práctica española),* Servicio editorial Universidad País Vasco, Bilbao, 1991.

REMIRO BROTONS, A.; *Derecho Internacional Público 2. Derecho de los Tratados,* Tecnos, Madrid, 1987.

RIQUELME CORTADO, R.: *Las Reservas a los Tratados: Lagunas y ambigüedades del Régimen de Viena,* Universidad de Murcia, 2004.

ROSENNE, S.: *The Law and Practice of the International Court, 1920-2005,* vol. II, *Jurisdiction,* 2006.

SALADO OSUNA, A.: *Las reservas a los tratados de derechos humanos,* Ediciones Laborum, Murcia, 2003.

SINCLAIR, I.: *The Vienna Convention on the Law of Treaties,* 2ª ed., Manchester, Manchester University Press, 1984.

Artículos de revista, obras recopilatorias y colaboraciones en obras colectivas

AUST, A.: "Reservations", *Modern Treaty Law and Practice,* 2ª ed., New York, Cambridge University Press, 2007.

BARATTA, R.: "Should Invalid Reservation to Human Rights Treaties Be Disregarded?", European *Journal of International Law,* vol. 11-2, 2000.

BOURGUIGNON, H.J., "The Belilos Case: New Light on Reservations to Multilateral Treaties", *Virginia Journal of International Law,* vol. 29, nº 2, 1989.

BOWETT, D.W: "Reservations to non-restricted multilateral treaties", *British Year Book of International Law,* 1976-1977, Oxford.

BUFFARD, I. y ZEMANEK, K.: "The "Object and Purpose" of a Treaty: An Enigma?", *Austrian Review of International and European* Law, vol. 3, 1998.

CANCADO TRINDADE, A.A.: "The International Law of Human Rights at the Dawn of the XXI Century", *Cursos Euromediterráneos Bancaja de Derecho Internacional,* vol. III, 1999.

CAFLISCH, L. y CANCADO TRINDADE, A.: "Les Conventions Américaine et Européenne des Droits de L`Home et le Droit International Général", *Revue Générale de Droit International Public,* vol. 108, t. 1, 2004.

CAMERON, I. y HORN, F.: "Reservations to the European Convention on Human Rights: the Belilos case", *German Yearbook of International Law,* vol. 33, 1990.

CASTRO SÁNCHEZ, C.: "Sobre la jurisdicción del Tribunal Internacional de Justicia y otras cuestiones: comentario de la Sentencia del TIJ de 26 de febrero de 2006, Asunto sobre las actividades armadas en el territorio del Congo", *Revista de Derecho UNED,* nº. 2, 2007.

CASSESE, A.: "A New Reservations Clause (Article 20) of the United Nations Convention on the Elimination of All Forms of Racial Discrimination", *Recueil d'etudes de droit international en hommage* à *Paul Guggenheim,* Ginebra, Instituto Universitario de Altos Estudios Internacionales, 1968.

CEDE, F.: "European Responses to Questionable Reservations", en BENEDEK. W., ISAK. H. and KICKER. R., eds., *Development and Developing International and European Law: Essays in Honour of Konrad Ginther on the Occasion of His 65th Birthday,* 1999.

CLARK, B.: "The Vienna Convention Reservations Regime and the Convention on Discrimination against Women", *American Journal of International Law,* vol. 85, nº 2, 1991.

COCCIA, M.: "Reservations to Multilateral Treaties on Human Rights", *California Western International Law Journal,* vol. 15, nº 1, 1985.

COHEN-JONATHAN, G.: "Les réserves à la Convention européenne des droits de l'homme (à propos de l'arrêt Belilos du 29 avril 1988)", *Revue générale de droit international public,* vol. 93/1989/2.

COOK, R.J: "Reservations to the Convention on the Elimination of all Forms of Discrimination against Women", *Virginia Journal of International Law,* vol. 30, nº 3, 1990.

DÍEZ DE VELASCO, M: "El sexto dictamen del T.I.J.: Las reservas a la Convención de Genocidio", *Revista Española de Derecho Internacional,* vol. IV, nº 1, 1951.

EDWARDS, R. W.: "Reservations to Treaties: The Belilos Case and The Work of The International Law Commission", *The University of Toledo Law Review,* vo. 31, 2000.

ESCOBAR HERNÁNDEZ, C.:

"La protección internacional de los derechos humanos (I)", en DÍEZ DE VELASCO, M.: *Instituciones de Derecho Internacional Público,* 18º Ed., Tecnos, Madrid, 2013.

"Sobre la problemática determinación de los efectos jurídicos internos de los "Dictámenes" adoptados por Comités de Derechos Humanos. Algunas reflexiones a la luz de la STS 1263/2018, de 17 de julio", *Revista Española de Derecho Internacional,* vol. 71, 1, 2019, pp. 241-250.

FERNÁNDEZ CASADEVANTE ROMANÍ, C.: "La obligación del Estado de reconocer y aceptar los efectos jurídicos de las decisiones de los órganos internacionales de control en materia de Derechos Humanos", *Los efectos jurídicos en España de las decisiones de los órganos internacionales de control en materia de Derechos Humanos de naturaleza no jurisdiccional,* Madrid, Dykinson, 2019.

FITZMAURICE, G.G.: "Reservations to Multilateral Conventions", *International and Comparative Law Quarterly* (Londres), vol. 2, parte 1, 1953.

FROWEIN, J.A.: "Reservations and the International Orden Public," en *Theory of International Law at the Threshold of the 21Century, Essays in honour of K. Skubiszweski,* Kluwer, 1996.

GOODMAN, R.: "Human Rights Treaties, Invalid Reservations, and State Consent", *American Journal of International Law,* vol. 96, 2002.

GREIG, W.: "Reciprocity, Proportionality and the Law of Treaties", *Virginial Journal of International Law,* Vol. 32, 1994.

GUTIÉRREZ ESPADA, C.: "Reflexiones sobre la ejecución en España de los dictámenes de los Comités de control creados por los tratados sobre

Derechos Humanos", *Los efectos jurídicos en España de las decisiones de los órganos internacionales de control en materia de Derechos Humanos de naturaleza no jurisdiccional,* Madrid, Dykinson, 2019.

HIGGINS, R.: "Introduction", *Human Rights as General Norms and a State's Right to opt out Reservations and Objections to Human Rights Conventions* (Ed. GADNER J.P.), The British Institute of International and Comparative Law, 1997.

KOH, K.: "Reservations to Multilateral Treaties: How International Legal Doctrine Reflects World Vision", *Harvard International Law Journal,* vol. 23, 1982.

KORKELIA, K.: "New Challenges to the Regime of Reservations under the International Convenant on Civil and Political Rights", *European Journal of International Law,* vol. 13-2, 2002.

MARCK, S.: "Reservations Unhinged: The *Belilos Case* before the European Court of Human Rights", *International and Comparative Law Quaterly,* nº 39, 1990.

McBRIDE, J.: "Reservations and the Capacity to Implement Human Rights Treaties" *Human Rights as General Norms and a State's Right to opt out Reservations and Objections to Human Rights Conventions* (Ed. GADNER, J.P.), Londres, British Institute of International and Comparative Law, 1997.

PASTOR RIDRUEJO, J.A.:

"Droit international et droit international des droits de l`homme –Unité ou fragmentation?, *Droits de l`homme, démocratie et Etat de droit, Liber amicorum Luzius Wildhaber,* Dike, Zürich, 2007.

"Sobre la universalidad del Derecho internacional de los derechos humanos", *Anuario de Derechos Humanos. Nueva Época,* vol. 12, 2011.

PELLET, A.:

"Human Rightism" and International Law" en CONFORTI, B. *et al* (eds.), *The Italian Yearbook of International Law,* vol. X, 2000.

"The ILC Guide to Practice on Reservations to Treaties: A General Presentation by the Special Rapporteur", *The European Journal of International Law,* vol. 24, nº. 4, 2013.

REDGWELL, C.: "Universality or Integrity? Some Refections on Reservations to General Multilateral Treaties", *British Yearbook of International Law,* 1993.

REUTER, P.: "Solidarité et divisibilité des engagements conventionnels" en DINSTEIN, Y., compilador, *International Law at a Time of Perplexity – Essays in Honour of Shabtai Rosenne,* Nijhoff, Dordrecht, 1989.

RIQUELME CORTADO, R.: "La definición de reserva a examen. ¿Confirmación o desdibujamiento de sus elementos esenciales?" en *El derecho internacional: normas, hechos y valores. Liber amicorum José Antonio Pastor Ridruejo,* Madrid, Universidad Complutense, 2005.

RUDA, J.M.: "Reservations to treaties" en *Recueil des cours de l'Académie de droit international de La Haye,* 1975–III, Leiden, Sijthoff, 1977.

SALADO OSUNA, A.: "Las restricciones a la aceptación de la competencia de los órganos internacionales de derechos humanos", *Cuadernos Electrónicos-Derechos Humanos y Democracia,* nº 2, 2006.

SCHABAS, W.A.:

"Reservations to Human Rights Treaties: Time for Innovation and Reform", *Canadian Yearbook of International Law,* vol. XXXII, 1994.

"Reservations to the Convention on the Rights of the Child", 18 *Human Rights Quartely,* vol. 18, 1996.

SIMMA, B.:

"Reservations to Human Rights Treaties – Some Recent Developments", *Liber amicorum Professor Ignaz Seidl-Hohenveldern in Honour of his 80th Birthday,* Kluwer, La Haya, 1998.

"How Distinctive Are Treaties Representing Collective Interest? The Case of Human Rights Treaties," en GOWLLAND-DEBBAS, V. (ed.), *Multilateral Treaty-Making. The Current Status of Challenges to and Reforms Needed in the International Legislative Process,* Martinus Nijhoff Publishers, La Haya, Boston, Londres, 2000.

SPILIOPOULOU ÂKERMARK, S: "Reservation Clauses in Treaties Concluded Within the Council of Europe", *International and Comparative LawQuaterly,* vol. 48, 1999.

TEBOUL, G.: "Remarques sur les réserves aux traités de codification", *Revue générale de droit international public,* vol. 86, 1982/4.

VILLÁN DURÁN, C.: "El valor jurídico de las decisiones de los órganos establecidos en tratados de Naciones Unidas en materia de Derechos Humanos", *Los efectos jurídicos en España de las decisiones de los órganos internacionales de control en materia de Derechos Humanos de naturaleza no jurisdiccional,* Madrid, Dykinson, 2019.

ZEMANEK, K.: "The Legal Foundations of The International System", General Course on Public International Law, *Recueil. des Cours de l'Académie de Droit International.,* 1997, t. 266.